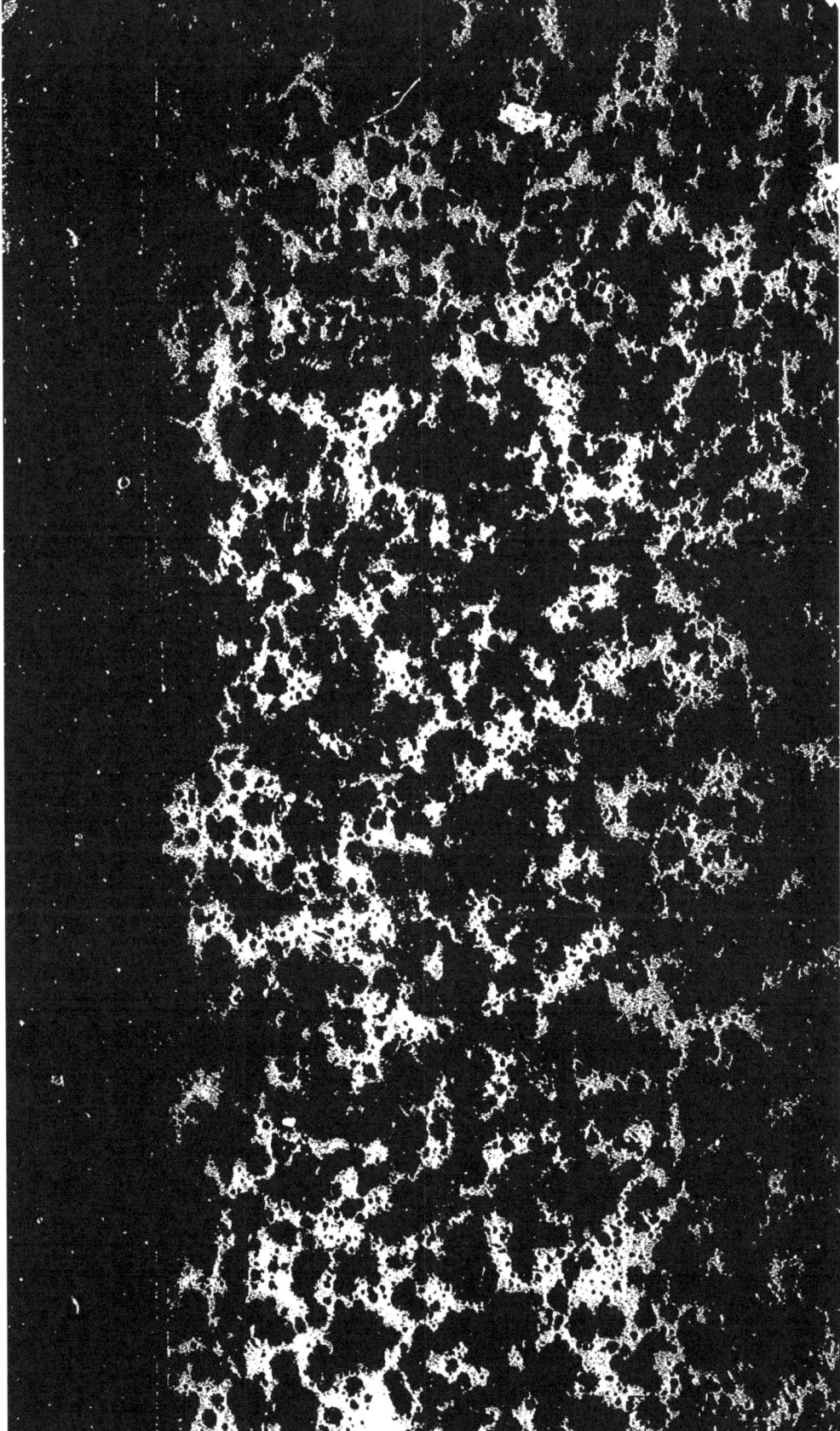

ÉTUDES SUR L'ANNÉE 1813

LA DÉFECTION DE LA PRUSSE

(DÉCEMBRE 1812 — MARS 1813)

PAR LE

Vᵗᵉ JEAN D'USSEL

PARIS
LIBRAIRIE PLON
PLON-NOURRIT ET Cⁱᵉ, IMPRIMEURS-ÉDITEURS
8, RUE GARANCIÈRE — 6ᵉ

1907
Tous droits réservés

ÉTUDES SUR L'ANNÉE 1813

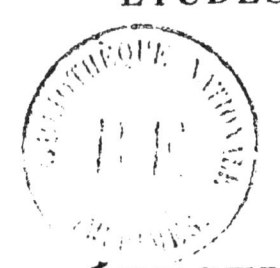

LA
DÉFECTION DE LA PRUSSE

ÉTUDES SUR L'ANNÉE 1813

LA
DÉFECTION DE LA PRUSSE

(DÉCEMBRE 1812 — MARS 1813)

PAR LE

V^{TE} JEAN D'USSEL

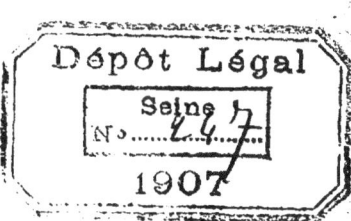

PARIS
LIBRAIRIE PLON
PLON-NOURRIT ET Cie, IMPRIMEURS-ÉDITEURS
8, RUE GARANCIÈRE — 6^e
—
1907
Tous droits réservés

Tous droits de reproduction et de traduction
réservés pour tous pays.

Published 23 January 1907.
Privilege of copyright in the United States
reserved under the Act approved March 3d 1905
Plon-Nourrit et Cie.

PRÉFACE

Si jamais une période de l'histoire a été étudiée à fond, c'est la période napoléonienne. Il semble présomptueux de vouloir y ajouter encore quelques pages, mais le sujet est par lui-même si captivant, que tout essai de pénétration plus profonde dans les événements de cette époque mémorable trouve son excuse dans l'intérêt puissant qu'elle inspire.

C'est la défection de la Prusse en 1813 que nous étudions aujourd'hui, prologue du grand drame qui se déroulera tragique pendant les années 1813, 1814, 1815, et qui aboutira, pour Napoléon, aux pires catastrophes.

Nous nous sommes attaché avant tout, dans cette étude, à l'exactitude rigoureuse des faits, faisant appel à des documents originaux et authentiques.

Les documents français nous ont été fournis par les archives officielles : archives nationales, archives des ministères de la guerre et des affaires étrangères. Nous avons également mis à contribution les mémoires particuliers sur cette époque, mais avec une certaine prudence, parce qu'ils ont été parfois écrits longtemps après les événements racontés, d'après des souvenirs effacés par l'oubli, ou modifiés par le spectacle de leurs conséquences.

Les documents allemands proviennent surtout des textes cités par Oncken, Droysen, Rancke, Lehmann, Pertz, des mémoires divers publiés sur cette époque, et des ouvrages d'histoire tels que ceux de Plotho, d'Osten-Sacken, d'Holleben et d'autres. A ces derniers nous n'avons fait d'emprunts qu'avec la plus grande circonspection, préférant de beaucoup les documents originaux et authentiques aux travaux de seconde main. Malheureusement pour les pièces citées par les Allemands, nous n'avons pu avoir que rarement connaissance du texte original, souvent écrit en français, et nous avons dû nous contenter d'une traduction. Il peut en résulter que nos citations diffèrent du texte original et officiel des archives des États allemands; mais nous espérons que les différences que l'on pourrait y rencontrer seront insignifiantes, et ne sauraient en rien dénaturer la pensée de leurs auteurs.

Ces précautions nous paraissent devoir assurer

à notre écrit les plus grandes garanties d'exactitude, et nous font espérer avoir ainsi présenté au lecteur une image fidèle de cette période critique de la vie de deux grands peuples. Nous allons dérouler devant ses yeux la suite de graves événements, germe d'événements plus graves encore, et lui en montrer les principaux acteurs à travers les oscillations de leurs projets, les indécisions de leur volonté, les variations de leur clairvoyance, les manœuvres de leur diplomatie. L'examen et la comparaison d'aussi nombreux documents qui parlent eux-mêmes, le plus souvent à notre place, dans les récits qui vont suivre, attestent bien que nous nous sommes scrupuleusement efforcé d'aller chercher la Vérité aux sources d'où elle découle.

1907.

LA DÉFECTION DE LA PRUSSE

CHAPITRE PREMIER

LES HÉSITATIONS DE LA PRUSSE

I. Situation de la Prusse en 1812. — Traités et conventions du 24 février 1812. — Nouvelles de la guerre arrivant à Hardenberg. — Lettre d'Hardenberg à Metternich. — Embarras financiers de la Prusse. — Lettre de Metternich du 5 octobre. — Lettres de Lieven et de Schöler. — Réponse de la Prusse à la Russie. — Réponse de la Prusse à une demande d'augmentation du contingent. — Lettre de Krusemark du 21 novembre. — Instructions de Metternich à Floret. — Napoléon traverse l'Allemagne. — Optimisme de Saint-Marsan. — Démêlés entre York et Macdonald. — Lettre de Napoléon au roi de Prusse. — Avances des Russes au général York.
II. Réponse du roi de Prusse à la lettre de l'empereur. — Plan prussien d'une alliance française. — Mission de Narbonne. — Plan prussien d'une alliance autrichienne. — Modifications apportées par le roi. — Mission de Krusemark. — Mission de Knesebeck. — Nouvel optimisme de Saint-Marsan et de Narbonne. — Arrivée à Berlin du comte Henckel.

I

Lorsque, à la fin de l'année 1811, les bruits d'une rupture probable entre la Russie et la France commencèrent à se répandre en Europe, la Prusse se demanda si elle pourrait assister à cette guerre en spectatrice indifférente, ou si elle ne serait pas forcée de prendre parti malgré elle pour l'un des deux adversaires. Ses provinces, placées entre celles des empires russe et français, devaient être nécessairement traversées par les armées belligérantes; ses places fortes, dont plusieurs étaient entre les mains de Napoléon, étaient, par le fait même, destinées à être occupées comme magasins et dépôts; ses campagnes allaient sans doute servir de champ de bataille et devenir le théâtre de l'écrasement d'une des deux puissances. De plus, elle aspirait à reprendre en Europe la place et le rang qu'elle avait occupés avant 1806 : aussi se demandait-elle si le moment n'était pas enfin venu de changer sa situation « d'État dépendant » en celle « d'État indépendant », et si elle pouvait enfin espérer avec chance de succès secouer le joug sous lequel la domination napoléonienne avait su la courber.

Mais, à côté de ces raisons qui semblaient devoir l'entraîner, elle était retenue par la crainte de servir de proie et de se voir broyée dans le choc qui se préparait. Elle sentait que, dans la guerre qui allait s'engager, sa position géographique la placerait au premier rang; que, « d'auxiliaire », elle deviendrait « puissance principale »; et que cette lutte se changerait fatalement et insensiblement, pour elle, en lutte pour la vie.

Aussi le choix du parti à prendre était-il nécessairement pour la Prusse un problème angoissant à résoudre, et fiévreusement cherchait-elle à lui donner une solution, tout en s'efforçant de reculer le moment de la décision. Jamais peut-être heure aussi critique n'avait sonné pour elle, et on comprend les perplexités de ses hommes d'État : d'Ancillon, d'Albrecht, de Gneisenau, d'Hardenberg, du roi lui-même (1).

Au fur et à mesure cependant que les événements se déroulaient, elle voyait de jour en jour plus clairement qu'elle ne pourrait tarder longtemps à entrer dans la lutte. Mais pour lequel des deux adversaires se déciderait-elle? Seconde question non moins grave pour elle que la première : car son existence dépendait tout autant de la solution de ce nouveau problème que de celle du premier.

D'un côté était Napoléon, qui jusqu'alors n'avait jamais été vaincu, et par conséquent devait être invincible; et de l'autre, Alexandre, qu'elle accusait de « l'avoir trahie à Tilsit », en n'ayant pas su empêcher le démembrement de son territoire, et à qui elle reprochait d'abandonner ses vastes plans au fur et à mesure qu'il les concevait : « De loin, disait-elle, rien ne l'étonne, ni ne l'intimide ; de près, les dangers l'étourdissent et les revers l'abattent (2). »

(1) RANCKE, *Denckewürdigkeiten des Staatskanzlers Fürsten von Hardenberg*, IV, 279. Voir le mémoire d'Ancillon à ce sujet.
(2) RANCKE, IV, 280.

Sur ces entrefaites, un document faux (1), attribué au duc de Cadore, alors ministre des affaires étrangères, était tombé en sa possession ; sur les indications fournies par cette pièce, elle s'était persuadée que Napoléon voulait la rayer de la carte de l'Europe, avant d'attaquer la Russie. Affolée, elle envoya en toute hâte Scharnhorst (2) au tsar, pour discuter avec lui les conditions d'une alliance (3) et arrêter un plan de campagne commun ; elle appelait en même temps ses réserves sous les armes. A cette nouvelle, Napoléon chargea son ambassadeur à Berlin, M. de Saint-Marsan, de demander des explications. Si la Prusse

(1) Hardenberg croit, le 7 avril, à l'authenticité du document, mais en reconnait la fausseté ensuite. (LEHMANN, *Scharnhorst*, II, 347.) — RANCKE, IV, 265 ; DUNCKER, 382 ; DROYSEN, I, 201, considèrent le document comme authentique. STERN, FOURNIER sont d'un avis contraire. — Déjà en 1811, des bruits analogues avaient couru. En février, le courrier de Londres avait publié une lettre dans laquelle on lisait : « Berthier serait roi de Prusse ; Masséna, roi de Portugal. » (FOURNIER. *Stein und Grüner in Oesterreich. Deutsche Rundschau*, LIII, 137.)

(2) VANDAL, *Napoléon et Alexandre*, II, 253. Cette pièce avait été vendue à la Prusse par un aventurier attaché au ministère de la police, Esmenard. Cet homme entretenait des relations diverses avec des espions et faisait volontiers commerce de papiers d'État.

(3) Le roi écrivait le 16 juillet au tsar pour lui faire savoir qu'il espérait bien ne pas être amené à s'allier à la France contre son meilleur ami. (RANCKE, IV, 272.) — Quelques mois plus tard, le roi mettait de sa main, en marge d'un rapport sur la grave question de savoir si la Russie devait se déclarer pour ou contre la France : « Si j'écoutais la voix de mon cœur, mon inclination ou mes sentiments, la question serait vite tranchée ; mais si je fais appel au raisonnement et à ma conviction, je crois devoir tout sacrifier à l'État et à ma maison, et je dois me décider d'après la situation actuelle des choses pour le premier parti. (Acten des K. P. Haus-Archivs, cité par HOLLEBEN, *Geschichte des Frühjahrsfeldzuges 1813*, I, 185.)

obéissait, en cessant ses préparatifs, il consentirait, plus tôt qu'il n'aurait voulu, à entrer en négociation avec elle, au sujet de l'alliance qu'elle implorait; cette question était en suspens depuis six mois, mais jusqu'alors il n'avait pas voulu lui donner de solution, jugeant tous pourparlers sur ce sujet prématurés et inopportuns, puisqu'ils auraient précipité la crise avec la Russie. Si au contraire elle résistait, il l'étoufferait sur place, sans un cri, sans une bataille, avant même qu'elle pût se reconnaître, avec les cinq divisions de Davout, les troupes de Saxe, de Westphalie et celles du grand-duché de Varsovie. Des ordres éventuels à Davout et à Jérôme avaient même été expédiés à ce sujet.

Cependant, de Saint-Pétersbourg, il n'arrivait pour la Prusse que des nouvelles peu encourageantes. Le plan militaire des Russes, suggéré par Phull, avait la défensive pour base : il fallait laisser s'user les régiments français contre le temps, le climat, la nature, l'infini des steppes. Une action offensive contre un adversaire tel que Napoléon était une conception trop hasardeuse pour pouvoir être adoptée; mais alors, c'était l'abandon des provinces occidentales de l'empire, et *a fortiori* l'abandon complet de la Prusse, et la monarchie prussienne, sacrifiée à la cause commune, redevenant de nouveau prisonnière. Scharnhorst ne pouvait admettre les conséquences d'un tel plan ; il lui fit de nombreuses objections. Aussi, devant les insistances de l'envoyé prussien, Alexandre consentit-il à le modifier : il promit un vague mouvement en avant des forces russes de manière à venir recueillir les armées prussiennes, mais il ne voulut pas prendre d'engagements positifs au sujet du territoire prussien : la possession de Kœnigsberg était seule assurée au roi Frédéric-Guillaume.

Aussi, à Paris, l'ambassadeur von Krusemark et le prince von Hatzfeld, envoyé extraordinaire, avaient-ils été chargés de reprendre les conversations et de chercher une fois de plus les bases d'une alliance. Napoléon répondit en offrant à la Prusse, soit de l'admettre dans la Confédération du Rhin, soit de signer avec elle une alliance générale offensive et défensive (1). L'une et l'autre de ces alternatives étaient inacceptables : l'entrée dans la Confédération du Rhin supposait une dépendance absolue de la Prusse vis-à-vis de l'empereur : un traité d'alliance générale imposait à ce royaume des charges si considérables qu'il était évident qu'il ne pourrait les supporter.

« Ce serait presque à tirer au sort (2) », aurait dit le roi, en apprenant les réponses de la France et de la Russie. Il ne désespéra cependant pas, et se retourna vers l'Autriche. Scharnhorst, à peine rentré de

---

(1) Rancke, IV, 277.
(2) Duncker, *Aus der Zeit Friederichs des Grossen und Friederich Wilhelm's*, III, 402.

Saint-Pétersbourg, repartait pour Vienne, avec mission de demander dans la circonstance des secours, des conseils et l'exposer la situation : « Le roi Frédéric-Guillaume, devait-il dire pour conclure, si S. M. l'empereur d'Autriche ne peut pas entrer dans une alliance défensive avec la Prusse, et si, par conséquent, elle n'est pas disposée à entrer dans l'alliance en voie de formation entre la Prusse et la Russie, serait coupable, envers l'État et sa famille, en n'adoptant pas le parti français, quelque pénible que puisse lui être cette démarche (1). » Metternich accueillit bien l'envoyé prussien, mais ne lui fit que des réponses vagues, et, le 29 décembre, « inexprimablement malheureux », Scharnhorst rentrait à Berlin.

Abandonné par l'Autriche, insuffisamment secouru par la Russie dans le cas d'une alliance, Frédéric-Guillaume se retourna de nouveau vers la France, et, le 24 février 1812, une alliance offensive et défensive fut enfin signée à Paris entre « S. M. l'empereur des Français, roi d'Italie, protecteur de la Confédération du Rhin, médiateur de la Confédération suisse, et S. M. le roi de Prusse ». Ce traité fut suivi de deux conventions, également signées à Paris, et réglant diverses questions entre les deux puissances contractantes, dans le cas « d'une rupture plus ou moins

---

(1) Mémoire de Scharnhorst du 6 décembre. (STERN, *Abhandlungen und Aktenstücke zur Geschichte der preussischen Reformzeit 1807-1815*, 121. — HOLLEBEN, I, 19.)

prochaine » avec la cour de Saint-Pétersbourg. Par la première de ces conventions, le roi de Prusse s'engageait à fournir à la France un contingent de 20,000 hommes, qui serait employé de préférence « à la défense des provinces prussiennes, sans que S. M. le roi de Prusse entende par là gêner en quoi que ce soit les dispositions militaires de l'armée ». — Il s'engageait à laisser « traverser et occuper les provinces prussiennes, à l'exception de la haute Silésie, du comté de Glatz et des principautés de Breslau, Oels et Brieg ». — De plus, les Français étaient autorisés à faire des réquisitions en territoire prussien pour les vivres et charrois. — Le roi de Prusse s'interdisait en outre de faire « aucune levée, aucun rassemblement de troupes, aucun mouvement militaire pendant que l'armée française occuperait son territoire, ou serait sur le territoire de l'ennemi, si ce n'est pour l'avantage de l'alliance, et de concert entre les deux puissances ».

La seconde convention avait trait aux fournitures à faire par le gouvernement prussien : elle suspendait le payement des contributions de guerre « encore dues par la Prusse » depuis le traité de Paris, et autorisait leur remplacement par une fourniture de « denrées et de munitions » ; elle fixait la quotité de ces fournitures ; elle portait en outre que, dès que « les versements à faire en exécution de la présente convention auraient été effectués en totalité, le compte général de leur quantité et valeur serait arrêté, ainsi que le compte définitif en capital et intérêts des contributions directes dues »; et que d'autres arrangements seraient pris plus tard pour l'acquittement du solde (1).

Il y avait loin des conditions étroites auxquelles avait dû souscrire la Prusse, et qui la maintenaient dans un état de dépendance, aux rêves de rétablissement qu'elle avait espéré pouvoir former. N'avait-elle pas quelques mois auparavant cru le moment enfin venu de secouer le joug, et n'avait-elle pas été jusqu'à faire miroiter aux yeux d'Alexandre la possibilité de mettre sous les armes de 90 à 100,000 hommes? S'il en eût été ainsi, elle aurait repris en Europe la place et le rang auxquels elle avait droit; mais les circonstances ne s'étaient pas prêtées à l'accomplissement de ce rêve, et de nouveau Napoléon la tenait sous sa dépendance en fixant son contingent à 20,000 hommes.

Liée cependant par le traité et les conventions, elle fournit les 20,000 hommes demandés. Ces troupes, jointes à une division de troupes alliées, formèrent le X° corps sous les ordres du maréchal duc de Tarente.

Ainsi engagée dans la lutte elle suivait avec passion, malgré sa désillusion, les progrès de la marche en avant de l'armée impériale. Au commencement de septembre 1812, le chancelier baron von Hardenberg

(1) DE CLERCQ, *Texte des conventions* : 1re convention, articles 2, 3, 6, 9, 11; 2e convention, articles 1, 2, 13.

recevait des nouvelles détaillées de la première partie de la campagne. Son correspondant lui annonçait que le fameux plan de Phull (1), sur lequel la Russie avait fondé les plus grandes espérances, avait complètement échoué : les troupes russes n'avaient su ni résister dans le camp retranché de Dryssa, ni attaquer l'ennemi en même temps sur ses flancs et ses derrières ; cette première partie de la campagne était donc complètement perdue. Mais il lui apprenait, par contre, que la lutte ne se terminerait pas ainsi, car les deux armées de l'Ouest allaient se réunir à Smolensk et y offrir la bataille. Avec un adversaire tel que Napoléon elles seraient vraisemblablement vaincues ; pourtant, si cette bataille ne se changeait pas pour elles en déroute, les quarante bataillons de réserve et la cavalerie viendraient combler les vides, et la guerre pourrait dès lors entrer dans une phase nouvelle (2). A Moscou, n'y avait-il pas 100,000 hommes de recrues, et, dans tous les gouvernements, les milices n'étaient-elles pas prêtes à se lever contre l'étranger? Le tsar n'allait-il pas quitter l'armée et se rendre à Saint-Pétersbourg pour organiser ces nouvelles troupes? N'avait-il pas la plus grande confiance dans la victoire

---

(1) « Phull avait été colonel dans l'armée prussienne. Il avait quitté le service de la Prusse en 1806, après la bataille d'Auerstaedt, pour entrer au service de la Russie, où il était parvenu au grade de lieutenant général sans avoir jamais fait de service actif. » (CLAUSEWITZ, *Campagne de 1812 en Russie*, 4.)

(2) Voir CLAUSEWITZ, *Campagne de 1812 en Russie*.

finale, puisqu' « il ne voulait pour aucune raison empêcher la continuation de la guerre (1) ».

Ces nouvelles, qui ne font pas présager une paix prochaine, inquiètent et troublent Hardenberg: car, en raison de sa situation financière, la Prusse a un besoin urgent de la paix. Aussi, le chancelier, effrayé des conséquences de cette lutte qui semble vouloir se prolonger indéfiniment, se résout-il, au mois de septembre, à faire part de ses inquiétudes à l'autre grande puissance allemande et continentale, qui avait été, comme la Prusse, entraînée dans la guerre, à l'Autriche.

Le 4, il écrit à Metternich une lettre où, après lui avoir dépeint la triste situation de son pays écrasé sous les charges multiples imposées par les Français, il propose au cabinet de Vienne de se solidariser avec lui : « Quel sera, en effet, le résultat de la lutte dans laquelle nous nous trouvons engagés conjointement avec la France? » A cette question, on ne peut pas donner de solution, et il serait téméraire de vouloir le faire. « Si Alexandre tient ferme, si les victoires mêmes de la France absorbent peu à peu ses forces, si dans la mauvaise saison ses armées se trouvent engagées dans des pays lointains, manquant de moyens, entourées d'une population nombreuse, à portée de se servir de tous ceux qu'elle sera à même de mettre

(1) ONCKEN, *Oesterreich und Preussen im Befreiungskrieg*, I, 3 et suiv. (texte allemand).

en œuvre, d'un peuple qui regarderait la guerre comme nationale, qui suivrait avec ardeur les impulsions qu'on lui donnerait, — le génie de Napoléon ne pourrait-il pas rester en défaut, et les forces énormes dont il dispose ne pourraient-elles pas être à la fin consumées et échouer contre ces obstacles? » Et alors « quelles seront les prétentions que Napoléon formera à la charge de ses alliés, surtout de l'Autriche et de la Prusse?... Où en seront les bornes? Quelles seront celles que nous devons nous prescrire? Épuiserons-nous tout, jusqu'au dernier homme, jusqu'au dernier sou? Lui abandonnerons-nous tout ce que nous possédons encore de ressources? Sacrifierons-nous jusqu'à notre existence? » Dans ces conditions, il est nécessaire de pouvoir faire face à n'importe quelle situation : « Il me parait que nous devons nous unir de mesures le plus étroitement possible, et je pense qu'il n'y a pas de temps à perdre pour les concerter autant que les circonstances le peuvent permettre. » Naturellement, cette lettre doit être tenue dans le plus grand secret; il est inutile de mettre le chargé d'affaires de Prusse à Vienne, le comte Guillaume von Humbold, dans la confidence; l'envoyé autrichien à Berlin, le comte Zichy, suffira pour faire passer les courriers : « Tenons la plume nous-mêmes, et usons de toutes les précautions imaginables (1). »

(1) Hardenberg à Metternich, Berlin, 4 septembre. (Oncken, I, 6 et suiv., 375 et suiv., texte français.)

En même temps qu'il écrivait cette lettre, Hardenberg faisait partir pour Vilna, où se trouvait alors le ministre des affaires étrangères Bassano, le conseiller d'État von Beguelin, et le chargeait, de concert avec l'ambassadeur de Prusse von Krusemark (lui aussi à Vilna), d'essayer d'obtenir des secours financiers de Napoléon, « le crédit et les finances de la Prusse, dont l'état empirait de jour en jour, lui donnant les plus vives inquiétudes. » La situation financière était en effet des plus embarrassantes; il résultait de son décompte, daté du 2 octobre, que la Prusse avait livré à la France pour 66,813,106 francs de fournitures ; elle devait en outre, d'après la convention du 24 février, lui fournir 15,000 chevaux : il est vrai qu'elle n'en avait donné que 7,907. Mais les Français en avaient réquisitionné 67,744, qui, estimés à une valeur de 360 francs chacun, représentaient 21,834,360 fr. Cette somme, venant s'ajouter aux livraisons déjà faites, portait le chiffre global dû par la France à 88,657,466 francs (1).

Muni de ces instructions et emportant le relevé de ces comptes, Beguelin se présente le 8 octobre à Vilna ; il voit Bassano et obtient de lui la promesse de parler de cette situation à l'empereur et de lui proposer de payer la Prusse en droits sur les magasins de sel de Witepsk, Minsk et Beresow, et en bons du

---

(1) ONCKEN, I, 12.

Trésor, à défaut de numéraire. La Prusse est en effet prête à accepter tout ce qu'on lui donnera : le manque d'argent y est tel « qu'il faut les plus grands efforts pour suffire aux besoins les plus urgents de l'administration » et « que l'on est à la veille de suspendre beaucoup de payements (1) ».

Longtemps la réponse de Metternich se fit attendre; elle arriva enfin, datée du 5 octobre, et écrite avant que la nouvelle de l'incendie de Moscou ne fût parvenue à Vienne (2).

La situation de l'Autriche était loin d'être aussi critique que celle de la Prusse. La cour de Vienne n'avait à craindre ni le passage des armées ennemies dans ses provinces, ni une crise financière aussi aiguë, ni un démembrement de territoire : car il était évident que la guerre actuelle finirait, comme toutes les guerres de Napoléon, par un remaniement de la carte de l'Europe. Ce remaniement se ferait évidemment en Allemagne, en faveur de la Prusse vraisemblablement, dans le cas d'une issue heureuse de la campagne; à ses dépens certainement, dans le cas contraire, puisque tout agrandissement russe ne pouvait se faire que dans cet État. Aussi, l'Autriche

---

(1) Lettres diverses de Bassano et de Beguelin (Arch. des Aff. étrangères, Prusse, 251.) — Lettres de Saint-Marsan (Arch. nationales, A. F., IV, 1690.)

(2) La nouvelle de l'incendie de Moscou arriva à Berlin le 29 septembre, et c'est par Zichy que Metternich semble l'avoir apprise. (Oncken, I, 21.)

n'ayant pas à redouter les mêmes dangers que sa voisine, le ministre autrichien est-il beaucoup moins effrayé que le chancelier prussien (1).

D'ailleurs, les correspondants de Metternich lui dépeignent l'état de l'armée russe sous les couleurs les plus noires. Cette armée serait mal équipée; l'argent manquerait pour améliorer cet équipement; la plupart des recrues ne seraient armées que de piques; le système des réquisitions adopté mécontenterait au plus haut point les populations et pèserait d'autant plus lourdement sur elles que les officiers de tout grade, ayant le droit de réquisitionner, en abuseraient. Les habitants des provinces nouvellement annexées à l'empire deviendraient de plus en plus difficiles à contenir : « Le désordre serait extrême dans les troupes : les Tartares, les Kalmucks, les Baschkirs de la division Essen, formeraient des hordes tellement sauvages qu'on serait obligé de les entourer de cosaques pour les empêcher de nuire (2). »

Sous ces influences, le ministre répondit à Hardenberg que les choses qui se passaient et les événements qui se déroulaient étaient étranges; mais que, quant à lui du moins, il ne voyait « dans tout ce qui arrivait, dans la défectuosité du premier plan adopté

---

(1) Hardenberg reconnaissait lui-même que « la position de l'Autriche était toute différente de celle de la Prusse. » (Lettre d'Hardenberg à Münster, nov. 1812.)
(2) Oncken, I, 14.

par le cabinet russe (1), dans l'abandon du plan défensif, dans les évacuations forcées des plus belles et plus riches provinces de l'empire, dans la dévastation inouïe de Moscou (2), qu'autant de symptômes et de preuves d'incohérence et de faiblesse ». Dans ces conditions, il est évident qu'on ne peut pas compter sur le tsar, et qu' « il nous faut chercher dans nos propres moyens ceux de notre salut. Je dis notre salut, car je ne sépare et ne séparerai jamais les intérêts de nos deux États ». Donc, « il nous faut tâcher de sortir de cette lutte, et de la faire finir le moins mal possible pour la conservation de notre simulacre d'indépendance du moment... Il ne faut pas risquer notre existence sur une seule carte. » En examinant les événements de près, et en voyant les fautes commises, Metternich ne croit pas que l'hiver puisse être d'aucune utilité aux généraux russes ; mais il croit que l'hiver pourra permettre de parler de paix. « J'attendrai encore quelques jours, continue-t-il, pour voir un peu plus clair dans les plans de Napoléon pour cet hiver, et je demanderai alors à l'empereur de m'autoriser à faire une démarche en Angleterre ; nous parlerons dans un sens analogue à l'empereur de Moscou, nous tâcherons de tirer au clair ce

---

(1) Le plan de Phull.
(2) Voir plus haut page 14; il ne s'agit pas dans ce passage de l'incendie de Moscou, sinon Metternich eût certainement été dans cette lettre moins pessimiste : il s'agit simplement du pillage de la ville par la Grande Armée. — ONCKEN, I, 21.

qu'il y aurait à attendre de l'un ou de l'autre côté. » La démarche en Angleterre doit rester absolument secrète : « Veuillez bien me dire ce que vous pensez de mon projet (1). »

Ces confidences ne sont pas pour déplaire à Hardenberg ; elles lui montrent que l'Autriche est disposée, en cas de besoin, à parler de paix, et que, dans ce but, elle s'entendrait volontiers avec la Prusse ; mais cette passivité actuelle de l'Autriche l'effraie et le trouble d'autant plus que les correspondances qu'il reçoit sont loin de calmer ses craintes; elles ne font que les augmenter encore.

Le 28 octobre, le comte Dohna, chargé d'affaires de Prusse en Danemark, lui fait parvenir une lettre de l'ancien ambassadeur de Prusse à Saint-Pétersbourg, resté en Russie, le colonel von Schöler. Malgré l'état de guerre, la Prusse n'avait pas cru devoir rompre tout rapport avec la Russie : elle y avait conservé des représentants occultes régulièrement accrédités : « C'est ainsi que l'on doit procéder entre États longtemps amis et destinés à le redevenir. » Schöler pense donc que, dans la situation actuelle, deux ou trois victoires ne feraient pas cesser les hostilités; car la voix de la nation empêcherait le gouvernement de signer la paix, même dans le cas où il la désirerait. L'armée, du reste, s'est partout battue

---

(1) Metternich à Hardenberg, Vienne, 5 octobre. (ONCKEN, I, 15 et suiv., 378 et suiv., texte français.)

avec beaucoup de bravoure : l'appel du tsar à son peuple a été partout favorablement accueilli : la guerre va devenir une guerre religieuse, et, dans ces conditions, la prise de Moscou ne fera que traîner les choses en longueur. Quelques jours après cet événement, il annonce en effet que les intentions du tsar ne sont nullement changées, qu'il est tout aussi éloigné qu'auparavant de vouloir traiter : « A l'heure actuelle, après la perte de Moscou, la Russie n'a plus de malheur à craindre ; et, en différant la paix, elle ne peut qu'en tirer avantage (1). »

Par la même voie, Hardenberg reçoit des lettres de Lieven, ancien ambassadeur de Russie à Berlin : ces lettres, datées du 2 octobre, ont été manifestement écrites sous l'influence du tsar : elles annoncent les armements immenses de la Russie, armements que l'enthousiasme populaire facilite, puisqu'il permet de lever 10 hommes sur 100, au lieu de 5 hommes sur 100, comme il avait été prévu. Ces lettres expliquent également les raisons pour lesquelles on a adopté un plan défensif : le recul devant l'ennemi a fait « étendre la ligne des opérations de Napoléon », et, cette ligne se trouvant ainsi prolongée, ses communications sont devenues difficiles, dans une saison « qui, à elle seule, doit devenir désastreuse à son armée ». D'ailleurs, « l'empereur des Français »

---

(1) Lettres de Schöler du 6 et du 17 septembre. (ONCKEN, I, 22.)

se serait rendu compte de cette situation « dangereuse », puisque, après la bataille de Mojaïsk, il aurait fait à l'ennemi des propositions de paix avantageuses (1). Dans ces conditions, l'empereur Alexandre ne veut pas entrer en négociations, et, loin d'écouter ces propositions, « il s'occupe des moyens de continuer la guerre dans le cas même où la seconde de ses capitales serait occupée par l'ennemi. » Il veut « pouvoir assurer sur des bases solides l'indépendance et la prospérité de son empire » ; mais, pour arriver à ce but, il faut que la Prusse et l'Autriche soient replacées au rang « d'États indépendants. Nos intérêts à cet égard sont les vôtres », continue la lettre, en déclarant hardiment que le moment est enfin venu de pouvoir se parler. Il faut donc que la Prusse s'unisse à l'Autriche, et, afin de convertir ces deux États à leur manière de voir, les Russes n'hésitent pas à les attirer à eux par des ouvertures très nettes : « Le parti qu'a pris la Prusse, conclut Lieven, de se joindre aux ennemis de la Russie est excusé dans le cœur de l'empereur; il ne demande pas mieux que

(1) Lesquelles? Oncken n'a trouvé aucune trace de ces démarches dans les archives russes, ni nous dans les archives françaises. Il se pourrait peut-être que ces propositions fussent celles portées par Lauriston après la prise de Moscou, ou celles insinuées dans la lettre de l'empereur du 20 septembre, après l'incendie de cette ville : « J'ai fait la guerre à Votre Majesté sans animosité : un billet d'elle avant ou après la dernière bataille eût arrêté ma marche, et j'eusse voulu être à même de lui sacrifier l'avantage d'entrer à Moscou. Si Votre Majesté me conserve encore quelque reste de ses anciens sentiments, elle prendra en bonne part cette lettre. » (*Correspondance*, 19213.)

d'en effacer le souvenir, et, si un des royaumes élevés par la main de Napoléon pouvait être détruit, ce ne sera pas à elle, mais à ses alliés, que la Russie déclare en procurer la dépouille (1). »

Ne sont-ce pas là des paroles troublantes, et Hardenberg peut-il ne pas les écouter? D'ailleurs, les événements paraissent leur donner raison ; car si, le 23, on apprend l'entrée de Napoléon à Moscou, le 29 la nouvelle de l'incendie de la ville se répand partout, et avec elle les commentaires circulent. Cet acte « semble présager une guerre différente de celles qui ont été faites jusqu'ici », écrit Zichy (2) ; il « dérange les plans de l'empereur, prétend Floret, et les espérances de l'armée qui est fatiguée de la guerre (3) ». « Depuis cette catastrophe, pense Ompteda, la situation de Bonaparte est devenue dangereuse, et je ne crains rien pour l'avenir, tant que le mot de paix n'aura pas été prononcé (4). »

Dans ces circonstances, le roi Frédéric-Guillaume, qui, comme son chancelier, juge que la situation européenne se complique, estime qu'il y a lieu de ménager l'avenir : car qui sait où conduira l'alliance française? Et, puisque la Russie fait des ouvertures

---

(1) Lettre de Lieven, 20 octobre. ONCKEN, I, 23 (texte allemand).
(2) Lettre de Zichy, 29 septembre.
(3) Lettre de Floret, 9 octobre. Floret était chargé d'affaires d'Autriche auprès de l'empereur, et à ce titre avait été invité à suivre Bassano à Kœnigsberg d'abord, à Vilna ensuite (16 octobre).
(4) Lettre d'Ompteda au comte d'Hardenberg à Vienne, 3 octobre.

pressantes, il ne faut pas les repousser de parti pris. Donc, sans répondre formellement aux avances des Russes, il leur fait savoir que, sans l'Autriche, il ne veut rien entreprendre ; « mais que, si cette puissance l'assistait, il n'hésiterait pas à changer de système, et à rassembler tous ses moyens pour faire une tentative afin de recouvrer son indépendance et de secouer le joug étranger (1) ».

Sur ces entrefaites, Napoléon fait demander à ses deux alliées, la Prusse et l'Autriche, de renforcer leur contingent. Le 4 novembre, Krusemark reçoit de Bassano une double demande : celle d'augmenter le corps auxiliaire prussien de 6,000 hommes d'infanterie et 1,000 chevaux, et celle de remplacer les deux régiments de cavalerie prussienne qui avaient fait la campagne sous le commandement de Murat (2).

Le roi et Hardenberg résolurent de profiter de l'occasion, qui s'offrait ainsi à eux, pour esquisser un geste d'indépendance. Ils firent répondre par Krusemark que toute augmentation était pour le moment impossible, étant donné l'état de leurs finances. Au comte de Saint-Marsan, ambassadeur de France à Berlin, qui avait été chargé de transmettre au chancelier la même demande, Hardenberg répondit « que

---

(1) Lettre de Zichy, 29 octobre. (ONCKEN, I, 27.)
(2) Le régiment de uhlans et le régiment de hussards n° 2. Ils avaient été endivisionnés dans les divisions de Nansouty et de Montbrun.

le roi entrerait avec empressement dans les vues que Sa Majesté impériale lui avait fait connaître sur une nouvelle augmentation de ce corps [le contingent], pour peu que cela lui fût possible ; mais qu'elle connaissait, par les communications franches et détaillées qui lui avaient été faites, le dénuement total dans lequel la Prusse se trouvait ». Ce refus était présenté d'une manière habile, mais l'étendre aux deux régiments de cavalerie eût été découvrir par trop ouvertement son jeu : aussi le roi de Prusse ordonna-t-il la formation prompte à Gümbinnen de deux régiments de marche, « comptant 8 à 900 chevaux, » qui serviraient à combler les vides des deux régiments en campagne (1).

La pénurie des finances prussiennes semblait tellement bien pouvoir justifier ces réponses que, le 27 novembre, Saint-Marsan écrivait en envoyant la note d'Hardenberg : « Je trouve le chancelier très ouvert et très confiant ; il me paraît que le gouvernement prussien juge les affaires entièrement dans notre sens, et que les clabauderies du public n'ont aucune prise sur lui (2). »

Pendant ce temps, Metternich avait cru le moment venu de commencer l'exécution du programme

---

(1) Pièce ni signée, ni datée, vraisemblablement la note d'Hardenberg. (Arch. des Aff. étrangères, Prusse, 251.)
(2) Saint-Marsan à Bassano, Berlin, 27 novembre. (Arch. des Aff. étrangères, Prusse, 251.)

exposé dans sa lettre du 5 octobre, et avait fait des démarches en Angleterre. Le texte des dépêches chiffrées avait été communiqué à Hardenberg. Le chancelier était, pour l'instant, loin de partager les espérances de la cour de Vienne : le moment lui semblait mal choisi ; comment, en effet, l'Angleterre pourrait-elle songer à la paix quand ses armées étaient victorieuses en Espagne, et qu'un mouvement de mécontentement perçait en France! Néanmoins, il ne voulut pas faire d'objections : il donna donc aux ministres prussiens des ordres pour parler dans le même sens que ceux d'Autriche. « Nous nous attacherons loyalement et fortement à vos mesures, écrivait-il à ce sujet à Metternich ; » et il profitait de cette occasion pour mettre l'Autriche au courant de l'incident provoqué par la demande de l'augmentation de son contingent. Il lui faisait part de sa réponse et s'informait si on avait fait auprès d'elle une démarche semblable : « car sa position épineuse ne lui permettait aucune démarche qui ne fût concertée avec l'Autriche et entreprise conjointement avec elle (1). » C'était donc, semble-t-il, l'entente parfaite entre l'Autriche et la Prusse.

Telles étaient les manières de voir des deux cours d'Autriche et de Prusse, quand les nouvelles de la catastrophe arrivèrent à Vienne et à Berlin. Dans

(1) Oncken, I, 31.

une lettre du 21 novembre, Krusemark dépeint l'empereur attiré à Moscou, et y demeurant, trompé par les espérances d'une paix que les Russes ne voulaient pas faire; puis il parle de la retraite, dans laquelle, « toutes les fois que l'infanterie a agi, sa supériorité a été incontestable, mais le triste état de la cavalerie a eu des suites bien funestes, et les cosaques ont commencé à se rendre redoutables ». L'empereur lui-même a manqué être enlevé, le 25 octobre, à « Malojaroslawetz, entre Borosk et Kaluga »; depuis cette date, la retraite s'était faite sur une seule route, aussi « les privations et les souffrances avaient-elles commencé »; souffrances et privations de toute nature : froid, faim, fatigues, maladies; et le chiffre des pertes avait été par conséquent énorme. « Suivant une évaluation approximative, écrivait-il, l'on calculait ainsi à Smolensk la force des corps de la grande armée : les gardes à 30 ou 32,000 hommes; le vice-roi à 14,000 hommes, le maréchal Davout à 7,000 hommes, le maréchal Ney à 7,000 hommes, le prince Poniatowski à 5,000 hommes. Cet état, au premier abord, m'a paru exagéré en mal, mais, plus je me suis donné de peine pour vérifier les renseignements séparés, et plus il m'a paru véridique. Des résultats presque incroyables s'offrent pour la cavalerie. La division séparée de Latour-Maubourg, forte de 20,000 hommes à l'ouverture de la campagne, avait été réunie en un seul régiment de 1,500 hommes ; la division Grouchy avait cessé d'exister ; la brigade Thielemann, composée de deux régiments saxons et d'un régiment polonais, consistait dans les officiers et vingt-trois cavaliers, et, au dire des mêmes personnes desquelles je tiens ces renseignements, il n'était que trop vrai aussi que nos deux régiments sont entièrement abimés et détruits. Si quelque chose sert de consolation à ce malheur, c'est la réputation brillante que ces régiments ont acquise... (1). »

C'était donc un désastre que cette retraite, et, par le fait même, la situation devenait de plus en plus grave pour la Prusse et l'Autriche ; car déjà, à Vilna, les ministres étrangers se chuchotaient à l'oreille qu'il semblait difficile que Napoléon ne fût pas obligé de repasser le Niémen pour prendre ses quartiers d'hiver.

Metternich n'avait encore rien appris de ces événements importants, quand il se décida à faire la première démarche en faveur de la paix auprès de Napoléon. Le moment favorable lui semblait arrivé. Faisant sonder l'Angleterre, il fallait bien également savoir quelles étaient les intentions de l'empereur des Français ; aussi envoya-t-il dans ce but des instructions précises à Floret (9 décembre) en lui ordonnant d'insister auprès de Bassano sur les nécessités d'une

---

(1) Krusemark à Hardenberg. Vilna, 21 novembre. (Oncken, I, 33 et suiv., 386 et suiv., texte français.)

paix prochaine. La campagne est perdue, disait-il en substance, puisqu'après l'occupation de Moscou, on n'a pu contraindre les Russes à faire la paix : faut-il attendre un meilleur résultat d'une seconde campagne? Dans la situation actuelle, ce résultat semble devoir être douteux. Pourquoi alors ne pas faire la paix? Mais Napoléon ne peut agir directement ; il lui faut un intermédiaire, car une paix séparée est impossible ; et comme la Russie ne peut faire la paix sans l'Angleterre, une paix générale est donc nécessaire. Or, une seule nation a qualité pour parler de la paix générale : c'est l'Autriche, dans le cas « où l'empereur des Français la voudrait; par conséquent, toute démarche en Angleterre et en Russie doit nous être entièrement abandonnée quant à la forme »; et, dans cette démarche, « il faut que ce soit l'Autriche parlant aux premières puissances de l'Europe, l'Autriche tenant le langage de la paix à toutes, à la France celui d'une alliée, et aux autres puissances celui de la plus entière indépendance, » qui prenne la question en main. D'ailleurs, en faisant cette proposition, l'Autriche veut « agir avec une franchise entière », et, pour cela, elle commence par donner les preuves d'une conduite politique des plus loyales, puisque, « par le calme et l'imperturbable fermeté de son attitude, elle contient pour le moment cinquante millions d'hommes prêts à se soulever pour une cause qu'il dépendrait d'un seul mot du souverain d'Autriche de faire regarder comme générale (1) ».

Ces lettres étaient à peine parties, que Napoléon apparaissait à Varsovie comme un fantôme. Il traversait l'Europe dans un traîneau, sans aucune suite et sous un nom d'emprunt, abandonnant son armée et la confiant à un de ses lieutenants (2). La nouvelle de ce voyage se répandit bientôt partout, car il était évident que l'empereur, rentrant à Paris dans les circonstances présentes, avait déjà formé des projets pour l'avenir, et que, par conséquent, les événements allaient prendre une tournure différente. Mais quels étaient ces projets?

A Berlin, cependant, l'inquiétude était extrême. Depuis deux mois que les événements s'étaient précipités avec une rapidité effrayante, la seule démarche

---

(1) ONCKEN, I, 35 et suiv., 381 et suiv., texte français. — Cette dépêche en clair était accompagnée d'une dépêche chiffrée, dans laquelle Metternich s'efforçait de démontrer la bonne foi entière de l'Autriche en faisant cette démarche. On y lisait que la guerre actuelle, imposant des sacrifices énormes aux cours impériales de France et de Russie, servait les intérêts autrichiens; que la situation de l'Autriche lui permettait d'agir suivant ses désirs pour la paix, sans seulement en faire part à la France; que la Russie faisait des avances considérables à l'Autriche; qu'en Angleterre, on ne jugeait pas la question espagnole sous le même point de vue que Bassano, car on était assuré que l'hiver suffirait à expulser les Français de la péninsule; que les peuples se soulevaient partout contre la prépondérance de la France; que par conséquent, en agissant comme il agissait, l'empereur François-Joseph fournissait les « preuves de son amitié pour son gendre ». La démarche autrichienne était donc toute naturelle. (Voir le texte français de ces documents dans ONCKEN, I, 384.)

(2) Baron FAIN, *Manuscrit de 1813*. — Maréchal DE CASTELLANE, *Mémoires*.

que la Prusse eût encore faite était une simple correspondance avec l'Autriche, au sujet d'une paix purement hypothétique et sur laquelle personne ne s'était exprimé nettement. Or, c'était maintenant seulement, au moment où la situation devenait de plus en plus tendue, et où il apparaissait clairement que la campagne était perdue, que l'Autriche se décidait à prononcer devant les parties intéressées ce mot de paix; mais, cette paix, l'accepterait-on? et, si oui, sur quelle base la discuterait-on? Aucun échange de vues n'avait encore eu lieu sur des questions aussi graves, et il devait certainement se passer un temps très long avant que des réponses pussent arriver; cependant, les Français se repliaient toujours, et de nouveau la Prusse allait connaître les horreurs de l'invasion. Au fur et à mesure de l'approche du danger, les incertitudes augmentaient, et, plus que jamais, il fallait se garer d'une fausse manœuvre, dont les conséquences eussent pu devenir irréparables. En tout cas, il devenait évident que la Prusse, à ce tournant critique de son histoire, devait se recueillir. Toujours liée par un traité d'alliance avec la France, elle ne pouvait pas changer sa manière d'être vis-à-vis d'elle, mais ses conversations clandestines avec l'Autriche tendaient à relâcher le lien de cette alliance; aussi, devait-elle se tenir à l'écart et éviter des paroles compromettantes: elle devait prendre une position d'attente. C'est pourquoi Hardenberg « s'isole de plus en plus; il ne

paraît jamais en société, sauf pour le dîner, de sorte
que je puis dire que je suis le seul membre du corps
diplomatique qui le voit », écrit Saint-Marsan le
7 décembre. Mais dans quelle erreur vit ce dernier!
Jusqu'à présent, la Prusse a si bien manœuvré, ses
communications avec la cour d'Autriche sont restées si secrètes, qu'elles ont échappé complètement
à l'ambassadeur de France et ne lui ont inspiré
aucun soupçon. Il ne doute pas un seul instant de
la fidélité de la Prusse : « La masse de la nation
ne doit pas avoir changé d'opinion sur les véritables intérêts du pays. » Tous les jours, il envoie
à Bassano des dépêches du même optimisme; il con-
seille, il est vrai, de donner quelques subsides à la
Prusse, mais uniquement pour transformer les
sacrifices « faits par nécessité à l'alliance, en sacrifices faits d'abandon et de grand cœur »; il reconnait toutefois qu'il y a un « parti qui nous est entièrement opposé : il cabale et intrigue sans cesse
contre le chancelier; il saisit toutes les occasions pour
tourner contre nous les événements ». A Berlin, ce
parti n'est pas grand : il se réunit surtout chez les
ministres d'Autriche et de Suède. C'est de là que
partent les bruits fâcheux, qui ont surtout pour but
de discréditer le chancelier non seulement dans le
public, mais même dans l'esprit du roi : on critique
son administration intérieure, et même sa conduite
privée en faisant grand bruit autour « d'une préten-

due liaison entre le chancelier et Mme de Beguelin (1) ».

Sur ces entrefaites, un point noir venait encore accroître les inquiétudes de la Prusse. On recevait une lettre du maréchal Macdonald se plaignant vivement des procédés du général York, commandant le corps auxiliaire prussien, placé sous son commandement. Sa lettre datée de Stalgen, le 2 décembre, était un véritable réquisitoire contre ce général qui avait laissé piller les boutiques, vendre les vivres, et qui dernièrement encore avait bravé ses ordres et désobéi formellement.

Ces incidents entre York et Macdonald étaient déjà connus à Berlin quand la lettre du maréchal y arriva : ils y avaient été annoncés par un envoyé d'York, le comte Henckel von Donnersmarck. Il avait même laissé entendre qu'il serait peut-être nécessaire de changer le commandant prussien; mais, dans ce cas, il était évident que ni un général français, ni le général Massenbach ne pouvaient remplacer le général York : seul le général Kleist avait les qualités voulues pour cela (2). Aussi ni le roi ni le chancelier ne furent-ils surpris du contenu de la lettre, mais ils crurent devoir profiter de l'occasion pour donner un gage

---

(1) Lettres diverses de Saint-Marsan à Bassano, en particulier celles du 7 et du 9 septembre. (Arch. des Aff. étrangères, Prusse, 231.)
(2) Droysen, *Das Leben des Feldmarschalls Grafen York von Wartenburg* (1897), I, 296.

public d'amitié à l'empereur : ils firent donc savoir à Saint-Marsan « qu'ils regrettaient beaucoup cette circonstance parce qu'on n'avait pas un général du mérite du général York », mais que cependant son rappel serait décidé, s'il pouvait être agréable au maréchal, et qu'il aurait pour successeur le général Kleist, « dont les principes sont très connus pour le système d'union avec la France, mais dont les talents passent pour inférieurs à ceux du général York (1). »

Mais, en même temps, ils ordonnaient secrètement à Krusemark de faire en sorte d'obtenir de l'empereur qu'il n'exigeât pas le rappel de York, de manière à ne pas être forcés de prendre une mesure aussi grave que celle d'un changement du commandement dans une heure aussi critique. Ils prévenaient York lui-même de la démarche qu'ils faisaient : « Vous avez eu raison de défendre avec zèle le bien et la bonne tenue de mes troupes, et je vous demande de continuer à agir de la sorte… Par mes envoyés à Vilna, les démarches les plus pressantes seront faites pour qu'aucun changement ne soit apporté dans le commandement de mon corps, et qu'il ne soit pas divisé. Je suis persuadé que l'on m'accordera l'une et l'autre demande (2). » Le général York avait

---

(1) Saint-Marsan à Bassano, 11 décembre. (Arch. des Aff. étrangères, Prusse, 251.) — Saint-Marsan au major général, 23 décembre (Arch. Guerre, correspondance.)

(2) Droysen, I, 321. — La lettre est de Charlottenbourg, 12 décembre,

peut-être été maladroit, mais il était avant tout soldat énergique ; on pourrait peut-être avoir besoin de lui un jour ou l'autre : il ne fallait donc pas se priver de ses services.

Napoléon pourtant, après avoir traversé l'Allemagne incognito et en poste, était arrivé comme un coup de foudre à Dresde ; il y avait vu le roi de Saxe et y avait écrit à l'empereur d'Autriche, ainsi qu'au roi de Prusse. A chacun de ses alliés, il demandait l'augmentation de leur contingent. Au roi de Prusse, en particulier, ses demandes prirent une forme propre à flatter l'amour-propre prussien : « Dans les circonstances actuelles, je désirerais que les troupes de Votre Majesté fussent assez nombreuses pour former à elles seules un corps d'armée, c'est-à-dire qu'elles fussent portées à 30,000 hommes... En demandant à Votre Majesté à cet instant d'augmenter ses troupes, c'est lui faire comprendre combien j'ai confiance dans sa persévérance dans le système que j'ai adopté... (1). » Cette lettre devait être remise au roi par un de ses aides de camp, le comte de Narbonne, ou par Saint-Marsan, dans le cas où Narbonne mettrait trop de temps à arriver. Napoléon était en effet pressé de faire savoir à ses alliés que tous les

---

et devait être portée par le comte Brandenbourg ; ce dernier pourtant ne quitta Berlin que le 21. (SEYDLITZ, *Tagebuch*, II, 216.)

(1) 14 décembre. (Arch. des Aff. étrangères, Prusse, 251.) — Cette lettre manque dans la *Correspondance*.

bruits qui couraient sur sa mort étaient faux, et qu'il était moins complètement vaincu qu'on ne se plaisait à le dire, puisqu'il songeait à continuer la campagne.

Presque en même temps que cette lettre, le 13, arrivait auprès du roi de Prusse le major von Seydlitz, aide de camp du général York. Depuis quelques semaines, les Russes, non contents de faire des avances au gouvernement prussien, en faisaient faire à ses généraux, pour les engager à se détacher de l'alliance de Napoléon. Jusqu'alors, York s'était borné à envoyer un officier au roi, pour le tenir au courant de ces incidents; mais, maintenant que le désastre des Français était certain, il faisait demander des instructions précises à son souverain, et l'indication d'une ligne de conduite à suivre.

II

La position de la Prusse devenait donc singulièrement critique, et les événements se précipitaient avec une telle rapidité qu'elle allait être forcée de prendre ouvertement un parti, peut-être même avant que ses pourparlers avec l'Autriche eussent complètement abouti. D'un côté, les Russes essayaient d'entrer en pourparlers avec ses généraux; de l'autre, Napoléon demandait à son roi d'augmenter son contingent, non plus seulement par la voie diplomatique, mais il lui écrivait directement, lui faisait porter sa lettre par un envoyé extraordinaire et ordonnait à son ministre des affaires étrangères, le duc de Bassano, de rentrer à Paris, en passant par Berlin.

Le 17, Saint-Marsan remet au roi la lettre de Napoléon. La réponse fut habile : « Le roi m'a répondu qu'il ferait tout ce qui lui sera possible pour seconder les vues de l'empereur ; qu'il allait calculer ses moyens, et qu'il n'ignorait pas la détresse totale de ses finances et l'épuisement de ses peuples, mais qu'il me répétait qu'on ferait tout son possible. » Et ensuite « il glissa dans la conversation, mais point sous l'aspect d'une demande ou d'instance, que Sa Majesté l'empereur avait beaucoup de troupes dans ses places, même dans celles qu'on n'avait point convenu d'occuper, comme Spandau et Pillau, dont Sa Majesté pouvait disposer en partie. » Ces garnisons françaises viendraient ainsi grossir l'effectif des troupes en campagne et seraient remplacées dans les forteresses par des troupes prussiennes; car il était bien plus facile, « sous le rapport économique, de mettre des troupes dans des garnisons que d'en mettre en campagne. » C'était une manière détournée de faire cesser l'occupation des places fortes prussiennes, occupation qui était particulièrement sensible à l'amour-propre national, et de préparer pour plus tard une action militaire, quel que fût le sens dans lequel on se déclarerait. Saint-Marsan juge de la manière suivante l'intention du roi : « Sire, j'ai cru m'apercevoir que le roi avait été très flatté de deux choses ; l'une, de la satisfaction que Sa Majesté lui avait témoignée de la conduite de ses troupes ; l'autre, de la marque de confiance et de la considération qu'elle lui donne en ce moment en lui demandant de réunir son contingent en un corps composé de ses seules troupes, l'assimilant par là à l'Autriche. » C'était, en effet, un fait d'une importance capitale que cette assimilation, puisque, par ce fait même, Napoléon semblait réviser le traité de Tilsit, en mettant la Prusse sur le même pied que l'autre puissance alliée, l'Autriche ; c'est donc ce qui explique l'accueil favorable fait par le roi à cette demande d'augmentation de son contingent, alors qu'un mois auparavant, il avait repoussé une demande analogue sous prétexte d'impossibilité matérielle (1).

Saint-Marsan eut encore ce jour-là un entretien avec Hardenberg. Dans la conversation, le chancelier lui certifia que le roi l'avait autorisé à annoncer que des ordres étaient déjà partis pour le rassemble-

(1) « Jusqu'à présent, nous avons rejeté toute augmentation du corps auxiliaire ; et pourtant le roi n'a pas encore fait de réponse ferme à la nouvelle demande. Vraisemblablement cependant, les troupes qui sont sur la rive droite de la Vistule, de même que toutes les forces qui sont dans cette région, seront utilisées dans ce but, en partie pour les réunir au corps de Votre Excellence, en partie pour augmenter la garnison de Graudenz. » (Hardenberg à York, 17 décembre. DROYSEN, I, 323.)

ment de quelques milliers d'hommes d'infanterie; puis, affectant de s'abandonner, il se laissa entraîner à des confidences qui n'étaient que des insinuations. «Le ministre pense, d'un autre côté, qu'à l'époque où Votre Majesté impériale et royale pourra donner une paix stable et solide à l'Europe, la Prusse, qui aura suivi fidèlement son système, lui semblerait propre à former une alliée constante de la France, et une barrière du Nord. » Mais, pour qu'effectivement la Prusse devienne une barrière du Nord, il faut qu'elle reprenne la place qu'elle avait occupée autrefois en Europe; et ce changement se ferait d'une manière très simple : « Je sais même que le ministre va jusqu'à penser que si la Pologne » n'était pas « constituée assez fortement pour assurer son existence seule, il pourrait naître à l'idée de Votre Majesté, non de réunir la Pologne à la Prusse, mais de faire le roi de Prusse roi de Pologne. » Donc, à ce prix, la Prusse se replacerait de nouveau dans le sillage napoléonien, elle romprait les conversations qu'elle a déjà engagées avec l'Autriche; ainsi l'Allemagne serait partagée en deux grandes puissances dont l'alliance formerait la «barrière du Nord » : la Prusse d'une part, la Bavière de l'autre. Ce royaume serait rendu « formidable par la réunion des côtes et des pays de l'intérieur (1) ».

Tel était le plan prussien, dont l'exécution devait

(1) Saint-Marsan à Bassano; Berlin, 17 décembre. (Arch. des Aff. étrangères, Prusse, 251.)

forcément amener une alliance plus intime avec
Napoléon : une alliance dans laquelle la Prusse et la
France réuniraient toutes leurs forces, tous leurs
moyens pour arriver à vaincre et à dicter la paix ;
mais, pour obtenir ce résultat, il fallait reviser tous
les traités antérieurs; il fallait permettre à la Prusse
d'employer toutes ses forces ; il fallait lui fournir les
moyens financiers de rappeler les nombreuses troupes
qu'elle avait été forcée de licencier ; il fallait, en un
mot, la traiter sur le pied de parfaite égalité, et non
plus la tenir en suspicion comme les traités de 1808
et de 1812 autorisaient à le faire ; et, comme
cette mobilisation complète de toutes ses forces lui
coûterait des sacrifices considérables, il était juste
qu'avant de s'engager à fond dans la 'utte, elle
exigeât le payement de son dévouement. Ce payement
serait le remaniement de toute la carte de l'Allemagne :
la Prusse dominant à l'est et au nord, la Bavière à
l'ouest. La Prusse faisait ainsi reviser les traités de
Tilsit sans avoir à lutter contre Napoléon, car avoir
l'empereur comme adversaire était courir une chance
tellement hasardeuse, que le roi Frédéric-Guillaume,
même en face de Napoléon vaincu, hésitait à prendre
position contre lui. L'expérience précédente lui avait
coûté trop cher pour qu'il eût le désir de la recommencer ; les spectres d'Iéna et d'Auerstædt le han-
taient encore étrangement. Aussi, pour le moment,
ne veut-il pas irriter l'empereur et est-il plein de pré-

venance pour lui. Dès qu'il apprend que Bassano doit passer par Berlin, il en fait témoigner sa satisfaction; il ordonne qu'on lui meuble un hôtel, et, à la nouvelle qu'il habitera la maison de l'envoyé de France, il espère qu'il se servira du moins « de ses équipages et de sa livrée; et, outre qu'il désire donner des témoignages de son estime et de sa considération à M. de Bassano, il est bon que le public connaisse en ce moment le cas qu'il fait d'un ministre de Sa Majesté (1) ».

Ce n'est que le 20, à cinq heures du soir, que Narbonne arrive à Berlin, avec ses deux officiers d'ordonnance; le soir, il dîne chez Saint-Marsan, qui s'étonne « de la tenue de mendiant de ces revenants (2) ». Le lendemain, il voit Hardenberg et le maréchal Augereau, commandant le XIe corps de la grande armée, formé des troupes d'occupation de la Prusse. Ce dernier, plus clairvoyant que Saint-Marsan, se rend plus exactement compte de l'état des esprits : « Les peuples de cette nation sont malheureux, pense-t-il; les sacrifices que lui ont imposés la guerre, la privation de tout commerce, les logements militaires, la nourriture des troupes, la fourniture des transports, tous ces sacrifices l'ont jeté dans des dispositions de haine contre les Français, et le désir d'en être délivré

---

(1) Saint-Marsan à Bassano, 19 décembre. (Arch. des Aff. étrangères, Prusse, 251.)
(2) CASTELLANE, *Mémoires*.

est une volonté générale. Dans une class... supérieure, l'honneur militaire, l'amour-propre et l'esprit national excitent les mêmes passions...; le roi de Prusse et son gouvernement, dans la personne de son ministre, M. le baron d'Hardenberg, restent seuls calmes dans cette agitation sourde (1). » Pourtant, malgré les bonnes dispositions du gouvernement, il est probable qu'il ne pourra pas contenir le peuple, excité par des causes qui proviennent de l'extérieur. Les détachements de blessés et d'isolés qui reviennent de la grande armée privés de tout, et qui s'adonnent au pillage, provoquent dans tout le pays des désordres qu'il serait nécessaire d'arrêter : pour cela, il faudrait former des cordons de troupes sur l'Oder et sur l'Elbe. Et aussitôt Saint-Marsan et Narbonne font auprès d'Hardenberg une démarche en ce sens; démarche favorablement accueillie par le gouvernement prussien, qui voit ainsi une occasion d'armer en cachette et de se tenir prêt à toute éventualité (2).

Le 24, Narbonne est présenté au roi, à la suite du duc de Bassano. L'audience fut courte : « Je me suis borné à lui dire, écrit Narbonne, que Votre Majesté avait la plus grande confiance dans les liens qui les unissaient et dans l'empressement qu'il mettrait à

(1) Lettre d'Augereau. (Arch. nationales, A. F., IV, 1690.)
(2) Lettre de Saint-Marsan, 22 décembre. (Arch. nationales, A. F., IV, 1690.)

justifier cette confiance... Sa réponse a été que M. de Saint-Marsan avait déjà dû faire parvenir l'assurance de l'acquiescement le plus complet qu'il serait possible au désir de Sa Majesté. » En sortant de chez le roi, Narbonne passa chez Hardenberg : la conversation roula d'abord sur l'augmentation du contingent. Le gouvernement prussien désirait savoir si cette augmentation devait être prise sur les 42,000 hommes stipulés devoir former la force totale de l'armée par le traité de 1808; car s'il en était ainsi, il serait impossible de conserver les garnisons et d'établir le cordon de troupes destiné à arrêter les isolés et les blessés de la grande armée (1). D'un autre côté, il était évident que le manque d'argent paralysait les bonnes volontés et en particulier le désir que l'on avait de satisfaire l'empereur par les augmentations demandées : « Sans nier cette opinion, que j'ai pris la liberté, sire, de dire peut-être trop souvent à Votre Majesté qui était la mienne, continue Narbonne, j'en fais la transition pour en venir à l'objet de mon voyage; et après avoir écarté de la manière la plus positive l'idée que je

---

(1) Le traité du 8 octobre 1808 portait dans ses articles séparés : « ARTICLE PREMIER. — S. M. le roi de Prusse, voulant éviter tout ce qui pourrait donner de l'ombrage à la France, prend l'engagement de n'entretenir pendant dix ans, à compter du 1ᵉʳ janvier 1809, que le nombre de troupes ci-dessous spécifié : 10 régiments d'infanterie, 22,000 hommes; 8 régiments de cavalerie ou 32 escadrons, 8,000 hommes; un corps d'artillerie, de mineurs et de sapeurs, 6,000 hommes, non compris la garde royale, 6,000 hommes. — Total, 42,000 hommes. » (Voyez DE CLERCQ.)

parlais le moins du monde au nom de l'empereur : Voulez-vous, ai-je dit à Hardenberg, bien prouver cette indissolubilité des liens, et convaincre tous les brouillons que rien ne pourra jamais détourner le roi de son système? Formez des liens de famille? Que ne croirait-on pas, que ne dirait-on pas de l'Autriche si ces liens n'existaient pas entre elle et la France? — M. d'Hardenberg a paru frappé de ce premier aperçu, et m'a fait des questions qui ont amené de ma part des détails et des raisonnements qui ont fait, je crois, une assez grande impression. Le résultat en a été qu'on demandait quelques jours pour réfléchir et pour soumettre cette idée au roi. J'ai répété que, comme rien n'était moins officiel que tout ce que je venais de dire, et que je n'avais rien, absolument rien dit, ni comme envoyé de l'empereur, ni comme aide de camp, j'étais à mille lieues de demander une réponse (1). »

L'alliance en question était celle du prince héritier de Prusse, alors âgé de dix-sept ans, avec une princesse de la famille impériale, qui restait à trouver. C'était plutôt, de la part de l'empereur, un moyen de tâter et de retenir la Prusse qu'une proposition sérieuse de sa part; car il ne paraît pas y avoir vraiment pensé. En 1813, en effet, aucune princesse de la famille impériale n'était encore nubile (2). Nar-

(1) Narbonne à l'empereur, 25 décembre. (Arch. nationales, A. F., IV, 1690.)
(2) Les princesses les plus âgées de la famille impériale étaient : —

bonne semble nous avoir donné lui-même l'explication de cette démarche quand il a écrit de Vienne, beaucoup plus tard, au mois d'avril, à propos d'une proposition de convention avec l'Autriche : « La manière dont on écouterait, accepterait ou refuserait cette proposition, soit à Vienne, soit à Paris, ne peut-elle pas fournir quelques chances pour deviner un peu d'avance ou au moins pressentir ce qui peut arriver? Et cette proposition ne ferait-elle pas pour Vienne le même effet que celui qu'a cherché Votre Majesté à Berlin, en faisant jeter en avant quelque idée de mariage (1) ? »

En même temps qu'Hardenberg essayait de profiter de l'embarras où il croyait être Napoléon, en insinuant à Saint-Marsan les conditions prussiennes d'un renouvellement de l'alliance, il prévoyait le cas où Napoléon ne voudrait pas comprendre ses propositions, et où il lui faudrait changer complètement sa ligne de conduite. Dans ce but, il discutait le 25 décembre, avec Ancillon et Knesebeck, un plan tout différent du premier. Au cours de cette discussion, Ancillon prit le premier la parole : pour lui, le moment était enfin venu de secouer le joug, car la puis-

une fille de Joseph, Charlotte-Zénaïde-Julie, née en 1801, et alors âgée de douze ans; — une fille de Murat, Lætitia-Josèphe, née en 1802 ; — une fille d'Élisa, Napoléone-Élisa, née en 1806, — et une fille d'Eugène, Joséphine-Maximilienne-Eugénie-Napoléone, née en 1808, et donc âgée de six ans.

(1) Lettre de Narbonne, Vienne, 1er avril. (Arch. nationales, A. F., IV, 1676.)

sance de la France, qui ne reposait que sur les succès de son armée, était maintenant complètement détruite, parce que jamais Napoléon ne pourrait refaire son artillerie et sa cavalerie. Mais si l'on avait échappé aux mains des Français, qui sont des civilisés, ce n'était pas une raison pour tomber dans celles des Russes, qui ne sont que des barbares. Aussi était-il nécessaire de s'unir à l'Autriche, car la Prusse était trop faible pour jouer le premier rôle dans la lutte future, et ne pouvait s'y engager que si elle était soutenue. Le but que ces deux puissances devaient se proposer était le refoulement de la France sur la rive gauche du Rhin, et la formation de la Confédération du Rhin sur des bases nouvelles ; ou plutôt la formation de deux confédérations, l'une dans le Sud placée sous l'influence de l'Autriche, l'autre dans le Nord sous celle de la Prusse. Il était donc nécessaire que l'Autriche armât sans retard et que tous les préparatifs fussent terminés dans quatre semaines.

Knesebeck, à l'encontre d'Ancillon, croyait que l'on pouvait rompre avec la France sans s'être assuré auparavant du secours de l'Autriche : il pensait que la Prusse devait commencer immédiatement ses armements, en profitant des demandes d'augmentation du contingent que lui faisait Napoléon lui-même. Pour lui les buts à poursuivre étaient : la destruction de l'influence française dans la péninsule pyrénéenne ; la réunion de l'Italie sous un seul maître ; l'indépendance des États allemands; le rétablissement des princes détrônés : ceux de Hesse, d'Orange, de Brunswick, de Hanovre; le maintien du *statu quo* dans les royaumes de Bavière, de Wurtemberg et dans le duché de Bade; la formation d'une confédération militaire, à l'image de la Confédération du Rhin, sous le protectorat de l'Autriche et de la Prusse (1).

Hardenberg proposa un troisième plan, parti intermédiaire auquel Ancillon et Knesebeck se rallièrent. C'est ce plan qui fut soumis au roi le lendemain, 26 décembre.

Le moment est venu où la Prusse doit agir pour recouvrer son indépendance et secouer le joug : il est donc indispensable d'augmenter immédiatement l'armée et de mettre les places fortes en état de défense. En portant à 30,000 hommes le corps auxiliaire; en créant de fortes réserves d'après les demandes mêmes des Français; en unissant les troupes prussiennes aux troupes russes dès que cela sera possible, on empêchera Napoléon de se maintenir sur la Vistule et sur la basse Oder : on reportera ainsi le théâtre des opérations vers le Rhin, probablement entre le Weser et l'Elbe. Cette manière d'agir donnera de la confiance à la Suède et à la Russie et les engagera à venir en aide à la Prusse. Inutile de demander si l'on aura de l'argent, on en aura, et, si l'on n'en

---

(1) Rancke, IV, 339 et suiv.

a pas, on saura en prendre où il en existe. Mais, avant de rien entreprendre, il faut s'assurer du concours de l'Autriche : il faut donc signer un traité avec cette puissance, la décider à préparer ses armements, et, dès qu'ils seront prêts, se mettre en mesure de dicter la paix. Pendant ce temps, la famille royale ira s'établir en Silésie, pour échapper à la tutelle française sous laquelle elle se trouve à Berlin par le fait de l'occupation de cette ville par des troupes du XIe corps.

Mais, tant que ce plan n'aura pas encore reçu un commencement d'exécution, il faut dissimuler avec les Français : donc Krusemark partira pour Paris, de manière à assurer la France des sentiments de la Prusse, et Beguelin ira renouveler ses demandes d'argent (1).

Ce second projet était hardi : il prouvait la duplicité de ceux qui l'avaient conçu, comme aussi les difficultés dans lesquelles la Prusse se débattait. Elle voulait la paix, et, pour l'obtenir, se jetait dans les bras du plus offrant. Si Napoléon consentait à faire pour elle les sacrifices nécessaires, s'il ne faisait pas la sourde oreille à ses demandes, elle serait napoléonienne et saurait bien alors, alliée de la France et de l'Autriche, imposer la paix à la Russie, car l'Autriche semblait avoir plus de répugnance qu'elle à se détacher de l'alliance française, et, dans ces conditions,

(1) ONCKEN, I, 45 et suiv.

ne changerait pas de « système » toute seule. Si, au contraire, Napoléon ne voulait ni l'aider ni la défendre, elle se déclarerait contre lui : elle se faisait forte d'entraîner avec elle l'Autriche dans sa défection. Aussi est-il nécessaire de négocier avec le cabinet de Vienne et de se mettre sur le pied de la plus parfaite intimité avec lui ; car il sera plus facile de transformer une alliance déjà existante que d'en nouer une seconde au milieu des difficultés du moment. Elle sait qu'à Paris elle ne peut rien, que tout dépend de l'empereur, et que sur lui elle n'a aucun pouvoir ; tandis qu'à Vienne, Metternich peut se laisser persuader et raisonner. Donc, à Paris, elle n'a aucune démarche à faire : une fois les conditions de sa fidélité à son ancien système insinuées, elle n'a plus qu'à attendre la réponse. A Vienne, elle doit travailler pour arriver à son but ; aussi tourne-t-elle pour le moment tous ses efforts de ce côté. Il faut qu'elle décide l'Autriche à agir. Unie à cette puissance, elle verra venir les événements, jusqu'au moment où elle croira pouvoir entrer ouvertement dans la lutte ; mais, en attendant, elle doit être prête à toute éventualité.

Ce plan d'Hardenberg parut trop hardi au roi Frédéric-Guillaume, parce qu'il engageait trop tôt la Prusse contre la France et ne donnait pas à Napoléon le temps de formuler une réponse. Le roi n'était d'ailleurs pas homme à prendre de grands partis : au lieu de diriger les événements, il aimait mieux les suivre; aussi voulait-il attendre encore. Il fallait, en tout cas, essayer de gagner le printemps. Si Napoléon désirait sincèrement la paix, elle se ferait en avril; si, au contraire, il mettait des obstacles à sa conclusion, l'Autriche, dont l'intervention avait été acceptée, trainerait le plus possible les négociations. Ce parti de trainer les choses en longueur avait l'avantage de permettre à l'Autriche et à la Prusse de concentrer leurs forces; cependant, il était indispensable que l'Autriche promit dès maintenant à la Prusse et à la Russie d'engager toutes ses forces contre la France dans le cas d'une nouvelle campagne. Quant aux Russes, ils ne devaient pas, « pour le moment, passer la Vistule, mais devaient concentrer leurs troupes en Lithuanie ». Quoi qu'il en soit, et en tout état de cause, il était nécessaire de savoir si Napoléon voulait agir offensivement ou défensivement. S'il prenait l'offensive, « le passage de la Memel serait le signal, pour la Prusse et l'Autriche, du commencement des opérations contre les Français; la Suède, en même temps, débarquerait des troupes en Allemagne et chercherait à entrainer le Danemark dans l'action commune; les ressources de l'Angleterre seraient alors ouvertes pour le continent. » La destruction complète de l'armée française devait être la conséquence de cette manière d'agir; car le Nord était la seule région où toutes ces puissances pouvaient diriger les opérations avec tous leurs moyens : « Dans le Sud, la France entre en campagne, animée d'un enthousiasme nouveau ; dans le Nord, il en est tout autrement : l'expérience l'a prouvé. Dans le Nord, la Russie peut mettre en ligne toutes ses forces ; dans le Sud, il n'en est pas ainsi ; les armées autrichiennes atteignent beaucoup plus tôt dans le Nord les points de rassemblement assignés, parce qu'elles en sont beaucoup plus près : au premier signal, les corps prussiens passent la Memel et se joignent aux troupes russes ; il en est de même du corps de Schwartzenberg ». Tels sont les avantages de ce plan : « Il faut vaincre et détruire ; mais ce double but est plus facilement atteint dans le Nord que sur le Rhin : sur le Rhin, la Russie ne pourra jamais arriver avec toutes ses forces, et ne doit même pas y arriver ». — Étranges, ces préoccupations pour l'avenir et ces sources de mésintelligences prévues longtemps à l'avance ! — Mais si, contrairement aux prévisions, Napoléon se tient sur la défensive et attend l'attaque offensive de la Russie, le passage de la Vistule par les Russes sera, pour la Prusse et l'Autriche, le signal de la défection (1).

Attendre le printemps, au lieu d'agir immédiatement, tel est le système du roi : et en cela il diffère d'opinion avec son chancelier. Ce dernier croit qu'il faut agir immédiatement avec énergie : attendre

(1) Acten des K. P. Haus-Archivs, cité par HOLLEBEN, I, 414. (ONCKEN, I, 47.)

conduirait, d'après lui, aux pires conséquences.

Aussi, le soir même du 26, Hardenberg adresse-t-il au roi une note dans laquelle il fait ressortir que s'il ne croit pas que Napoléon puisse faire une nouvelle guerre à la Russie, ni repasser la Vistule, il croit qu'il cherchera à attirer les Russes sur ce fleuve, et à les y battre; et que, s'il ne peut y réussir, il s'efforcera de s'établir dans ces régions : dans ce cas le sort de la monarchie prussienne serait fortement compromis. En outre, l'adoption du plan du roi rendrait très difficile le commencement des armements : car la France « s'apercevrait » de ces mouvements et en concevrait « des soupçons (1) ».

Malgré leur valeur, ces raisons ne parviennent pas à convaincre le roi; il décide donc d'envoyer des ambassadeurs à Vienne et à Paris.

A Paris, c'est Krusemark qui doit porter une lettre du roi en réponse à celle de l'empereur datée de Dresde. Dans cette lettre, Frédéric-Guillaume assure Napoléon de son attachement à l'alliance et s'engage à faire des efforts nouveaux pour prouver sa fidélité; mais, en même temps, il se plaint « du dénuement total dans lequel son pays se trouve » et expose l'urgente nécessité qu'il y a de venir à son secours. « J'accepte avec plaisir, continue-t-il, l'offre que Votre Majesté me fait de faire former dorénavant

---

(1) Acten des K. P. Haus-Archivs, analysé par HOLLEBEN, I, 84.

à mes troupes un corps d'armée à elles seules, et j'ai donné incessamment l'ordre de rassembler sur la Vistule, et particulièrement à Graudenz, les hommes disponibles... De plus, je fais tirer, d'après la demande du duc de Castiglione, un cordon de mes troupes en Silésie, sur la haute Oder, depuis Glogau. Votre Majesté voit que je fais tout ce que je puis (1). »

Krusemark devait, en particulier, dépeindre la pénurie du trésor, réclamer avec insistance le remboursement des avances et s'opposer à toute augmentation de charges nouvelles. Il devait surtout écouter et observer tout ce qui se dirait en France (2). Avec lui partait le conseiller von Beguelin, spécialement chargé du règlement de comptes entre la France et la Prusse ; car, depuis Vilna, Napoléon n'avait rien répondu aux demandes prussiennes : il n'avait rien répondu quand il s'était agi de payer le total du montant de la dépense ; il n'avait rien répondu quand on lui avait demandé un simple acompte de 40 millions, même payable en assignations à six ou huit mois (3) ; il n'avait rien répondu quand on lui avait fait comprendre que seulement un million d'écus prêtés ou donnés ferait le plus grand bien (4).

(1) Lettre du roi de Prusse, 31 décembre. (Arch. des Aff. étrangères, Prusse, Supplément, 378.)
(2) ONCKEN, I, 85.
(3) Rapport de Beguelin, novembre. (Arch. des Aff. étrangères, Prusse, 251.)
(4) Lettre de Narbonne, 25 décembre. (Arch. nationales, A. F., IV, 1690.)

En même temps, on rédigeait des instructions pour
le colonel von dem Knesebeck, qui devait aller négocier à Vienne. Parmi les ennemis de la France, Knesebeck était un des plus marquants ; en le choisissant,
Hardenberg était sûr qu'il s'acquitterait avec zèle de
sa mission délicate et ferait tout pour la faire aboutir.
Un tel ambassadeur devait plutôt être retenu que
poussé; aussi, ses instructions datées de Potsdam,
le 4 janvier, limitaient-elles ses pouvoirs et lui pres-
crivaient-elles de s'inspirer du texte des notes de
Metternich à Floret du 9 décembre (1) et à Bubna
du 20. Dans ces notes le ministre autrichien ordonnait à ses représentants d'exprimer l'idée qu'une paix
générale faite sur de larges bases était seule capable
de réparer les désastres de la présente campagne et
de consolider la nouvelle dynastie française, et que,
pour cette paix, l'Autriche était la puissance naturellement désignée comme médiatrice. Il en résulte,
continue Hardenberg, que ces instructions sont le
point de départ de tout un plan nouveau, pour empêcher la France d'absorber l'Europe, et la Russie de
s'immiscer dans les affaires d'Occident. Aussi cette
médiation ne doit-elle pas être offerte, mais imposée ;
et, dans ces conditions, elle doit prendre la forme
d'une médiation armée : l'Autriche doit donc se
donner une attitude militaire. M. de Knesebeck

(1) Voir plus haut, p. 25.

devra donc étudier les mouvements militaires autrichiens ; il s'efforcera de les hâter, s'il les juge trop lents, et, pour atteindre rapidement ce but, il est autorisé à déclarer que le roi de Prusse est décidé à coopérer autant qu'il le pourra à tout ce que l'Autriche entreprendra, mais qu'il attend avant de s'engager une invitation positive et officielle de sa part, et que pourtant il tâchera, autant que sa situation actuelle le lui permet, de commencer ses armements. Dans tous les cas, le gouvernement prussien estime nécessaire, tant que ses préparatifs ne seront pas complètement terminés, « de jouer le rôle d'allié fidèle de la France. » Il pense que si la discussion des conditions de paix est longue et laborieuse, et que si, sur ces entrefaites, Napoléon a le temps de repasser la Vistule, le passage de cette rivière devra être le signal de la défection de la Prusse et de l'Autriche. La coopération des Anglais, des Suédois, des Danois doit rendre ce plan absolument sûr. Il faut cependant, malgré cette défection, empêcher les Russes d'entrer sur le territoire prussien (1).

Les termes de cette instruction donnèrent lieu à de nouvelles discussions entre Knesebeck et le roi : Knesebeck objectait que selon toute vraisemblance les Russes continueraient leur marche en avant, tandis que les Français, couverts par les forteresses de la

---

(1) Oncken, I, 118.

Vistule et de l'Oder, ou même celles de l'Elbe, s'efforceraient de prendre l'offensive ; et que, dans ces conditions, la Prusse servirait à nouveau de champ de bataille. Il n'y avait, prétendait-il, qu'un seul moyen d'éviter ces désastres : c'était de pousser immédiatement les armées autrichiennes et prussiennes sur le Rhin. Le roi répondit qu'il n'avait aucune confiance dans cette manière d'agir et qu'il ne croyait pas qu'elle pût donner de résultat tant que les Français n'auraient pas encore perdu sur le Niémen 300,000 hommes, mais qu'il reconnaissait cependant la nécessité d'armer. Aussi désirait-il que la mise sur pied des *krumpers* se fît de la même manière que celle des troupes de milices, pour ne pas donner de soupçon à la France, et pour empêcher les généraux français de les employer (1).

Cette instruction reproduisait donc le plan du 25 décembre ; ainsi c'était ce plan que Knesebeck était chargé d'exposer à Vienne, avec ses deux idées fondamentales : le choix du Nord comme théâtre des opérations et la crainte de voir les Russes occuper le territoire allemand.

Pourquoi cette crainte ?

C'est parce qu'on avait reçu à Berlin une lettre du

---

(1) Acten des K. P. Geheimen Staats-Archivs, analysé par HOLLEBEN, I, 85. Les *krumpers*, c'est-à-dire les anciens soldats de l'armée prussienne qui avaient été renvoyés dans leurs foyers après le traité du 8 octobre 1808.

colonel von Boyen, émigré en Russie (1), disant que l'alliance avec la Russie devait être formée le plus rapidement possible. Car, dans ce cas, le tsar garantirait à la Prusse, non seulement ses provinces actuelles, mais encore s'engagerait « à ne poser les armes que quand le roi serait rentré dans la possession de toutes les provinces qu'il avait perdues en Allemagne, ou en aurait été indemnisé de toute autre manière, notamment par la Saxe (2). »

A cette nouvelle, on compléta les instructions de Knesebeck pour le cas où les Russes arriveraient jusqu'à l'Oder et forceraient le roi à signer un traité séparé. Dans l'hypothèse d'une guerre transportée en Prusse, il ne serait pas impossible que les Russes, s'éloignant de leur base d'opération, fussent trop affaiblis pour pouvoir résister aux efforts de Napoléon et l'empêcher de les refouler au delà du Niémen. Qu'adviendrait-il alors de la Prusse? Knesebeck devait

---

(1) ONCKEN, I, 123. — Boyen avait quitté Saint-Pétersbourg le 13 novembre, avec un agent de l'ambassade anglaise chargé d'une mission à Vienne : Walpole. Tous deux arrivèrent à la frontière autrichienne le 2 décembre. On laissa passer Walpole, mais on arrêta Boyen pendant un mois à Radzilowo. Metternich agissait-il ainsi par horreur des sociétés secrètes dont Boyen faisait partie? ou voulait-il jouer un mauvais tour à la Prusse? (*Erinnerungen aus dem Leben des Feldsmarschalls* v. BOYEN, II.) L'une et l'autre supposition sont vraisemblables. De Radzilowo, Boyen écrivit à Hardenberg : ses lettres passèrent par Vienne et arrivèrent en Prusse par l'intermédiaire d'Ompteda et du comte d'Hardenberg. Il avait également envoyé des rapports qui n'arrivèrent à Berlin que le 13 janvier, probablement par l'intermédiaire de Scharnhorst.

(2) RANCKE, IV, 331.

donc obtenir une réponse catégorique de l'Autriche et lui faire savoir que le roi de Prusse ne voulait rien signer avec la Russie sans l'assentiment de l'Autriche, mais qu'il souhaitait cet assentiment, et que, d'après lui, il était de l'intérêt de l'Autriche de le donner.

Les instructions de Knesebeck contenaient en outre des détails très précis sur le duché de Varsovie. Knesebeck devait représenter qu'il importait pour le repos du nord de l'Europe que le grand-duché de Varsovie fasse retour à la Prusse. « La Russie ne peut pas le garder sans se brouiller avec l'Autriche et sans augmenter les difficultés de sa paix avec la France; l'Autriche doit désirer que la Prusse l'obtienne, afin de l'enlever à la Russie et d'ôter à la France la facilité de troubler le Nord; la France doit désirer refaire de la Prusse une puissance intermédiaire; et quant aux Polonais, qui ne peuvent plus espérer la liberté politique, ils devront s'estimer très heureux d'acquérir ainsi la liberté civile, la tranquillité et des avantages commerciaux (1). »

La possession de la Pologne tient donc particulièrement à cœur à la Prusse, puisque c'est également cette province qu'elle réclame à Napoléon comme prix de sa fidélité à l'alliance. Aussi les instructions au sujet de cette acquisition ont-elles complètement fait perdre de vue, dans les notes complémentaires

(1) ONCKEN, I, 126. Instructions de Knesebeck (texte allemand).

remises à Knesebeck avant son départ, les instructions données sur la nécessité d'une paix générale. C'étaient elles pourtant qui faisaient l'objet des pleins pouvoirs de l'envoyé prussien.

Elles pouvaient se résumer ainsi : Le roi veut le rétablissement de l'Europe telle qu'elle avait été formée par les traités de Lunéville et d'Amiens, c'est-à-dire l'Allemagne rendue indépendante de la puissance française; l'assurance aux rois et aux princes de la Confédération du Rhin, sauf au roi de Westphalie, de leur existence actuelle; le remplacement de cette confédération par deux autres, l'une dans le Sud sous l'influence de l'Autriche, l'autre dans le Nord sous celle de la Prusse (la ligne du Main servant à séparer ces zones d'influence) ; enfin le rétablissement des villes hanséatiques (1). »

Tel était le second plan prussien, et le programme de paix, dans le cas d'une entente avec l'Autriche. Ce second plan conduisait comme le premier à la révision des derniers traités et faisait de la Prusse une grande puissance. Soit qu'elle se tourne du côté français, soit qu'elle se tourne du côté autrichien, ses demandes sont les mêmes : la prépondérance dans le Nord et la Pologne. Elle se croit une puissance septentrionale et orientale; l'Occident et le Midi ne l'intéressent pas : c'est à l'Est seulement qu'elle veut s'étendre, ce qui

(1) D'après ONCKEN, 1, 126. Instructions de Knesebeck.

explique ses défiances envers la Russie. Dans la lutte actuelle entre l'empire slave et l'empire latin, elle se sent une proie offerte aux convoitises du vainqueur, aussi lui faut-il défendre son existence ; et c'est ainsi que l'alliance autrichienne devient pour la Prusse une nécessité, et qu'elle fait tout pour l'obtenir.

Rien d'étonnant donc si, pour affirmer son intimité avec l'Autriche, elle la consulte sur les premières démarches à faire ; si elle prend conseil auprès d'elle sur les décisions à prendre ; si elle la fait sonder sur l'établissement de son roi à Breslau, en territoire neutralisé, en lui faisant remarquer qu'ainsi placé il sera éloigné des baïonnettes françaises et qu'il pourra prendre en toute liberté les diverses mesures que l'exécution de ce plan exige.

Pendant que s'élaborent à Berlin les instructions pour Krusemark et Knesebeck, que les conférences se succèdent à Potsdam entre le roi et ses ministres, Narbonne et Saint-Marsan ne s'aperçoivent de rien, persistant toujours dans le même optimisme. Saint-Marsan se contente de rendre compte des mesures prises par le roi pour augmenter le contingent prussien ainsi qu'il l'avait promis. « Le baron d'Hardenberg m'a déclaré que le contingent serait porté à 30,000 hommes, sans aucun doute, si le contingent qui se trouve sous les ordres du duc de Tarente pouvait effectuer heureusement sa retraite ; que le cordon en Silésie, n'exigeant pas la dépense positive sur le pied de guerre, serait formé, et que les ordres étaient donnés; que quant à d'ultérieurs efforts en hommes, ils étaient possibles sans doute, puisque les hommes étaient exercés *(krumpers)*, mais qu'il n'y aurait que le cas où Sa Majesté l'empereur viendrait au secours des finances de la Prusse qu'on pourrait s'en servir; que, dans ce cas, le roi mettrait tout à la disposition de l'empereur, mais qu'il n'y avait pas moyen de faire d'ultérieures avances en argent, soit pour les levées, soit pour les magasins... J'observerai ici que le résultat des idées et des discours de M. le baron d'Hardenberg est propre à rassurer entièrement sur le compte de ce gouvernement et paraît prouver, ainsi que le montre la marche des affaires, qu'on n'a aucune arrière-pensée... car dans ce dernier cas, on saisirait évidemment l'occasion d'armer, on l'offrirait même; et je vois, au contraire, qu'en adhérant aux demandes de Sa Majesté l'empereur, on avance qu'on ne peut pas faire davantage faute de moyens, et que, si Sa Majesté accorde des moyens, alors on fera des efforts, et que tout sera à la disposition de Sa Majesté (1). » Cette nouvelle conversation n'est-elle pas la suite de la conversation du 17 décembre dans laquelle le chancelier avait insinué à Saint-Marsan les *desiderata* de la Prusse? Elle est prête à mobiliser si l'empereur l'autorise à le faire. Saint-Marsan ne

(1) Saint-Marsan à Bassano, Berlin, 2 janvier. (Arch. des Aff. étrangères, Prusse, 252.)

voit que ce qu'Hardenberg lui permet de regarder : à côté du plan français, il ne se doute pas qu'il y a un plan autrichien!

Narbonne a la même confiance. Le 30, il écrit : « Je crois ce que l'on appelle peuple beaucoup plus tranquille, et infiniment moins prêt à un mouvement que l'on n'avait sujet de le craindre. L'accueil fait à tous nos rentrants en paraît une preuve irrécusable. La société est et sera toujours la même, ici comme presque partout ailleurs. L'esprit et le ton d'opposition sont depuis longtemps ce qui donnait le plus de succès auprès des femmes; n'ayant pas pu en obtenir à la guerre, les jeunes officiers ont été en chercher dans les salons; mais je suis convaincu que cette insurrection de boudoirs ne peut avoir de conséquence fâcheuse, et parce que la reine (1) n'existe plus, et parce que le roi et son ministre semblent tout à fait inébranlables dans leur système. » Le 1ᵉʳ janvier, il continue : « Dans un pareil moment, rien n'égale, en effet, dit-on, l'inquiétude du roi que sa fermeté dans son système. Toute sa famille l'obsède pour en changer : elle met en avant les adresses où l'on offre au roi toute espèce de sacrifice, s'il veut adopter les véritables mesures pour sauver son royaume. Sa réponse a été qu'il compte sur tous les sacrifices et qu'il exigera (tous ceux qu'il croira né-

---

(1) La reine Louise, femme de Frédéric-Guillaume.

cessaires, mais qu'il n'entend pas que l'on s'immisce en rien dans ses relations, et qu'il regarde comme malintentionnés tous ceux qui ne partagent pas ses principes. Rien n'est donc plus absurde que la disgrâce de M. d'Hardenberg et qu'une prétendue explication avec le roi (1). »

Berlin était en effet plein, depuis quelques jours, de nouvelles contradictoires : le fameux 29ᵉ Bulletin (2) qui avait appris à l'Europe étonnée la catastrophe de la grande armée, le passage de Napoléon voyageant incognito et comme un fugitif, les isolés, les blessés et les gens sans aveu qui suivent ordinairement les armées, faisaient naître des bruits de toute nature. Le parti antifrançais n'avait jamais désarmé, et en ces jours de malheur semblait avoir repris une force nouvelle. Scharnhorst, Clausewitz, Boyen, Schöler, Stein, Ancillon, Knesebeck entretenaient partout des relations et relevaient les courages.

Sur ces entrefaites, arriva à Berlin le comte Henckel von Donnersmarck, aide de camp du roi, chargé par le général York de lui remettre un rapport sur les derniers événements militaires. Celui-ci, arrivé le 2 dans la nuit (3), apporta des nouvelles « qui ont causé

---

(1) Lettres de Narbonne à l'empereur du 30 décembre et du 1ᵉʳ janvier. (Arch. nationales, A. F., IV, 1690.)

(2) Correspondance, 10365.

(3) D'après une lettre de Narbonne du 3 janvier. (Archiv. nationales, A. F., IV, 1690.) CHARRAS et HARDENBERG disent simplement le 2 : ce qui ferait supposer qu'il était arrivé dans la soirée du 2 et non dans la nuit.

de nouveau beaucoup d'inquiétudes sur le sort de 7 à 8,000 hommes de troupes prussiennes formant l'arrière-garde sous les ordres des généraux York et Kleist. Le comte Henckel a rapporté que ces troupes ne s'étaient mises en mouvement que le 20 au soir, d'après les ordres de M. le duc de Tarente, tandis que le reste de l'armée était parti le 19 au matin; qu'elles se trouvaient enveloppées par des forces bien supérieures, et que lui-même avait eu beaucoup de peine à passer, et qu'il croyait difficile que ces corps pussent arriver à Tilsit (1) », car ces troupes « ont sur leur gauche le corps très renforcé de Wittgenstein, et en avant le général Paulucci occupant Memel avec 17 à 18,000 hommes venant de Riga; et c'est par ce point de Memel que le général York devait essayer de passer. Mais il y voyait, dit-on, de grandes difficultés (2) ».

(1) Saint-Marsan à Bassano, Berlin, 4 janvier. (Arch. des Aff. étrangères, Prusse, 232.)
(2) Narbonne à l'empereur, Berlin, 3 janvier. (Archiv. nationales, A. F., IV, 1690.)
Le rapport apporté par le comte Henckel est daté de Chelcl (sic), le 27 décembre 1812 : c'est un simple récit des événements. Une copie de cette pièce se trouve aux Archives de la Guerre, et y provient de la succession Macdonald. Le maréchal a dû en faire prendre copie, quand le comte Henckel a traversé son quartier général. DROYSEN, I, 347, donne, sous la même date, des fragments d'une lettre qui a dû être jointe au rapport, et dont le maréchal n'a pas dû avoir connaissance; on y lit : « Depuis deux jours je suis séparé du maréchal : je ne crois pas pouvoir le rejoindre, et je serai forcé, dans le cas où je rencontrerai un corps de troupes russes, de faire en sorte de conserver à Votre Majesté ses troupes; de ne pas entacher l'honneur des armes... Je ne puis pas encore préciser d'une manière certaine la direction que

Ces nouvelles donnaient lieu aux suppositions les plus variées ; elles accroissaient encore l'énervement des esprits, en laissant le champ libre à toutes sortes de conjectures. Les rumeurs les plus démoralisantes étaient mises en circulation et se répandaient dans toutes les classes de la société avec une vitesse inouïe. Le lendemain pourtant la vérité fut connue par l'arrivée, à trois heures du soir, d'un aide de camp de Macdonald envoyé par le major général, et apportant la nouvelle de la capitulation de Tauroggen.

je prendrai, parce qu'il faut que je sauve le décorum. » Est-ce une préparation à la convention? York avait-il déjà arrêté dans son esprit les dispositions qu'il prendrait? Le journal d'Hardenberg semble le faire croire : « 2 janvier : arrivée d'Henckel avec la première nouvelle de la capitulation, » mais la conduite postérieure d'York est en contradiction avec cette phrase.

CHAPITRE II

LA RETRAITE DU X⁰ CORPS ET LA CONVENTION DE TAUROGGEN

I. Composition du X⁰ corps. — Le général York. — Dissentiments entre York et Macdonald. — Premières nouvelles du désastre. — Macdonald reçoit des ordres. — Les ordres russes. — Composition des troupes russes. — Ordre de marche de Macdonald. — Dispositions russes. — La retraite de la 7ᵉ division. — Ordre de marche de l'arrière-garde. — Entrevues d'York et du général Diebitsch. — Incidents de la retraite. — Arrivée de Seydlitz. — Incertitudes d'York. — Convention de Tauroggen.
II. Passage du défilé de Schilluspichken. — Forces françaises. — Abandon de Kœnigsberg. — Plan de Macdonald. — Mouvement des Russes. — Tentatives de résistance. — Incurie de Murat. — Abandon de la ligne de la Vistule. — Retraite des troupes de Bülow. — Circonstances qui ont permis à Macdonald de battre en retraite.

I

D'après le traité du 24 février 1812, S. M. le roi de Prusse devait, dans le cas d'une guerre avec la Russie, fournir un contingent de 20,000 hommes, composé de 14,000 hommes d'infanterie, 4,000 hommes de cavalerie, 2,000 hommes d'artillerie avec 60 pièces de canon ayant un double approvisionnement, et des équipages militaires pour transporter en farine dix à vingt jours de vivres. Ce contingent devait « toujours être tenu au complet dudit nombre présent sous les armes » (art. 2) — et il devait, « le plus possible, être réuni dans le même corps d'armée et employé de préférence à la défense des provinces prussiennes » (art. 3) (1). Ces troupes furent en conséquence jointes à une division de troupes alliées et formèrent un corps d'armée, le X⁰, sous les ordres du maréchal Macdonald, duc de Tarente.

Pendant la marche en avant sur Moscou, le X⁰ corps devait protéger la gauche de la grande armée. Le rôle peu actif qu'il avait joué pendant toute la campagne l'avait préservé de la destruction ; aussi avait-il peu souffert et occupait-il encore, en décembre 1812, les lignes de la Dwina qu'il avait été chargé de garder. Il était composé de deux divisions :

La 7⁰ division d'infanterie forte, au commencement de décembre, de 8,000 hommes et de 24 pièces d'artillerie, sous le commandement du général de division Grandjean (2).

La 27⁰ division ou contingent prussien, d'abord sous les ordres du général-lieutenant von Gravert, et

---

(1) DE CLERCQ. Voy. texte des traités.
(2) 1ʳᵉ brigade. — 2 bat. 2 canons, du 13⁰ Rᵗ bavarois. — 4 bat. 2 canons, du 5⁰ Rᵗ polonais.

2⁰ brigade (prince Radziwill). — 4 bat. 2 canons, du 10⁰ Rᵗ polonais.

3⁰ brigade (Bachelu). — 2 bat. 2 canons, du 1ᵉʳ Rᵗ westphalien. — 4 bat. 2 canons, du 11⁰ Rᵗ polonais.

2 batteries à cheval polonaises, 12 canons.

Soit 16 bataillons, 24 bouches à feu.

à partir du 13 octobre sous ceux du général-lieutenant von York.

Le contingent prussien comptait au début des opérations 23,360 hommes et 60 canons, mais, au commencement d'octobre, il n'était plus que de 15,000 hommes et 60 pièces d'artillerie (1).

(1) CONTINGENT PRUSSIEN. — Commandant : le général-lieutenant von York. — Chef d'état-major : le colonel aide de camp von Röder.
Infanterie. — Commandant : le général-major von Kleist.
1re brigade. — Colonel v. Below. — 1er R^t : II et F/1er R^t de la Prusse orientale, I/2e R^t de la Prusse orientale. — 2e R^t : I/3e R^t de la Prusse orientale, I et F/4e R^t de la Prusse orientale. — F/2 R^t de la Prusse orientale.
2e brigade. — Colonel v. Horn. — 3e R^t : II et F/R^t de Poméranie, I/R^t d'infanterie de Kolberg. — 4e R^t : I-II-F/R^t d'infanterie de corps.
3e brigade. — Colonel v. Raumer. — 5e R^t : I/1er R^t de la Prusse occidentale, II et F/2e R^t de la Prusse occidentale. — 6e R^t : II et F/1er R^t de Silésie, II et F/2e R^t de Silésie.
Bataillon de chasseurs de la Prusse orientale.
Cavalerie. — Commandant : le général-lieutenant v. Massenbach.
1re brigade. — Colonel Jeanneret. — 1er R^t de hussards : 2 escad. du 1er hussards de corps, 2 escad. du 2e hussards. — 3e R^t de hussards : 2 escad. du 1er hussards de Silésie, 2 escad. du 2e hussards de Silésie.
2e brigade. — Colonel Hünerbein. — 1er R^t de dragons : 2 escad. des dragons de Lithuanie, 2 escad. du 2e R^t de dragons de la Prusse occidentale. — 2e R^t de dragons : 2 escad. du 1er R^t de dragons de la Prusse orientale, 2 escad. des dragons de Brandebourg.
Artillerie. — Commandant : le major v. Schmidt.
De la brigade de la Prusse orientale. — Batteries à cheval, n°s 1, 2, 3. — Batteries à pied de 6 livres n°s 1, 2, 3. — Train d'artillerie n°s 1, 2, 3, 4.
De la brigade de Brandebourg. — Batterie à pied de 6 livres n° 6. — Train d'artillerie n° 5.
De la brigade de Silésie. — 1/2 batterie à pied de 12 livres n° 3.
Génie. — Compagnies n°s 1, 2, 3.
Soit un total de 20 bataillons, 26 escadrons, 7 batteries 1/2 = 22,360 hommes et 22 pièces d'artillerie.
ÉTAT-MAJOR. — Commandant du Xe corps : le maréchal Macdonald,

La force totale du Xᵉ corps était donc de 23,000 hommes et 84 bouches à feu.

Le commandant prussien, Hans-David-Louis, comte von York von Wartenburg, général-lieutenant, était né à Potsdam le 26 septembre 1759 d'une vieille famille anglaise établie en Poméranie. En 1772, il est cadet au régiment d'infanterie de Borck; en 1775, il est nommé enseigne à celui de Lück; en 1777, lieutenant en second; puis, après un acte d'indiscipline, est obligé de quitter le service de la Prusse et de se retirer en Hollande (1). Il ne revient en Prusse qu'en 1786 : il est nommé successivement major, lieutenant-colonel, colonel; il couvre la retraite en 1806 à Altenzaun, puis le passage de l'Elbe à Sandow, y est blessé le 1ᵉʳ novembre et fait prisonnier. Échangé en 1807, il est nommé général-major, puis gouverneur de Memel; en 1808 il est chargé de l'organisation de la brigade de la Prusse occidentale, et en 1810 de l'inspection des troupes légères. Tels sont les états de service du commandant du corps allemand (2). Physiquement, il avait, malgré une

duc de Tarente. — Chef d'état-major général : le colonel Terrier. — Commandant de l'artillerie : le général de division Tariel.

(Arch. Guerre. — Plotho, Osten-Sacken.)

(1) On ne connaît pas exactement l'acte pour lequel York a été cassé ; il semble cependant que c'est au sujet d'un démêlé avec le capitaine Naurath qui aurait commis pendant la campagne 1778 des actes d'indélicatesse ; York aurait fait un affront au capitaine à ce sujet en présentant la garde. Droysen, I, 18.

(2) D'après une pièce conservée aux Archives de la Guerre, et Seydlitz, II, 315.

maladie de poitrine, une forte corpulence et une grande taille : moralement, il était doué d'une grande force de volonté, mais était égoïste, renfermé, dissimulé et de rapports désagréables. Aussi, entre le maréchal français et le général prussien, de graves dissentiments éclatèrent-ils bientôt.

« La campagne de Macdonald en Courlande, écrit Clausewitz, n'était certainement pas faite pour enlever les approbations. Pendant qu'avec la 7ᵉ division il demeurait sur la Dwina dans une position d'attente, où il ne faisait rien, les Prussiens restaient devant Riga, dans une situation peu agréable, et soutenaient presque seuls le poids des combats qui se livrèrent sur ce théâtre des opérations pendant six mois. Le général York n'était pas un juge impartial; l'amertume formait le fond de son caractère. Il advint qu'il fut aussi mécontent de ce que faisait le maréchal, au point de vue de la conduite de l'ensemble des opérations, qu'en ce qui concernait les troupes prussiennes. Il était peut-être trop persuadé de tout ce qu'avaient fait de bien les Prussiens devant Riga. Le caractère froid, renfermé et méfiant du maréchal et les indiscrétions des états-majors le renseignèrent bientôt sur ce qui en était. Les nuages de la discorde s'élevèrent entre eux (1). »

Le 31 octobre, York avait reçu des plaintes du

(1) CLAUSEWITZ, *la Campagne de 1812 en Russie*, traduction Bégouën, 182.

colonel Hünerbein déclarant que ses troupes, au lieu d'avoir touché leur complet de six jours de vivres, n'en avaient reçu que pour quatre jours, et que les chevaux manquaient de fourrage ; le 24 novembre, Kleist annonçait de même que depuis plusieurs jours sa cavalerie n'avait pas reçu de fourrage (1) ; même manque au quartier du général York, alors que la paille et le foin étaient en abondance et à bas prix sur le marché de Mitau. York transmit ces réclamations au maréchal. N'ayant pas reçu de réponse, il renouvela ses plaintes quelques jours après, par une lettre où il faisait ressortir que ses devoirs envers son roi et ses troupes l'empêchaient de supporter plus longtemps un pareil état de choses.

Macdonald fit écrire de Stalgen le 27 novembre, à sept heures du soir, par son chef d'état-major, le colonel Terrier, que, s'il n'avait pas répondu à la première lettre, c'était parce qu'il n'avait pas encore reçu les renseignements de l'intendance, mais qu'il venait de les recevoir, aussi envoyait-il au général York les pièces officielles faisant ressortir que jamais les troupes n'avaient manqué de foin et de paille, car, du 1ᵉʳ au 25 novembre, on avait distribué aux troupes prussiennes 3,000 boisseaux d'avoine ; il ajoutait qu'il avait visité les quartiers des 1ᵉʳ et 2ᵉ régiments de dragons, et qu'il y avait appris que ces régiments, étaient

---

(1) Seydlitz, II, 173 et 212.

satisfaits des distributions. Pour ce qui était de la viande, les troupes de Garossen, Stalgen, Annaberg, Eckau avaient unanimement déclaré que les vivres étaient de bonne qualité, et en particulier la viande : « Votre Excellence, continue la lettre, se plaint d'être forcée de presque tout acheter : c'est évidemment pour se procurer le superflu... Je ne connais pas les motifs que peut avoir Votre Excellence de se plaindre de l'empereur, de la France, des généraux français, de l'armée française, mais je connais toutes les démarches qui sont journellement faites pour tromper l'opinion et répandre le découragement parmi les chefs et les troupes du corps prussien... Jusqu'à présent, j'ai répondu par la bonté, la prévenance, la condescendance, à la haine peu déguisée qu'elle porte à tout ce qui est français ; j'ai mis de côté tout ce qui pouvait paraître une supériorité dans le commandement, et je me suis comporté envers elle plutôt en camarade qu'en supérieur. Pour me remercier de cette condescendance, Votre Excellence se croit permis de se dérober à toute obéissance, tandis qu'elle devrait en donner elle-même l'exemple... Je termine en me servant des expressions mêmes de Votre Excellence : c'est que, si vos chevaux crèvent, ce n'est point de faim, mais d'embonpoint. »

Cette lettre fut portée dans la nuit même par Terrier; il arriva au quartier général prussien à minuit et demanda à parler immédiatement au général. York

était déjà au lit. Comme Terrier attendait une réponse :
« La lettre est trop importante pour que j'y réponde
immédiatement, lui fut-il dit; l'aide de camp qui
fait ma correspondance en français habite trop loin
pour que je le fasse venir. Le maréchal recevra ma
réponse demain avant midi. — Que fera donc Votre
Excellence? — Aussitôt que vous serez sorti, je me
remettrai au lit. »

Le lendemain, York écrivit au roi pour le mettre
au courant de ce qui venait de se passer, et répondit
au maréchal en réfutant point par point toutes les
assertions contenues dans sa lettre; il terminait en
demandant à se justifier verbalement devant le maréchal, devant l'empereur, devant son roi, des sentiments qu'on lui prêtait : « Je ne demande pas de
ménagements, mais la plus stricte justice. »

Pour clore cet incident, le maréchal faisait publier
quelques jours plus tard deux ordres : l'un prescrivant de distribuer à la cavalerie prussienne la
même ration qu'à la cavalerie française, et par
conséquent de diminuer cette ration, et interdisant
toute espèce de réquisition; l'autre défendant aux
soldats logés chez l'habitant d'exiger d'eux la nourriture (1).

A la suite de ces démêlés, le maréchal écrivit, le
2 décembre, au major général : « C'est avec la plus

(1) Droysen, I, 202 et suiv. — Seydlitz, II, 214.

vive peine que je me vois contraint de prendre la plume, quoique avec une extrême répugnance, pour informer Votre Altesse de la conduite militaire et des opinions de M. le général York. » Le général est très timide ; ses avant-postes sont continuellement insultés, et, au lieu de venger ces insultes, il ne parle que de retraite : il ne fait en un mot que le strict nécessaire pour sauver « les apparences et l'honneur des armes prussiennes..... A partir de Mitau, j'ai pu voir de plus près les abus de tout genre, les désordres et les dilapidations des troupes, qui vendaient publiquement leurs vivres et leurs fourrages et se faisaient nourrir de force par l'habitant ». Malgré ces faits absolument prouvés, le général, dans sa correspondance, se plaint sans cesse de l'état de ses troupes, du dénuement absolu dans lequel elles se trouvent, et déclare « qu'on ne peut compter sur des troupes ainsi abandonnées et dénuées de tout ». Tout cela est exagéré : « Les troupes sont bien habillées et bien nourries... Le général York n'aurait cependant pas lassé ma patience (dont il n'a pas craint d'abuser), sans une désobéissance formelle : elle devait avoir un terme. J'avais défendu de fourrager, mais sous le vain prétexte que les chevaux mouraient de faim, bravant mes ordres, il m'a notifié qu'il en donnait de contraires pour prendre partout où il se trouvait, attendu, dit-il, qu'il voit l'honneur de l'armée prussienne menacé, et qu'il ne peut, sans blesser ses devoirs envers son souverain, retarder davantage les mesures qu'il prend pour la conservation de ses troupes. Cependant, 140,000 boisseaux avaient été distribués en vingt-cinq jours pour environ 4,500 chevaux présents. Je ne puis vous cacher plus longtemps que, depuis un mois, l'esprit de l'état-major prussien est très changé : il accueille ou fait de fausses nouvelles, très désavantageuses pour nous, les accrédite et les répand. » Cependant, « les troupes sont excellentes, les officiers particuliers et beaucoup de chefs pleins d'honneur et de zèle ; mais on paralyse leur bonne volonté (1). » Le 10, nouvelle lettre du maréchal signalant que l'esprit des Prussiens change, qu'il circule parmi eux des bruits fâcheux dont ils ne rendent pas compte, mais il pense qu'on les ramènerait très facilement si l'on rappelait le général York et une grande partie de son état-major. Pourtant le maréchal rend justice à la valeur prussienne : il réclame des récompenses pour le corps, et en particulier pour le général Gravert ; il demande en outre l'autorisation de « faire quelques largesses à de pauvres officiers et soldats prussiens, qui depuis deux mois sont sans solde et ne peuvent rien faire passer à leur famille. « J'ai déjà donné plus de 1,000 thalers pour être distribués à des officiers blessés, ce qui dans le temps a fait plaisir au corps prussien. Je savais qu'il avait été fait

(1) Macdonald au major général, Stalgen, 2 décembre. (Arch. des Aff. étrangères, Prusse, 251.)

une quête entre eux, et j'y ai contribué sans les humilier (1) ».

Ces plaintes n'étaient pas sans fondement, et ce n'était pas sans raison que les Français pouvaient trouver étranges les agissements de leurs alliés. Une première fois, au mois d'août, l'aide de camp du roi de Prusse, major von Wrangel, s'était rendu auprès d'York chargé d'une mission secrète. Il avait été envoyé pour communiquer au général prussien les inquiétudes du chancelier. York devait en conséquence ménager ses troupes, tout autant que cette conduite serait compatible avec l'honneur militaire; se séparer de l'armée française dans le cas d'une retraite et se replier sur Graudenz, mais manœuvrer de manière à éloigner de cette forteresse les troupes françaises et russes : prendre en un mot une position d'attente, qui lui permettrait de recevoir des ordres ultérieurs du roi (2). Ces confidences montraient au général York qu'un changement de système du gouvernement prussien était une éventualité possible : aussi, les démarches faites postérieurement par les Russes auprès de lui ne devaient-elles pas le surprendre outre mesure.

(1) Macdonald au major général, Stalgen, 10 décembre. (Arch. nationales, A. F. IV, 1645.)
(2) Le général Wrangel au prince héritier plus tard Frédéric-Guillaume IV, 18 juin 1813. Lettre citée par Thimme et Holleben, I, 33. — Freiherr v. der Osten-Sacken und v. Rhein, *Militarisch-politische Geschichte des Befreiungskrieges im Jahre 1813*, I, 92.

Le 24 septembre, le gouverneur de Riga, baron von Essen, était entré en pourparlers avec les Prussiens « dans le but, prétend Clausewitz, de mettre York à l'épreuve; mais le caractère d'York paraît en avoir imposé à Essen : il n'eut pas le courage de s'expliquer, et, en fait, rien ne fut discuté (1) ». Il est vrai que le moment avait été mal choisi : les Français venaient d'entrer à Moscou; mais ces pourparlers furent repris après le désastre de la Bérézina. Le 1ᵉʳ novembre, Essen écrit : « Napoléon a été forcé d'abandonner Moscou, son armée est détruite »; York doit se rappeler maintenant qu'il est Prussien, il doit donc se séparer des Français, s'emparer du maréchal Macdonald et de tous les commandants français, et les conduire à Riga. York, sans répondre au général russe, envoya sa lettre au roi, par l'intermédiaire du comte Brandenbourg (2).

Quelques jours plus tard, le baron von Essen ayant été remplacé dans son commandement par l'aide de camp marquis Paulucci, de nouveaux pourparlers sont engagés. Paulucci demande à York d'unir ses troupes aux siennes, ou tout au moins de se retirer derrière la Memel. « Je prie Votre Excellence, répond York, de se persuader que je ne connais pas et ne connaîtrai pas d'autres intérêts que ceux de mon roi et de ma patrie; mais permet-

(1) CLAUSEWITZ, I, 183.
(2) DROYSEN, I, 287.

tez-moi de lui faire remarquer que personne ne peut de lui-même et légèrement jouer avec les intérêts sacrés de la patrie (1). » Et, en même temps York envoie à Potsdam le major von Schack.

Le 1er décembre, les Russes deviennent de plus en plus pressants : « Le temps presse, chaque moment est précieux, (2) » écrivent-ils ; ils proposent même de signer une convention. « Le général York, qui connaissait le désastre de l'armée française, crut qu'il était de l'intérêt de son souverain de ne pas repousser toute relation avec le général russe (3). »

(1) Acten des Kriegs-Archivs des K. P. Grossen Generalstabes, cité par HOLLEBEN, I, 30. — « Deux moyens s'offrent à vous pour atteindre votre but et délivrer votre patrie : le premier serait de joindre les troupes que commande Votre Excellence aux miennes, de vous emparer de Macdonald et des chefs de l'armée française, de marcher en avant pour délivrer votre roi; je vous soutiendrais de tous mes moyens. Le second serait de déclarer que, par suite de la destruction de plus en plus évidente de l'armée française et de sa retraite indéfinie, vous voulez couvrir les frontières de votre patrie... Vous voyez que je ne vous propose rien qui puisse entacher votre honneur... C'est au nom de l'affection que vous portez à votre roi et à sa gloire, au nom de la liberté politique et du bienfait que vous rendrez ainsi à l'humanité que je vous adjure de donner suite à mes propositions. (Paulucci à York, 14 novembre. — DROYSEN, I, 301.)

(2) « Le moment est maintenant venu où la Prusse doit prendre un parti, sinon il ne viendra jamais. Le seul but que l'empereur a en vue est d'assurer l'indépendance aux nations européennes, et en particulier à celles qui sont ses voisines..... Nous sommes tous deux soldats, et éloignés des finesses de la diplomatie : que notre parole soit, ainsi que Votre Excellence l'a dit : loyauté et secret. Le temps presse : chaque moment est précieux. » (Paulucci à York, Riga, 1er décembre. DROYSEN, I, 306.)

(3) SEYDLITZ, II. 22. — VERMEIL DE CONCHARD, *Manuscrit sur la campagne et la défection du corps prussien de la grande armée de*

Il répondit donc que la question était trop importante pour pouvoir être ainsi résolue et envoya à Berlin le major von Seydlitz pour demander des instructions. Ce dernier partit le 5.

Paulucci ne se tient pas pour battu : le 7, il fait de nouvelles démarches. York répond qu'il a envoyé à Berlin un aide de camp, mais qu'il n'est pas du même avis que les Russes sur l'importance du moment. « Pour Napoléon, rien ne serait peut-être plus désirable que de voir la Prusse agir avec duplicité, car cette conduite lui donnerait l'occasion de l'étouffer. Un seul pas fait dans ce sens éloignerait le roi de ses États, disperserait toutes ses forces, et empêcherait pour plus tard toute espèce de concentration (1). » A une nouvelle lettre du 11, York réplique que les Russes oublient « que Kœnigsberg, Pillau, Dantzik sont occupés par de fortes garnisons françaises ; que les forces de la Prusse sont en Silésie ; que les hommes disponibles sont sans armes, et que le soulèvement de cette province doit être appuyé par un corps de troupes, mais que ce signal ne peut pas partir de son quartier général (2) ».

Le 15, Paulucci revient de nouveau à la charge, mais sans plus de résultat.

1812, sous le commandement du général York, d'après le journal de Seydlitz : manuscrit déposé aux Archives de la Guerre.

(1) Kriegs-Archivs des K. P. Grossen Generalstabes, cité par HOLLEBEN, I, 31.

(2) DROYSEN, I, 316. — HOLLEBEN, I, 31.

En même temps que Paulucci, Wittgenstein avait, lui aussi, essayé d'entrer en relations avec York. Le 21 novembre, le prince Repnin était arrivé à Riga, porteur d'une lettre dans laquelle on lisait : « Je vous offre l'aide de mon armée pour la destruction en commun des oppresseurs qui ont forcé la Prusse à entrer dans les plans irraisonnés de Napoléon ; je vous propose de rétablir de concert avec moi la puissance de votre roi et de délivrer l'Allemagne de l'effroi des barbares. » — « Les événements en sont encore à un point tel, répondit York, que je suis obligé d'agir avec la plus grande circonspection. Militaire dès mon enfance, je n'ai jamais eu l'occasion d'apprendre les finesses de la politique; mais permettez-moi de vous dire que, lorsqu'il se produit un changement radical dans la situation d'un État, les mouvements de l'armée doivent être en harmonie avec les mesures prises par le gouvernement (1) ».

Les pourparlers en étaient restés là, quand le 8 arriva auprès d'York le lieutenant von Canitz, qui venait de Vilna; il y avait vu arriver les premiers fuyards français et avait ainsi appris l'étendue du désastre. York communiqua aussitôt ces nouvelles au maréchal Macdonald, qui refusa d'y croire, les traita d' « absurdités, » et conserva ses positions : dans les environs de Jacobstadt, l'aile droite formée de la

---

(1) HOLLEBEN, I, 30, d'après DROYSEN, I, 520, 522.

7ᵉ division, renforcée de quelques troupes prussiennes; autour de Stalgen, une brigade prussienne sous les ordres du général von Massenbach, et le quartier général du maréchal; autour de Mitau l'aile gauche, commandée par York.

Cependant, ces bruits, sans troubler positivement le maréchal, l'inquiètent; aussi, le 11 décembre, décide-t-il un mouvement de concentration : il prend position derrière l'Aa; la droite à Salatoni, le centre à Bauske, la gauche à Mitau (1).

Quelques jours plus tard, le général York reçoit de Tilsit des nouvelles complémentaires. Le commissaire des guerres Ribbentrop lui annonce l'entrée de la grande armée sur le territoire prussien et l'apparition des cosaques à Worny et Rossiena. Malgré ces nouvelles qui semblent positives et sûres, le maréchal ne fait aucun mouvement, attendant des ordres du quartier général français et ne pouvant croire qu'il ait été oublié.

Ces ordres arrivent le 18 à une heure du matin et sont datés de Vilna le 9 : le major général annonce au maréchal que l'armée française, sous les ordres du roi de Naples, est à Vilna et qu'elle doit repasser le Niémen pour prendre ses quartiers d'hiver : « Ce mouvement exige que vous manœuvriez en conséquence, avec votre corps d'armée, afin de vous

(1) Macdonald au major général, Stalgen, 11 décembre. (Arch. nationales, A. F., IV, 1645.)

mettre en harmonie avec nous, dans la nouvelle ligne que nous prendrons sur la rive gauche du Niémen. L'intention de Sa Majesté est donc, monsieur le maréchal, que vous vous rapprochiez de notre nouvelle ligne d'opérations en vous approchant de Kœnigsberg et de Dantzik : mais Sa Majesté me charge de vous faire connaître qu'il faut que votre mouvement se fasse le plus lentement possible (1). » Une demi-heure plus tard arrive un second ordre, daté de Kowno le 12, prescrivant d'accélérer le mouvement sur Tilsit (2). Le premier ordre, daté du 9 de Vilna, avait mis neuf jours à parvenir. Le major prussien von Schenk, aide de camp de Massenbach, trouvant la route directe interceptée, était passé par Olita, Insterburg, Tilsit. Cet itinéraire paraît d'autant plus étrange que le porteur de cet ordre n'avait quitté Vilna que le 12 à trois heures du matin (3). Et cependant, écrit le major

---

(1) Major général à Macdonald. Vilna, 9 décembre. (Arch. de la Guerre, correspond. générale.) — Cette lettre a été reçue le 18 à une heure du matin. (Note manuscrite de Macdonald.)

(2) Major général à Macdonald, Kowno, 12 décembre. (Arch. de la Guerre, correspond. générale.) — Cette lettre a été reçue le 13, à une heure et demie du matin. (Note de Macdonald.)

(3) Le major v. Schenk, officier de hussards et aide de camp de Massenbach, avait été détaché à Vilna auprès de Krusemark. (Lettres diverses de Macdonald et du major général; Arch. de la Guerre, SEYDLITZ, II, 234.) Il aurait quitté Vilna dans la voiture du général Rapp et serait ainsi arrivé à Tilsit. A Rossiena, il aurait rencontré des cosaques, ce qui l'aurait forcé à passer par Telsch. Pourquoi s'était-il servi de la voiture du général Rapp? et pourquoi avait-il perdu une demi-journée auprès de sa fiancée, la fille du général Backzo?

général, « je lui ai moi-même fait sentir l'importance de sa mission (1). » Ces retards inquiètent le maréchal, qui s'en ouvre au major général et l'invite à faire commencer un mouvement sur Tilsit et Rossiena, de manière à dégager sa ligne de retraite (2).

Quoi qu'il en soit, les ordres de marche sont aussitôt envoyés : les bagages fileront par Memel en suivant la route de poste ordinaire et en doublant les petites étapes : quant aux troupes, elles se concentreront autour de Janisky. Il semble que les intentions du maréchal soient, une fois la concentration faite, de lancer une avant-garde pour tâter l'ennemi dans la direction de Rossiena qu'il sait être occupé ; et alors, ou de percer conformément aux ordres reçus ou de se replier sur Memel. Sa position est en effet des plus critiques ; car Kowno, où est le quartier général russe, n'est distant de Tilsit que de 15 milles, tandis que Mitau est éloigné de Tilsit de 60 milles. Cependant le maréchal ne désespère pas ; il ne sait d'ailleurs pas au juste quelles sont les forces ennemies en présence desquelles il va se trouver.

Au quartier général russe, les avis sont partagés : les uns sont partisans de la paix, les autres veulent la continuation de la guerre. Le général en chef, feld-

---

(1) Major général à Macdonald, Tilsit, 23 décembre. (Arch. de la Guerre, correspond. générale.)
(2) Macdonald au major général, Gross Elley, 19 décembre. (Arch. de la Guerre, correspond. générale.)

maréchal prince Kutusow, était au nombre des premiers ; aussi ses ordres se ressentent-ils de cet état d'esprit, et, depuis le 13, ne fait-il poursuivre les Français que mollement. « Le comte Platow suivra l'ennemi sur Kowno... L'amiral Tschitschagow marchera sur Gezna et y passera le Niémen de manière à se porter sur les derrières de Murat, dans le cas où ce dernier voudrait se maintenir à Kowno... Le comte Wittgenstein passera le Niémen dans les environs de Kowno et cherchera à battre Macdonald entre cette rivière et la Pregel : si Macdonald parvient à lui échapper, il prendra autour d'Allenstein une position d'observation... Le général Lewis suivra Macdonald avec la plus forte partie possible de la garnison de Riga et passera sous les ordres de Wittgenstein aussitôt qu'il s'en sera suffisamment approché (1). »

Ces ordres mêmes semblent trop hardis au feld-maréchal ; il veut avant tout éviter une nouvelle campagne en Prusse. Aussi, le 14, les modifie-t-il de la manière suivante : ni Tschitschagow ni Wittgenstein ne passeront le Niémen ; seuls passeront ce fleuve le corps de l'aide de camp comte Kutusow, détaché de la grande armée, et celui du général baron von Diebitsch II, détaché du corps de Wittgenstein (2).

Conformément à ces ordres, le général Wittgenstein avait quitté le 17 Niemenczin, et le 22 était arrivé à

(1) Cité par OSTEN-SACKEN, 1, 73.
(2) *Id.*, 74.

Keidany, où il s'était arrêté. Mais le 25, sur l'ordre exprès du tsar, il reprenait la marche en avant. A cette date, le tsar avait en effet fermement décidé la continuation de la guerre : il voulait en finir avec Napoléon : « Napoléon ou moi, avait-il dit; moi ou lui! Nous ne pouvons plus gouverner l'un à côté de l'autre. » Il avait écrit lui-même à Kutusow, dès qu'il avait eu connaissance de ses ordres du 13 : « Toutes les troupes, aussi bien celles de la grande armée que celles de l'amiral Tschitschagow et celles du comte Wittgenstein, doivent poursuivre sans arrêt l'ennemi et prendre des directions telles qu'elles arrivent, non seulement dans l'intérieur de mes provinces mais même en dehors de mes frontières, à couper ses communications et à le séparer de ses renforts (1). »

Dès lors, la continuation de la guerre est décidée; mais, après leur épuisante campagne d'hiver, les Russes ne se sentent pas suffisamment forts pour agir seuls, il leur faut des alliés, et dans ce but, ils songent naturellement à la Prusse et à l'Autriche. Ils savent que la Prusse ne suit qu'à regret la politique de Napoléon, qu'elle est écrasée par les charges que l'empereur lui a imposées, et que le peuple est profondément humilié par les souvenirs d'Iéna, d'Auerstaedt et de Tilsit; ils pensent que, dans ces condi-

---

(1) Cité par OSTEN-SACKEN, I, 87.

tions, on pourrait peut-être détacher le roi de Prusse et son ministre Hardenberg de l'alliance française, au moment surtout où l'étoile de Napoléon semble pâlir, en leur promettant le rétablissement de la Prusse au rang de grande puissance (1). Aussi le tsar leur fait-il faire des avances nouvelles par l'intermédiaire du gouverneur de Riga, et écrit-il, à la date du 18/6, à Paulucci « d'avertir York qu'il veut traiter avec la Prusse, et qu'il ne veut pas déposer les armes avant de pouvoir donner à ce royaume une compensation territoriale suffisamment étendue pour lui permettre de reprendre en Europe la place qu'elle occupait avant la guerre de 1806 (2). »

Le tsar sait également que l'Autriche a été étonnée de la résistance de la Russie, et que cette guerre indéfiniment prolongée n'est pas sans l'effrayer; il pense dès lors que, dans ces conditions, il serait peut-être possible de la détacher de Napoléon, ou tout au moins d'obtenir sa neutralité. Il fait donc insinuer à Schwartzenberg qu'il n'a pas d'autre but que celui de rétablir ce que l'on a plus tard appelé l'équilibre européen, et que le premier résultat à atteindre est la restitution à l'Autriche de ses provinces perdues.

Allié de la Prusse et de l'Autriche, ou, à défaut de l'alliance, sûr de la neutralité de ces deux puissances, le tsar croit pouvoir lutter contre Napoléon. Il voit

(1) Voyez plus haut la lettre de Lieven du 2 octobre, p. 18.
(2) OSTEN-SACKEN, I, 86; ONCKEN, I, 192; DROYSEN, I, 341.

déjà en imagination l'Europe orientale se levant à sa voix contre l'Europe occidentale, l'Europe germanique et slave armée contre l'Europe latine : quel rêve pour un tsar en 1813 !

Pour permettre à la Prusse et à l'Autriche de se détacher de Napoléon, l'offensive sera prise ; et comme on peut profiter de la destruction du centre de l'armée française, tout l'effort portera sur les ailes, seuls corps qui présentent encore quelque cohésion. Ce sont ainsi les ailes qui deviennent l'objectif des mouvements russes.

L'aile droite russe est donc fortifiée, ou plutôt constituée d'une manière spéciale, sous les ordres du général de cavalerie comte Wittgenstein. Le comte Wittgenstein avait à ce moment quarante-trois ans et, jusqu'à ce jour, avait été plutôt un général heureux qu'un général capable. Sa campagne sur la Dwina lui avait donné un prestige que sa faute sur la Bérézina n'avait pu détruire. D'après Clausewitz, c'était un homme « plein de bonne volonté, d'activité et d'esprit d'entreprise ; il ne manquait à son intelligence qu'un peu de précision, et à son activité qu'un peu de force intérieure (1) ». Avec ces qualités et ces défauts, son état-major devait être tout-puissant sur lui et suppléer dans une certaine mesure aux graves lacunes du général en chef. Le chef de cet état-major

(1) CLAUSEWITZ, 163.

était le général-major d'Auvray, un Saxon passé au service de la Russie (1) ; mais son âme était le général-major baron von Diebitsch II, plus tard feld-maréchal comte Diebitsch-Salbakanski, alors âgé de vingt-sept ans (2).

Les troupes russes du comte Wittgenstein se composaient : d'un corps détaché de la grande armée sous les ordres de l'aide de camp comte Kutusow, neveu du maréchal, et comptant 2,300 cosaques et 2 canons; à ce corps on avait joint l'ancien corps d'avant-garde de Wittgenstein sous les ordres du colonel-major Wlastow, et fort d'à peu près 3,100 fantassins et 12 pièces d'artillerie ; d'un corps détaché du corps de Wittgenstein sous les ordres du général-major von Diebitsch II, et formé surtout de cavalerie (1,800 hommes, 6 pièces d'artillerie) : du corps lui-

(1) « Il servait depuis longtemps en Russie, et avait dépassé la cinquantaine. C'était un homme d'une bienveillance extrême et du caractère le plus noble ; il avait une intelligence vigoureuse et une culture intellectuelle universelle. Son noble esprit et son zèle mettaient toujours en première ligne le bien de l'État. Il lui manquait pourtant un peu de l'activité pratique du soldat. Il ne savait pas gronder et trancher dans le vif, ce qui est pourtant souvent nécessaire. » (CLAUSEWITZ, 163.)

(2) « Le général Diebitsch était le quartier-maître général. Il était Prussien, était entré tout jeune, au sortir de l'École des cadets de Prusse, au service de la Russie, et avait atteint très jeune le grade de colonel, en servant dans la garde et dans l'état-major. De telle sorte que, dans le courant de cette campagne, il fut nommé général dans sa vingt-septième année... Plein de feu, brave et entreprenant, de décision rapide, d'une grande fermeté, d'un grand bon sens, un peu rude et autoritaire, entraînant les autres avec soi, de plus très ambitieux, tel était le général Diebitsch. » (CLAUSEWITZ.)

même de Wittgenstein composé de 23,300 hommes et 110 pièces de canon (1).

(1) Troupes sous les ordres du général-major comte Wittgenstein :
a) Corps détaché du général-major v. Diebitsch II. — 1 bat. de la 5ᵉ div. d'inf. (1 bat. du 23ᵉ Rᵗ de chasseurs); 8 escadrons de hussards de Grodno; 3 Rᵗˢ cosaques du Don (Radionow II, Tschernasubow VIII, Loschtschilin); 6 pièces d'artillerie de la batterie à cheval nᵒ 1 == 1,800 hommes, 6 canons.
b) Corps détaché du général-major et aide de camp comte Kutusow. 10 escad. (2ᵉ Rᵗ de dragons de Kazan, 8ᵉ Rᵗ de hussards d'Isium.) — 4 Rᵗˢ de cosaques (Denissew VII, Ilowaisky V, Ilowaisky XI, Pantelejew II), 1 Rᵗ de Kalmucks de Stawropol; 1 Rᵗ de Tartares de Pérékop; 2 canons de la batterie à cheval nᵒ 5.
Sous les ordres du général Wlastow. — 3 bat. de la 5ᵉ div. d'inf. (1 bat. du 23ᵉ, 2 du 24ᵉ Rᵗ de chasseurs); 2 bat. de la 21ᵉ div. d'inf. (Rᵗ lithuanien); 2 druschines des milices de Saint-Pétersbourg (1 et 9); 7 escadrons (4 du Rᵗ de dragons de Finlande; 3 du Rᵗ des dragons de marche); 1 Rᵗ de cosaques du Don (Platow IV); 12 canons (6 de la 28ᵉ batt., 6 de la 11ᵉ) == 5,400 hommes, 14 canons.
c) Corps principal du général-major comte Wittgenstein :
1) Avant-garde, général-major Schepelew. — 4 bat. de la 14ᵉ div. d'inf. (Rᵗ Tenginsk, 25ᵉ Rᵗ de chasseurs); 9 escadrons (4 du Rᵗ de hussards de marche, 3 du Rᵗ de cavalerie légère de marche de la garde, 2 du Rᵗ de uhlans polonais); 6 pièces de la 23ᵉ batt. == 2,200 hommes, 6 canons.
2) Corps principal :
Aile droite. — Général-lieutenant comte Steinheil. — 8 bat. de la 14ᵉ div. d'inf. (Rᵗˢ de Tula, de Nawaginsk, d'Esthland, 26ᵉ Rᵗ de chasseurs); 2 bat. de la 6ᵉ div. d'inf. (3ᵉ Rᵗ de chasseurs); 6 bat. de la 21ᵉ div. d'inf. (Rᵗˢ de Narwa, de Pétrowsk, 2ᵉ Rᵗ de chasseurs); 5 druschines de milices (de Sᵗ Pétersbourg, 2, 7, 8; de Novgorod, 7, 8); 7 escadrons (3 du Rᵗ de dragons de Riga, 4 du Rᵗ de dragons de Mitau); 48 canons (...).
Aile gauche. — Général-lieutenant von Berg. — 6 bat. de la 5ᵉ div. d'inf. (Rᵗˢ de Perm, de Sewsk, de Kaluga); 2 bat. de la 6ᵉ div. (Rᵗ d'Alsow); 4 bat. de la 25ᵉ div. (1ᵉʳ et 2ᵉ Rᵗˢ de marine); 4 druschines de milices (5 de Sᵗ Pétersbourg...); 4 escadrons du Rᵗ de uhlans de Iambourg; 36 canons (batt. lourdes nᵒ 5, 14 batt. légères 27.)
Réserve. — Général-major Fock. — 4 bat. de la 5ᵉ div. d'inf. (Rᵗ de Mo... ; bat. ... grenadiers de marche); 2 bat. de la 6ᵉ div. d'inf. (Rᵗ de Nisow); 2 bat. de la 14ᵉ div. d'inf. (bat. de grenadiers de marche); 2 bat. de la 25ᵉ div. d'inf. (Rᵗ Woronesch); 3 bat. de la

En outre, la garnison de Riga devait également manœuvrer contre Macdonald ; elle formait deux divisions, l'une sous les ordres du général-lieutenant von Lewis, 9,085 hommes, 36 pièces de canon ; l'autre sous ceux de l'aide de camp marquis Paulucci, et forte d'à peu près 25,000 hommes et 4 canons (1).

Toutes ces troupes faisaient partie du Ier corps d'infanterie, du corps finlandais, des milices de Saint-Pétersbourg et de Novgorod ; elles avaient fait la

1re div. de grenadiers (bat. de réserve); 5 druschines des milices de Saint-Pétersbourg (4, 6, 16, 17, 18); 4 escadrons du R^t de marche de cuirassiers ; 20 canons (4 de la batt. lourde n° 28, 6 de la batt. légère n° 11, 4 de l'artillerie à cheval n° 4, 6 de la batt. à cheval n° 23); 1 compagnie du génie = 13,100 hommes, 104 canons.
Soit un total de 68 bat., 49 escad., 10 R^{ts} de cosaques, 11 batt. 1/6 = 27,500 hommes et 130 canons. (Plotho, *Der Krieg in Deutschland und Franckreich in den Iahren 1813 und 1814*, I, p. 30, p. 38 du supp. — Osten-Sacken, I, 498.)

(1) Division du général-lieutenant von Lewis (état du 20 décembre) :
1re brigade. — Général-major Weljaminow. — 6 bat. des R^{ts} d'inf. de marche n°s 1, 2, 3. — 1 escad. du R^t de hussards de Grodno. — 1 R^t 1/2 de cosaques (R^t des cosaques du Don, Seliwanow.; R^t des cosaques de Saint-Pétersbourg, Yachontow). — 2 batt. (10e et 57e légères).
2e brigade. — Général-major Gorbunzow. — 6 bat. (R^t de Briansk de la 6e div., 44e R^t de chasseurs de la 21e div., 4e R^t de marche). — 3 escad. (1 de chacun des régiments de dragons de Kazan, Riga, Finlande). — 1 R^t de cosaques 1/2. (1 R^t de cosaques du Don, Seliwanow. — 1/2 R^t de cosaques de Saint-Pétersbourg, baron Bode.) — 1 corps libre (von Nierode). — 1 batt. (40e légère).
Soit 12 bat., 4 escad., 3 R^{ts} de cosaques, 3 batt. = 7,977 hommes, 1,108 cosaques, 36 canons.
Division du général-lieutenant aide de camp marquis Paulucci. — 2,500 hommes (?) canons (?)
Les troupes de cette division formèrent les garnisons de Memel et de Mitau; le reste rejoignit Wittgenstein. Ce reste était formé de 5 bat., du corps libre de Schmidt, du 1/3 batt. d'art. légère 55. Soit 2,150 hommes, 4 canons. (Osten-Sacken, I, 499.)

campagne de l'automne et de l'hiver et avaient ainsi acquis l'expérience de la guerre. Elles étaient toutes, au point de vue des effectifs, dans un état satisfaisant : les bataillons comptaient encore en moyenne 300 hommes, les escadrons 80, les régiments de cosaques 250 ; les batteries étaient à peu près au complet.

En somme, les Russes mettaient en ligne contre Macdonald 39,000 hommes et 170 pièces de canon, tandis que le maréchal n'avait à leur opposer que 21,000 hommes et 72 canons.

Au reçu des nouvelles précises de la grande armée, le maréchal Macdonald met aussitôt ses troupes en mouvement et décide une concentration sur Janisky. Cette concentration s'effectue sur une seule route en trois échelons. La division Grandjean se met en marche avec 8,800 hommes et 32 pièces d'artillerie, le 18 au soir ; le 19, c'est Massenbach et le quartier général du maréchal (3,600 hommes, 8 canons) qui prennent la même direction ; enfin le général York, avec 8,900 hommes et 32 pièces d'artillerie, quitte Mitau le 20 (1).

(1) L'ordre de marche était le suivant :
1) Troupes sous le commandement du général Grandjean. — La 7ᵉ div.; 1ᵉʳ Rᵗ de dragons prussiens; 7ᵉ Rᵗ de hussards prussiens ; 3 batt. prussiennes.
2) Troupes sous le commandement du général Massenbach. — 6 bat., 2 escad., 1 batt.
3) Troupes sous le commandement du général York. — 13 bat., 6 escad., 2 Cⁱᵉˢ du génie, 4 batt.
Etaient partis pour Memel les bagages, les administrations, les ambulances, la demi-batterie de 6 livres, 3 colonnes de parc, une

Bien que le maréchal ait eu pris la précaution de faire requérir des paysans polonais et russes 30,000 pelisses en rendant en retour les peaux des moutons consommés par ses troupes (1), la marche fut des plus pénibles, surtout à l'arrière-garde. Le pays était formé d'une succession de collines qu'il fallait franchir par des routes verglassées; le froid était descendu à 20 et 25 degrés Réaumur. Le comte Henckel von Donnersmarck déclare que, pendant les premières marches de nuit, on perdit 800 hommes par le froid; les chevaux s'abattaient continuellement, et on était sans cesse obligé de dételer les voitures pour faire servir leurs attelages de renfort aux pièces d'artillerie, de sorte qu'on ne faisait pas plus d'un mille à un mille et demi par jour (2). « Notre régiment a marché sans arrêt toute la journée et presque une partie de la nuit, écrit un officier. Déjà, pendant le jour, la marche à cause du verglas avait été très lente; elle fut pendant la nuit encore beaucoup plus lente et plus dangereuse. De nombreux soldats tombaient à chaque instant; depuis plusieurs jours déjà on ne dormait plus, on dormait en marchant (3). »

Les éclaireurs français n'ayant pas rencontré l'en-

---

colonne d'ouvriers : le tout sous le commandement du major von Perband. (Arch. de la Guerre; OSTEN-SACKEN; SEYDLITZ.)

(1) MACDONALD, *Souvenirs*, 183.
(2) Cité par OSTEN-SACKEN.
(3) Cité par DROYSEN.

nemi en force, le 22, le maréchal décide de se donner de l'air à cause de la difficulté de marcher en ordre serré dans un pays aussi complètement dépourvu de ressources. Le X⁰ corps marchera donc en deux colonnes : à gauche, Grandjean par Podubiecz, Kelmy, Nimokszty; à droite, Massenbach par Wenghowa et Koltinjany. L'arrière-garde sera, elle aussi, partagée en deux colonnes : York suivra Grandjean, et Kleist, Massenbach. Toutes les troupes seront de nouveau réunies à Tauroggen. A cette date du 20 décembre, Wittgenstein était encore à Keidany; mais il avait ordonné à Kutusow, renforcé du corps d'avant-garde de Wlastow, de se rendre à Tilsit pour couper la retraite à Macdonald, et à Diebitsch de prendre contact avec le maréchal et de le suivre. Le corps de Riga, sous Lewis, devait appuyer ce mouvement tandis que celui de Paulucci assiégerait Memel et empêcherait dans cette direction la retraite des Français.

Les mouvements russes sont ponctuellement exécutés : le 20, jour où le général York quitte Mitau, Kutusow est en marche; le 21, son avant-garde, sous Tettenborn, entre à Tilsit; il est de sa personne le 22 dans cette ville, et il envoie le même soir, dans la direction de Tauroggen jusqu'à Klein-Piktupönen, un poste avancé (1).

(1) 1 bat. de chasseurs; 1 drusch. de milices; 3 escad. de dragons; 2 canons. (OSTEN-SACKEN, I, 100.)

Quant à Diebitsch, le 21, il est à Laskow, c'est-à-dire qu'il a coupé la route de retraite de Macdonald; mais, n'ayant pas de nouvelles de l'ennemi, il continue sa marche sur Memel. Le 24, il est à Worny. Là, il apprend que des colonnes passent derrière lui dans la direction de Wenghowa. Il s'arrête aussitôt pour leur faire face vers Kroze, en attendant les événements.

Wittgenstein, ayant enfin reçu l'ordre de marche, se met en mouvement le 24 par la grand'route de Wielona et Jurborg à Tilsit.

Le 24 au matin, l'armée russe se trouve donc dans les positions suivantes : Kutusow à Tilsit, en avant du X° corps; Diebitsch à droite de la grand'route de Kurtowiany à Tilsit, vers Koltinjany, sur sa droite; Wittgenstein en marche vers Tilsit sur sa gauche; Lewis en arrière, le suivant à petites journées, et Paulucci à Memel (1).

Quant au X° corps, ses positions sont les suivantes : Grandjean est à Tauroggen, tandis que Massenbach est à Projurze; Kleist et York sont respectivement à Kelmy et à Wenghowa. Les Russes sont donc partout : ils sont devant, ils sont derrière, ils sont à droite, ils sont à gauche, et dans ces conditions, comme à l'hallali courant, le sanglier au milieu de la meute, le maréchal n'a que deux partis à prendre : soit s'ar-

---

(1) OSTEN-SACKEN; — CLAUSEWITZ.

rêter et faire tête pour se donner de l'air, soit au contraire continuer sa course et enfoncer d'un solide coup de boutoir tous les obstacles qui se présenteront devant lui. C'est ce dernier parti qu'il choisit; aussi, à Koltinjany, ayant appris que l'ennemi avait traversé ce village le 20, il ordonne la concentration de son corps de manière à rassembler toutes ses forces pour pouvoir emporter le passage du Niémen. Il envoie donc, le 24, l'ordre à York de se réunir de nouveau à Kleist, de marcher par Koltinjany sur Tauroggen, d'éviter tout combat séparé jusqu'à la concentration complète du Xe corps (1). Mais, sur le soir, ayant reçu des nouvelles plus positives et ayant appris que les forces russes qui sont devant lui peuvent être facilement enfoncées, il croit inutile de perdre un temps précieux à se concentrer. Il envoie donc, le lendemain 25, un contre-ordre dans lequel il indique à York Tilsit même comme point de rassemblement. Cette dépêche est confiée au guide Schuleman, mais ne parvient pas au destinataire; le porteur ne peut arriver jusqu'à lui à cause des partis ennemis qui battent la campagne. Étant donnée son importance un double en est remis au capitaine von Weiss, qui part accompagné de cinquante dragons (2). Weiss

---

(1) Rapport du général York à S. M. le roi de Prusse, remis par le major Henckel, Chelel, 27 décembre. (Arch. de la Guerre, correspondance, décembre 1812.)

(2) « Mais cet homme (Schuleman), trouvant la campagne de Bartischek déjà occupée par de forts détachements de cavalerie ennemie,

rentre dans la nuit, et rend compte qu'à Koltinjany il a trouvé, au lieu des troupes du général York, de forts postes ennemis, et qu'après avoir perdu cinq chevaux et un homme, il a été forcé de se retirer sans avoir pu remplir sa mission.

Le lendemain 26, Grandjean continue sa marche sur Tilsit. L'avant-garde, commandée par le général Bachelu et formée de troupes prussiennes sous les ordres du lieutenant-colonel von Treskow (trois escadrons de dragons, deux de hussards et une batterie), tombe à Klein-Pictupönen sur le poste placé en cet endroit par Kutusow, et composé de deux bataillons d'infanterie et trois escadrons (1). La cavalerie charge les carrés, qu'elle enfonce, prend un canon et fait 300 prisonniers (2).

fut obligé de rebrousser chemin. Il (Massenbach) commanda alors le capitaine de Weiss, du régiment de dragons n° 2, avec 6 sous-officiers, 2 trompettes et 50 dragons, pour passer coûte que coûte et remettre cette dépêche au général à Koltinjany. Pour plus de sûreté, on ouvrit la lettre et copie en fut remise au lieutenant de Knobloch qui faisait partie de ce peloton... Dans la nuit du 25 au 26, à deux heures, revint le capitaine de Weiss qui rendit compte qu'à Koltinjany et environs, il avait trouvé, au lieu des troupes du général York, de forts postes ennemis, qu'il s'était engagé avec eux, et qu'après avoir perdu 5 chevaux et un homme, il avait dû se retirer. » VERMEIL DE CONCHARD : rapport sur la retraite des troupes commandées par le général de Massenbach. — SEYDLITZ, II, 258.

(1) Voir plus haut la composition exacte, p. 90.
(2) Macdonald au major général, Tilsit, 28 décembre. (Arch. nationales, A. F., IV, 1645. — VERMEIL DE CONCHARD : rapport du lieutenant-colonel von Treskow. — SEYDLITZ, II, 259). — Quelques jours avant cet événement, ces mêmes troupes avaient failli faire défection. Les jeunes officiers proposaient de passer à l'ennemi; le 25 au soir, le lieutenant de dragons Heyking était même allé trouver Tettenborn et

C'était la route de Tilsit ouverte : le maréchal s'attendait à un nouveau combat pour forcer le passage du Niémen, mais, les Russes ayant évacué la ville, Bachelu y entra le 27 à dix heures du soir (1). Cette prise de Tilsit avait, pour le moment, une importance exceptionnelle. Car, dès lors, le Xe corps était autorisé à croire qu'il venait de rouvrir ses communications avec Kœnigsberg et la grande armée. Kutusow en effet, au lieu d'occuper fortement le défilé de Schillupischken, sur la grand'route de Tilsit à Kœnigsberg, se repliait le long du Niémen vers Ragnit, laissant libre au maréchal sa ligne de retraite.

Malgré ce succès, Macdonald ne cesse d'être inquiet de son arrière-garde. Il envoie dans toutes les directions des paysans, des juifs et des forestiers pour avoir des nouvelles; il diminue la longueur de ses étapes afin de s'éloigner le moins possible du général York et lui laisser le temps de le rejoindre : le 26, il couche seulement à Koadjuten ; le 27, à Schillgallen. Ce n'est que le 28 qu'il entre à Tilsit (2).

avait négocié avec lui. Le refus des officiers supérieurs de se prêter à cette manœuvre fit échouer ce projet. « Mes cheveux ont blanchi dans le service fidèle; ne me demandez pas d'agir selon mes désirs si c'est contraire aux ordres du roi, » répondit le capitaine Graumann. « Si le roi m'ordonnait, dit le capitaine Mannstein, de sabrer de ma propre main ma femme et mes sept enfants, je le ferais; mais je ne puis déserter. » Cf. Droysen, I, 336.

(1) Bachelu à l'adjudant commandant Terrier, Tilsit, 27 décembre. (Arch. Guerre.) — Clausewitz, 208.

(2) Vermeil de Conchard, extrait du journal d'un officier prussien

Une fois à Tilsit, les rapports et les reconnaissances deviennent plus précis ; le maréchal sait dès lors qu'il n'a pas d'ennemis devant lui : donc, il peut perdre un jour ou deux à attendre le général York ; il prend cependant ses dispositions en vue d'un retour offensif des Russes et fait filer sur Kœnigsberg le reste de ses bagages et de ses malades. Il écrit le 28 : « Le général Bachelu marche ce matin sur Ragnit (1) ; le général Grandjean a sa deuxième brigade en position à Baubeln : elle protège le passage des bagages qui sont encore en arrière, mais qui auront repassé le Niémen aujourd'hui, à l'exception de l'arrière-garde qui a perdu une marche apparemment par les difficultés du chemin. Sans doute qu'el arrivera demain. J'ai envoyé beaucoup d'émissaires à sa rencontre. »

Il rend compte en même temps que, pendant cette marche de huit jours, on a eu de 22 à 26 degrés de

---

qui a fait la campagne à la suite du maréchal. (Arch. Guerre,) — SEYDLITZ, II, 270. — CLAUSEWITZ, 208.

(1) Pendant la marche sur Baubeln, à Paskallen, les hussards prussiens eurent un nouvel engagement dans lequel ils perdirent beaucoup de monde : « Le 28, l'avant-garde se mit en marche à midi et se dirigea sur Ragnit. Plusieurs officiers vinrent m'observer que les troupes étaient extrêmement fatiguées et que, s'il fallait combattre, elles étaient hors d'état de rien entreprendre. Trois escadrons de hussards noirs, commandés par le major Cosel, en s'approchant de Ragnit sans aucune espèce de précaution, tombèrent dans une embuscade de 4,500 chevaux russes commandés par le colonel Tettenborn, et furent ramenés avec vigueur pendant une demi-lieue. Je fis former les escadrons de dragons, ce qui arrêta la poursuite de l'ennemi. Nous entrâmes à Ragnit (Arch. Guerre, rapport de Bachelu, Braunsberg, 8 janvier.)

froid, « ce qui n'a pas empêché de faire 10 à 12 lieues par jour (1). »

Le 29, les craintes du maréchal deviennent de plus en plus vives : « L'ennemi marche pour me tourner : sans les retards inconcevables du général York, j'aurais pu le prévenir à Wehlau. Il est possible que le général York se soit attaché littéralement à l'instruction que je lui avais donnée de se porter sur Paghowmont où il recevrait de nouveaux ordres. Ils n'ont pu lui parvenir : toute tentative a été inutile pour le rencontrer. Mais il serait inconcevable qu'il restât en route, sachant le but de notre marche. Ne pouvant communiquer avec lui à cause des nombreux partis ennemis, lui ayant d'ailleurs ouvert les communications, il n'avait qu'à suivre mes traces : le chemin était frayé. Ce retard peut avoir des conséquences qu'une forte diversion seule peut prévenir. Je vois Votre Altesse plus en mesure de l'opérer par l'arrivée successive des troupes de la division Heudelet (2). J'invite par conséquent Votre Altesse à ne pas perdre un moment pour pousser jusqu'à Insterburg. Ce mouvement offensif inattendu en impo-

(1) Macdonald au major général, Tilsit, 28 décembre 1812. (Arch. nationales, A. F., IV, 1645.)
(2) La division Heudelet était restée pendant la campagne sur la basse Vistule. En l'appelant à lui, le roi de Naples laissa une de ses brigades à Dantzick; les deux autres rejoignirent l'armée. Elles comptaient 9,439 hommes et 24 canons. (Arch. Guerre, major général à Macdonald, Kœnigsberg, 23 décembre.)

sera aux Russes, qui croient l'armée anéantie (1). »

Que faisait donc le général York?

D'après les ordres du maréchal datés du 22, l'armée devait marcher sur deux routes : l'arrière-garde se partagea donc en deux colonnes. La colonne de droite, sous les ordres du général-major von Kleist, suivait la grande route par Kurtoviany, Wenghowa, Koltinjany; elle était composée de 7 bataillons, 3 escadrons et 3 batteries ; la colonne de gauche, avec laquelle marchait York, passait par Podubiecz et Kelmy ; elle était formée de 6 bataillons, 3 escadrons, une batterie à pied et 8 pièces à cheval. Les voitures portant les subsistances pour six jours furent partagées entre ces deux colonnes. L'arrière-garde marcha dans ce dispositif toutes les journées du 23 et du 24. Le 25, le général York reçut un nouvel ordre prescrivant la concentration sur Koltinjany : en conséquence, les troupes de la colonne de gauche furent dirigées sur cette dernière ville, et, comme la distance qu'elles avaient à franchir était pour elles plus grande que pour celles de la colonne de droite, elles devaient se trouver normalement derrière ces dernières (2).

Mais ce jour-là, à Kroze, vers quatre heures du soir,

---

(1) Macdonald au roi de Naples, Tilsit, 29 décembre. (Arch. nationales, A. F., IV, 1645.)

(2) York à Macdonald, Meckuszi, 22 décembre. — *Id.*, Chehm *(sic)*, 27 décembre, onze heures du soir. — Rapport du général York au roi, Chelel, 27 décembre. (Arch. Guerre, correspondance générale.) — VERMEIL DE CONCHARD.

7.

l'avant-garde de Kleist se heurta aux Russes que Diebitsch ramenait de Koltinjany (1). Diebitsch, profitant de la nuit, envoya aux Prussiens le major von Reune, pour les prévenir que la route était barrée par un fort détachement, qu'il était inutile de verser du sang, et « qu'il était préférable de s'entendre ». Kleist répondit qu'il ne pouvait se rendre à cette invitation, qu'il était sous les ordres d'York, qu'il fallait lui en référer, mais qu'il consentait à conclure une suspension d'armes jusqu'à son arrivée (2). Diebitsch apprit ainsi que le gros des forces prussiennes était encore en arrière, et résolut de profiter de cette occasion : il envoya un parlementaire à York lui-même.

Sur ces entrefaites, York arrivait à Kroze, tandis que son avant-garde opérait sa jonction avec l'arrière-garde de Kleist : mais les 600 voitures du convoi se trouvaient entre les deux troupes combattantes et empêchaient cette seconde colonne de porter un prompt secours à la première (3). Il était nuit, la

---

(1) D'après Clausewitz, Diebitsch avait appris, le 24 à dix heures du matin, par quelques vivandiers de Massenbach, qu'il n'aurait affaire qu'à une arrière-garde de deux escadrons de hussards et de deux compagnies de chasseurs; ce n'est que plus tard qu'il sut par des traînards que cette arrière-garde était formée de quatre bataillons d'infanterie, deux escadrons de cavalerie, une batterie, et qu'elle était sous les ordres du général Kleist. (CLAUSEWITZ, 177.)

(2) CLAUSEWITZ, 178. — SEYDLITZ, dans son journal, dit que Kleist fit une reconnaissance rapide : cette assertion est douteuse parce qu'alors Kleist aurait vu la faiblesse des effectifs de Diebitsch.

(3) « Le nombre des malades que l'on avait amenés de Mitau, et celui que donnèrent bientôt les fatigues de la marche, augmentèrent le train dans de telles proportions que le convoi de la colonne de Kleist tenait

route passait entre une série de mamelons occupés par les Russes. « L'épuisement de l'infanterie m'empêcha de reconnaître l'ennemi, sa force et sa position. Je pris en conséquence le parti de me placer à quelque distance vis-à-vis de lui, aussi bien que le permettaient le temps et le terrain ». York estimait d'ailleurs la force de l'ennemi à 20 escadrons et quelques bataillons, le tout appuyé par 3 ou 4 pièces de canon. « La position très avantageuse de l'ennemi ne me permettait pas d'apprécier exactement l'état de ses forces. La route que je devais prendre pour me rendre à Koltinjany et pour chasser l'ennemi était longée à droite, et à distance de mitraille, par de petits mamelons qu'il occupait. M. le maréchal m'avait ordonné d'éviter autant que possible tout engagement qui serait incertain. De plus, je devais m'attendre à ce que, dans le cas même où je culbuterais l'ennemi pour me frayer un passage, je compromettrais les subsistances du corps, parce que la cavalerie nombreuse des Russes ne manquerait pas de s'emparer du train des équipages (1) ». A côté de ces

une longueur de près d'un mille. » VERMEIL DE CONCUARD : SEYDLITZ, II, 238. — D'après Seydlitz, l'arrière-garde d'York aurait été attaquée dans cette journée par des troupes de la division Lewis; mais cette allégation paraît improbable, parce qu'à quelques jours de là, cette division, qui avait intérêt à marcher vite, était à plus de dou e lieues en ligne droite d'York. (CHANNAS, d'après BOGDANOWITCH et CLAUSEWITZ.) Il est plus vraisemblable que les voitures furent la seule cause du retard.

(1) Rapport d'York au roi, remis par le major Henckel, Chelel, 27 décembre. (Arch. Guerre.)

raisons purement militaires, le général York n'en avait-il pas d'autres? Ses pourparlers antérieurs avec les généraux russes prouvaient qu'il n'était pas homme à s'effaroucher d'entrevues avec l'ennemi ; et, en agissant ainsi, il savait qu'il ne heurtait pas les sentiments de la masse de la nation prussienne. De nouveaux pourparlers avec les Russes ne devaient donc certainement pas lui déplaire : d'ailleurs, n'avait-il pas reçu des confidences qui pouvaient lui faire croire que le roi de Prusse ne voulait pas se compromettre trop ouvertement avec Napoléon (1)?

York accepta donc l'invitation du général Diebitsch, et, à la nuit tombante, il se rendit aux avant-postes russes. Diebitsch avait dissimulé ses troupes autant qu'il l'avait pu, mais, prétend Clausewitz qui servait à l'état-major russe, il avoua à York que, vu l'état de ses effectifs, il ne pouvait songer à lui barrer la route ; il lui déclara cependant qu'il ferait tout son possible pour lui enlever ses bagages, ses voitures à munitions, et même son artillerie. L'entretien roula ensuite sur l'état de l'armée française, sur la situation respective des Prussiens et des Russes dans la lutte actuelle, et aussi sur les dernières instructions de l'empereur Alexandre qui prescrivaient à ses généraux de ne plus regarder les troupes prussiennes comme des troupes ennemies, mais de s'efforcer de conclure

---

(1) La mission du major von Wrangel, voir page 73.

LA RETRAITE DU X° CORPS 101

avec elles des arrangements amiables. En conséquence, Diebitsch déclara qu'il était prêt à « conclure

---

(1) CLAUSEWITZ, 185.
(2) Id.

raisons purement militaires, le général York n'en

POUR
vos Travaux photographiques
AVEZ-VOUS PENSÉ AU
Microfilm ?
QUI VOUS ASSURE
ÉCONOMIE
CLASSEMENT COMMODE
FIDÉLITÉ DE REPRODUCTION

S'ADRESSER AU
Service du Microfilm
DE LA BIBLIOTHÈQUE NATIONALE

des troupes ennemies, mais de s'efforcer de conclure

---

(1) La mission du major von Wrangel, voir page 73.

avec elles des arrangements amiables. En conséquence, Diebitsch déclara qu'il était prêt à « conclure avec le général York un traité de neutralité (1) ».

« York ne se déclara pas formellement; il montra de l'inclination à faire un traité de cette nature, qui n'entacherait pas l'honneur des armes, mais il ne se croyait pas encore complètement justifié au point de vue militaire pour négocier dès à présent. On décida alors de ne rien entreprendre durant la nuit; le lendemain matin, le général York ferait une reconnaissance et se mettrait en marche sur Lawkowo (Laskow), comme s'il voulait tourner par la gauche le détachement du général Diebitsch qui, lui, se trouverait de nouveau en face de lui à Schileli (2) [Szileli] ».

Cependant, Diebitsch était loin d'être tranquille, car le général York passait pour manquer de sincérité et de droiture : il avait donc peur, malgré les promesses d'York, d'être attaqué pendant la nuit; aussi prit-il ses dispositions en conséquence. Il ordonna que les chevaux ne seraient pas débridés; que deux régiments de cosaques resteraient en face d'York, qu'un autre serait placé à Szileli, et que le régiment de hussards garderait Koltinjany. Ces précautions semblaient devoir parer à toute éventualité; pourtant les Russes eurent une alerte : « Voilà York qui nous surprend par derrière », pensèrent aussitôt les officiers du

(1) CLAUSEWITZ, 185.
(2) Id.

quartier général russe. C'étaient les cinquante dragons du capitaine von Weiss, qui, essayant de porter à York l'ordre du maréchal de ne se concentrer qu'à Tilsit, tombaient à l'improviste sur le régiment de cosaques placé à Szileli et le ramenaient jusqu'à Koltinjany (1).

Le 26 au matin, York reçut un parlementaire du marquis Paulucci, le major comte Dohna. Ce dernier arrivait par les avant-postes du général Lewis et apportait une lettre de Paulucci demandant aux Prussiens de signer une convention, ainsi que la copie de la lettre du tsar du 18/6 décembre (2). Cette lettre fit une grande impression sur York, et, comme il était resté sans instructions de son gouvernement, il put supposer avec vraisemblance qu'il y avait entre les deux souverains des pourparlers engagés. Il réunit donc les chefs de ses régiments de grand matin, pour leur exposer la situation; mais ces derniers, sans attacher d'importance à cette pièce, furent d'avis qu'il fallait continuer le mouvement en avant (3).

Ce jour-là il se mit en marche vers Laskow, ainsi qu'il avait été convenu la veille avec Diebitsch; mais, comme les routes étaient en très mauvais état, York ne jugea pas opportun de fatiguer inutilement ses troupes : il revint bientôt sur celle de Tilsit et marcha

(1) CLAUSEWITZ, 185.
(2) Voir page 83.
(3) OSTEN-SACKEN, 108.

sur Szileli (1). A Bartaschischki, l'avant-garde prussienne se heurta aux cosaques du colonel Dornberg qui gardaient le pont, et se préparait à enlever cette position, quand le major Dohna, encore auprès d'York, intervint et s'interposa. Pour éviter dans la suite de pareils incidents, il fut décidé que la pointe d'avant-garde d'York serait formée de vingt cosaques et du major Dohna, « ce qui commença à ouvrir les yeux aux troupes ».

Ces incidents n'étaient pas faits pour rassurer le général Diebitsch sur les intentions d'York : il faut d'ailleurs reconnaitre qu'il était en droit de prendre ombrage, puisque le général York, contrairement à la convention de la veille, se rapprochait de Tilsit : qui sait s'il ne cherchait pas en manœuvrant à gagner du terrain et ensuite à s'échapper? Aussi Diebitsch envoya-t-il Clausewitz auprès d'York pour le sommer de s'arrêter. De mauvaise humeur à la suite de l'incident de Bartaschischki, York refusa de voir Clausewitz, mais il lui envoya Dohna pour lui parler des événements et le rassurer (2). Il fut ainsi établi que le général prussien ne pouvait pas agir au point de vue militaire, pour sauver les apparences, autrement qu'il agissait pour le moment : il devait en effet s'efforcer de

(1) Il bivouaqua ce jour-là à Bartaschischki, où il n'arriva que très fatigué dans la nuit; son convoi avait toutes les peines à suivre. (VERMEIL DE CONCHARD, — SEYDLITZ, II, 242.)

(2) Clausewitz et Dohna étaient tous deux Prussiens : ils étaient passés au service russe au commencement de l'année 1812.

marcher sur Tilsit, mais à petites journées, de manière à laisser la distance qui le séparait de Macdonald s'augmenter insensiblement et à permettre aux Russes de se placer entre lui et le maréchal : les communications ayant été ainsi interceptées, York pourrait alors prétendre qu'il avait été abandonné (1).

York continua donc sa marche. Le 27, il arriva à Szilcli (2), et le 28 à Tauroggen, toujours précédé par Diebitsch qui cantonna à Willikischken, entre Tilsit et Tauroggen, à deux milles de la première ville et à trois milles de la seconde : ce jour-là, Macdonald entrait à Tilsit. En marchant sur Tauroggen, York ne faisait qu'exécuter le dernier ordre reçu du maréchal, mais il est certain qu'en agissant ainsi il savait bien, et Diebitsch le savait aussi bien que lui, qu'il ne rencontrerait pas les troupes de Macdonald. Il eût été en effet inconcevable de la part de Diebitsch de laisser York prendre cette direction, si l'arrière-garde prussienne eût dû joindre à Tauroggen le corps principal. Et puisque ses effectifs ne lui permettaient pas de tenter une attaque sérieuse contre les troupes prussiennes, il aurait pu enlever ou détruire en partie le convoi qui pendant ces quelques jours fut tout le

---

(1) CLAUSEWITZ, 188.
(2) C'est de Szilcli que York envoya au roi le rapport porté par le comte Henckel. (Arch. Guerre, rapport d'York au roi, porté par le comte Henckel, Chelel, 27.) Il écrit Chelel au lieu de Szilcli, Clausewitz donne Schilcli ; — d'après SEYDLITZ, c'est le 26 que serait parti Henckel; il aurait rencontré Seydlitz à Memel le 28 au soir.

temps en arrière, ne pouvant suivre (1). La marche sur Tauroggen avait en outre pour York un second avantage : elle le rapprochait de Wittgenstein, et la proximité du corps principal russe pouvait, dans le cas d'une convention, influer sur les dispositions militaires. Ce même jour en effet, le 28, l'avant-garde de Wittgenstein, sous Schepelew, arrivait à Lasdehnen, à six milles de la route Tilsit-Wehlau, qui était la ligne de retraite du Xe corps, et Wittgenstein lui-même était à Jurborg prêt à entrer en Prusse aussitôt que des ordres le lui permettraient : car il n'avait pas encore reçu l'autorisation de franchir la frontière. Cette autorisation n'allait lui parvenir que dans la nuit.

Ce jour-là, le 28, Clausewitz avait passé tout son temps auprès du général York; il ne rejoignit Diebitsch que très tard dans la nuit. « Je resterai toute la journée du 29 à Tauroggen, lui dit York en le quittant, et le 30 au matin je continuerai ma marche sur Tilsit. Si je trouve Tilsit occupé, si je trouve un corps sur mon flanc droit qui m'empêche de continuer sur Novowiasto, si j'ai des troupes sur mes derrières qui inquiètent ma marche, je signerai avec le général russe une convention. » Les termes en avaient même été proposés par Paulucci quelque temps au-

---

(1) « A Bartaschischek, on rend compte au général York que son convoi ne peut pas suivre... Le 27, le corps ne peut quitter cette ville qu'à midi, parce qu'il a dû attendre son convoi... Le 28, le convoi reste encore en arrière. » (VERMEIL DE CONCHARD, SEYDLITZ, II, 242.)

paravant; les troupes prussiennes devenues neutres auraient occupé les environs de Tilsit et de Memel jusqu'au moment où le roi aurait donné des ordres à leur sujet; dans le cas où le roi n'aurait pas approuvé cette convention, elles se seraient rendues librement à l'endroit fixé par lui (1).

Conformément donc à ces intentions, le 29, les troupes prussiennes prirent un jour de repos; or ce même jour arriva de Potsdam le major von Seydlitz. York espérait que ce dernier lui apporterait des instructions formelles permettant de dégager sa propre responsabilité et favorables à un arrangement avec les Russes; mais les instructions de Seydlitz pouvaient se résumer en un mot : « agir selon les circonstances. » Des instructions verbales plus étendues avaient été confiées au comte Brandenbourg, mais elles ne parvinrent pas au général York, le maréchal Macdonald ayant refusé à ce dernier la permission de quitter Tilsit (2).

Les inquiétudes du roi de Prusse étaient en effet vives à cette époque : il hésitait sur le parti à prendre; aussi pensait-il qu'au point de vue militaire il fallait agir avec la même prudence qu'au point de vue diplomatique. Il ne fallait pas se brouiller

(1) Droysen, I, 348. Clausewitz ne mentionne pas cet incident, mais Seydlitz semble le confirmer par les ordres d'York et les intentions qu'il lui prête.
(2) Major général à Macdonald, Kœnigsberg, 13 décembre. (Arch. Guerre.) — Macdonald, *Souvenirs*.

avec la France, mais il ne fallait pas perdre de vue la médiation, qui était à ses yeux comme à ceux de son chancelier, l'unique moyen d'arriver pour le moment à la réalisation de ses vœux : il fallait donc ménager la Russie. Dans ces conditions, le retrait de ses troupes des futurs champs de bataille et leur concentration à proximité du théâtre de la guerre, de manière à les y ramener le jour où elles pourraient peser d'un poids quelconque dans la discussion des conditions de cette médiation, étaient la meilleure solution du problème qui l'inquiétait. Une convention pouvait donc être passée, mais une convention purement militaire qui ne saurait en rien influer sur sa liberté d'action. Or, une telle convention ne pouvait être signée que par le général en chef et sous sa propre responsabilité; lui seul, également, pouvait être juge de son opportunité. Le roi ne pouvait, dans ces conditions, répondre au général York autre chose que ce qu'il lui répondait, en l'autorisant à agir suivant les circonstances. Il pensait d'ailleurs que ses envoyés, témoins de ses hésitations, suppléeraient au vague de ses instructions et éclaireraient suffisamment York pour que ce dernier n'agît que conformément à ses desseins secrets (1).

(1) On a prétendu qu'York avait des instructions secrètes : DROYSEN fait justice de ce bruit dans une note, I, p. 324. Il raconte que, quand Seydlitz écrivit ses mémoires, il les soumit à l'approbation d'une commission militaire, qui fit subir quelques changements au texte pri-

Or, le 29 au matin, en même temps qu'il avait reçu de Berlin le major von Seydlitz, York recevait un émissaire de Macdonald lui faisant savoir que le maréchal avait ouvert ses communications avec Kœnigsberg et qu'il l'attendait à Tilsit, dont Tauroggen n'était distant que de quatre milles. « Le général York est attendu avec impatience à Tilsit. » Tel était le texte du billet qui fut remis au général de la part du maréchal. Sans doute le messager n'était pas un militaire, et la formule, elle aussi, n'était pas militaire ; mais il ne pouvait y avoir de doute sur son authenticité (1). York savait en outre, d'une manière absolument sûre, qu'entre le maréchal et lui il n'y avait pas d'autres forces ennemies que le rideau des cosaques de Diebitsch. Dans la même matinée, les démarches russes se firent plus pressantes : Paulucci écrivait de Memel, Wittgenstein de Jurborg, Diebitsch

mitif : elle raya entre autres la phrase dans laquelle il était dit qu'au moment de sa prise de commandement, York n'avait reçu ni instruction officielle, ni instruction secrète. Cette modification était motivée par le mot du roi : « ... non-existence d'instructions secrètes pour le général York ne doit être l'objet d'aucun doute. » — Le 14 mars 1823, York écrivait lui-même au général Valentini : « Mes papiers prouveront peut-être dans l'avenir que j'ai agi de moi-même. » Les hésitations du cabinet prussien à cette époque corroborent cette manière de voir. Malgré cette assertion, Seydlitz semble croire qu'York a agi d'après les instructions du roi. (SEYDLITZ, II, 250.)

(1) Les premières éditions de DROYSEN ne donnent pas le texte de ce billet : elles disent même qu'York, appelé à se justifier devant un conseil de guerre, nia avoir reçu un ordre du maréchal après le 24. La réception de l'ordre est cependant confirmée par d'autres témoignages : CLAUSEWITZ, SEYDLITZ.

de Willikischken (1). Ce dernier, par l'intermédiaire de Clausewitz, communiquait deux lettres : la première du général d'Auvray, chef d'état-major de Wittgenstein, contenait les ordres de marche pour le lendemain : l'avant-garde sous Schepelew devait être le 31 à Schillupischken, sur la route de Tilsit à Kœnigsberg, tandis que Wittgenstein serait ce jour-là de sa personne à Sommerau, à un mille de distance : dans ces conditions, la retraite du X° corps semblait fort compromise. La seconde lettre était une lettre interceptée de Macdonald à Bassano, et datée de Stalgen le 10 décembre. Le maréchal s'y plaignait amèrement des Prussiens (2).

Quand Clausewitz arriva, vers midi, auprès du général York, ce dernier ne voulut d'abord pas le recevoir. « Éloignez-vous de moi ; je ne veux plus rien

---

(1) « Le général York prononça alors les paroles suivantes : « C'est aujourd'hui ou jamais le moment où, par une décision rapide, la Prusse peut changer la politique de l'Europe, et rendre au roi et à la patrie leur indépendance. » (SEYDLITZ, II, 246.)

(2) CLAUSEWITZ, 189. Clausewitz donne le texte de la lettre de Macdonald; on y lit : « Enfin, la bombe a crevé avec le général York... Le corps prussien est bon, mais on le gâte; l'esprit est prodigieusement changé, mais quelques grâces, des récompenses, et je le remonterai aisément, pourvu toutefois que les officiers que je signale soient promptement éloignés : ils ne seront pas regrettés, les deux tiers de l'armée les détestent. » A rapprocher le texte de la lettre de Macdonald au major général. (Arch. nat. et Arch. Aff. étrangères, voir pages 30 et 70.) Avec le major général, Macdonald est beaucoup plus précis et plus cinglant qu'avec Bassano. La lettre citée par CLAUSEWITZ n'existe pas dans les archives françaises, bien qu'elle ait dû être envoyée en *duplicata* ou *triplicata*, et que, par conséquent, des copies aient dû en parvenir aux destinataires.

avoir à faire avec vous. Vos maudits cosaques ont laissé passer un émissaire de Macdonald qui m'apporte l'ordre de marcher sur Piktupöhnen pour me réunir à lui. Maintenant, tous mes doutes cessent. Vos troupes n'arrivent pas, vous êtes trop faibles ; il faut que je marche, et je m'interdis toute négociation qui me coûterait la tête !... — Votre Excellence ne voudra pas me mettre dans la pénible obligation de partir sans avoir rempli ma mission. » Le général York fit alors apporter de la lumière, et entrer son chef d'état-major, le colonel Röder, qui se trouvait dans la pièce à côté ; on lut les lettres. Après la lecture des lettres, York réfléchit un instant et demanda à Clausewitz si d'Auvray était sincère : — « Vous êtes Prussien ; croyez-vous que le général d'Auvray soit sincère, et que les troupes de Wittgenstein se trouveront bien le 31 aux points indiqués ? Pouvez-vous m'en donner votre parole d'honneur ? » Sur une réponse affirmative de son interlocuteur, York tendit la main à Clausewitz et dit : « Je suis votre homme ; dites au général Diebitsch que nous nous parlerons demain au moulin de Poscherum, et que je suis dès à présent fermement décidé à me séparer des Français et de leur cause. » On fixa l'entrevue au lendemain huit heures : lorsque tout eut été décidé, le général York ajouta : — « Je ne ferai pas les choses à moitié, je vous amènerai aussi Massenbach. » Il appela aussitôt un officier de cavalerie de Massenbach qui venait d'arriver :

York allait et venait dans la chambre. Il prononça presque les paroles de Wallenstein : — « Que disent vos régiments? » L'officier laissa voir un grand enthousiasme à l'idée de se débarrasser de l'alliance française, en disant que chacun dans son corps pensait de même. York lui répondit : — « Vous autres, jeunes gens, vous avez de bonnes idées; mais à nous autres, les vieux, nos têtes branlent sur nos épaules (1).

Le lendemain matin, au moulin de Poscherum, fut signée, entre le général Diebitsch et le général York, en présence du colonel von Röder, du major von Seydlitz, du lieutenant-colonel von Clausewitz et du major comte Dohna, la convention de Tauroggen. Aux termes de cette convention, le corps prussien devenait neutre et devait être cantonné dans une zone de territoire neutralisée, que les troupes russes pouvaient cependant traverser. Mais, dans le cas où l'un des souverains d'une des puissances intéressées ne sanctionnerait pas la présente convention, le corps prussien s'engageait à ne pas porter les armes contre la Russie, pendant l'espace de deux mois; il lui serait alors accordé un sauf-conduit pour lui permettre de traverser les troupes russes. La convention était applicable aux troupes du général Massenbach (2).

---

(1) CLAUSEWITZ, 191 et suiv.
(2) Voir le texte de la convention : Arch. nat., A. F., IV, 1645. — Arch. Guerre, correspondance générale. — Arch. Aff. étrangères, Prusse, 251.

La convention signée, le général York envoya aussitôt le major von Thil en porter le texte au roi avec une lettre dans laquelle il prétendait n'avoir été laissé en arrière que pour couvrir la retraite de la 7ᵉ division. Dans ces conditions, « convaincu que la continuation de sa marche entraînerait la dissolution entière du corps, ainsi que la perte de l'artillerie et des bagages, comme il était arrivé à la grande armée, » il avait cru « devoir, en sujet fidèle, prendre plutôt en considération l'intérêt du roi de Prusse que celui de son allié (1) ».

Il prévenait en même temps Massenbach. La lettre d'York arrivait à ce général dans la journée. Elle lui annonçait les événements de la matinée et l'engageait à se joindre à lui. Massenbach répondit sur le champ qu'il adhérait à l'acte de Tauroggen, mais priait le général York de venir à sa rencontre pour faciliter le mouvement qu'il allait entreprendre. Il tint immédiatement conseil avec les quelques officiers qui se trouvaient à son quartier général : Canitz, Below, Rudolphi. On décida alors que les Prussiens se mettraient en marche le 31, à cinq heures du matin. Mais ce jour-là, soit méfiance de la part des

(1) York au roi, Tauroggen, 30 décembre. (Arch. Guerre. — Arch. nationales, A. F., IV, 1651.) La version donnée par Droysen diffère un peu de celle que possèdent les Archives françaises. Il se peut qu'Hardenberg en recevant la lettre n'en ait communiqué à Saint-Marsan que des fragments; le texte de Droysen contient entre autres la phrase suivante : « C'est aujourd'hui ou jamais le jour où Votre Majesté peut se dérober aux exigences insatiables d'un allié. »

Français, soit plutôt mouvement de concentration, le maréchal donna ordre aux troupes qui se trouvaient hors la ville, à Baubeln, à Ragnit, de rentrer à Tilsit pendant la nuit, et leur assigna des places de rassemblement en cas d'alerte. La nouvelle de ce mouvement parvint à Massenbach alors qu'il était encore en conférence. Aucun ordre n'ayant été donné aux troupes prussiennes, Massenbach, pour ne pas éveiller les soupçons, crut nécessaire de signaler cet oubli au maréchal. Il lui fit savoir qu'il avait de lui-même indiqué des places d'alerte aux troupes sous ses ordres. Le maréchal approuva les mesures prises, mais elles contrecarraient singulièrement les projets prussiens. Il fut donc décidé que l'on retarderait l'événement jusqu'à la pointe du jour (1).

Pendant la nuit, à trois heures du matin, le prince Repnin fit prévenir les Prussiens que tout était préparé pour les laisser passer aux avant-postes russes. A cinq heures, le capitaine von Brandenstein arriva du quartier général d'York; il se rendit chez le lieutenant von Below, où se trouvait le comte Brandenbourg; il apportait une nouvelle lettre donnant l'ordre formel au général Massenbach de venir rejoindre le général York. Tous trois se hâtèrent d'aller réveiller Massenbach, qui fit immédiatement réunir les chefs

---

(1) D'après SEYDLITZ, le maréchal aurait donné aussi aux Prussiens l'ordre de se concentrer à Tilsit. La version suivie est celle de DROYSEN, I, 361 et suiv.

des régiments. Il était sept heures et demie. Malgré les protestations de quelques-uns, entre autres du colonel von Below, du major von Sjöholm, il fut décidé que le mouvement commencerait aussitôt (1).

Donc, à huit heures et demie, l'infanterie passa le Niémen et se rassembla en colonne près de la tête du pont de Tilsit ; quant à l'artillerie et à la cavalerie, elles se dirigèrent par Ragnit vers Insterburg (2).

Le maréchal était à table (3) quand le général

(1) SEYDLITZ, II, 251, 263 ; DROYSEN, I, 361.
(2) VERMEIL DE CONCHARD, SEYDLITZ, II, 264. Rapport du général Massenbach. — Rapport de Bachelu, Braunsberg, 8 janvier. C'est à huit heures du soir que Bachelu, qui commandait à Ragnit, reçut l'ordre de rentrer de nuit à Tilsit. Il prit aussitôt ses dispositions pour commencer son mouvement. Les chefs de corps prussiens vinrent alors le trouver pour lui faire observer que, le temps étant très mauvais, on pourrait risquer de perdre beaucoup de monde en route, et qu'il était préférable d'attendre au lendemain. Après une assez vive discussion, dans laquelle les officiers prussiens déclarèrent qu'ils étaient responsables de leurs troupes devant leur souverain, ils finirent par céder. La colonne arriva à cinq heures du matin dans la ville. Bachelu ayant trouvé les dragons en bataille dans les faubourgs, au lieu d'être rentrés dans la ville, s'informa de la raison qui les faisait rester ainsi sous les armes ; on lui répondit que le colonel von Treskow, qui les commandait, « avait été prendre les ordres du général Massenbach et avait ordonné qu'on l'attendit. Cette démarche m'a paru singulière, puisqu'il était sous mes ordres ; mais j'attribuai à de l'inconséquence de sa part ce qui avait un but criminel. J'ordonnai de faire rentrer les dragons dans leurs quartiers, et me rendis en ville. A neuf heures du matin, j'appris que les dragons, les hussards, la batterie du major Grossmann m'avaient abandonné. » (Arch. Guerre, correspondance générale, janvier.)
(3) La version de SEYDLITZ est conforme au rapport de Bachelu. Ce général déclare qu'il ne connut la défection des Prussiens qu'à neuf heures. Massenbach, dans son rapport, dit que les Prussiens sortirent de la ville à neuf heures du matin. (Voir ces diverses pièces aux Arch. de la Guerre.) MACDONALD, dans ses *Souvenirs*, prétend qu'enveloppé dans son manteau, il cherchait le repos, « quand, à l'aube, le

Bachelu entra pour annoncer qu'il venait d'arriver avec sa brigade. Le maréchal, irrité de son retard, s'emporta contre lui. Bachelu expliqua qu'il avait été obligé d'attendre l'artillerie prussienne qui ne voulait pas bouger sans un ordre du général Massenbach (1). A ce moment « le maréchal donna l'ordre de faire appeler le général Massenbach. Il n'avait pas fini que le chef de bataillon Marion entra dans la chambre et lui remit les deux lettres des généraux York et Massenbach (2) ». Le général York justifiait son acte par l'impossibilité de continuer sa retraite, sans être entamé sur ses flancs et ses derrières. Dans ces conditions, il avait cru nécessaire, pour sauver ses troupes, son matériel et ses subsistances, de faire une convention, par laquelle le corps prussien deviendrait un corps neutre : « Quel que soit le jugement que le monde portera sur ma conduite, j'en suis peu inquiet; le devoir envers mes troupes et la réflexion la plus mûre me la dictent. » Quant au général Massenbach, il prétendait n'avoir fait qu'obéir aux ordres reçus du général York (3).

colonel Marion entra pour lui remettre les lettres des Prussiens. » La première version paraît la plus véridique.

(1) Dans son rapport, Bachelu ne signale pas cet incident, qui est rapporté par Seydlitz, et qui a dû se passer après la discussion entre Bachelu et les chefs de corps prussiens.

(2) A comparer avec la scène décrite par MACDONALD dans ses *Souvenirs*, la version Seydlitz paraît plus véridique. (VERMEIL DE CONCHARD. — SEYDLITZ, II, 263 et suiv.)

(3) Lettre du général Massenbach au maréchal Macdonald, 31 décembre. (Arch. Guerre.) — Lettre du général York au maréchal Mac-

A peine le maréchal avait-il lu ces deux lettres que l'officier qui commandait l'escorte, le lieutenant von Korf, entra. Il ne se doutait nullement de ce qui venait de se passer. En apprenant la nouvelle, il pâlit et se mit à verser des larmes d'indignation. Macdonald le renvoya auprès d'York, en le remerciant de son zèle, de sa fidélité, de son attachement, et lui remit sa propre bourse en argent contenant douze cents francs comme gratification (1).

C'est ainsi que le corps prussien quitta l'armée française. Ce fut le premier pas réel et effectif vers la défection de la Prusse.

La conduite d'York était, au point de vue militaire, très discutable. Aussi comprend-on aisément ses hésitations avant de signer la convention. Sans doute il avait essayé de manœuvrer pour s'isoler petit à petit des Français; mais ces manœuvres n'avaient pas réussi, puisque, le 29 au matin, il recevait l'ordre positif du maréchal de gagner Tilsit, dont il n'était éloigné que de quatre milles, et qu'il savait, d'une manière absolument sûre, qu'il n'avait devant lui que le rideau des troupes de Diebitsch, soit en tout 1,800 hommes et six pièces de canon. N'a-t-il pas avoué à ce sujet à Paulucci le 29, en répondant à

---

donald, Tauroggen, 31 décembre. (Arch. nationales, A. F., IV, 1645.) — FAIN, *Manuscrit de 1813*, I, 203, 204.

(1) MACDONALD, *Souvenirs*, 188. — VERMEIL DE CONCHARD, — SEYDLITZ, II, 254.

sa lettre du 28 : « J'ai dû prendre librement une résolution à laquelle j'aurais aimé me voir contraint (1) »? D'un autre côté, les ordres de marche pour le 31, contenus dans la lettre que Wittgenstein lui avait fait communiquer, ne devaient pas l'effrayer outre mesure. Sans doute les Russes devaient se trouver plus nombreux qu'York et Macdonald réunis (27,500 hommes et 130 pièces de canon contre 21,300 hommes et 72 canons) ; mais ces ordres n'avaient encore reçu aucun commencement d'exécution et ne pouvaient pas en recevoir puisque Wittgenstein n'avait pas l'autorisation d'entrer en Prusse, et qu'il ne fut autorisé à passer la frontière que dans la nuit du 29 au 30. Il ne pouvait donc pas manœuvrer sur ses flancs. York savait également aussi bien qu'un autre qu'à la guerre le hasard joue un grand rôle dans les opérations ; la preuve en est que, quelques jours plus tard, Macdonald, à la suite d'une fausse manœuvre des Russes, parvint à s'échapper. Aussi Clausewitz lui-même prétend-il que cette lettre ne pouvait en imposer à un homme comme York. Il est donc bien certain qu'York avait dès le premier soir, à Koltinjany, l'intention de traiter ; sans cela eût-il agi comme il l'a fait, et eût-il accepté une entrevue avec Diebitsch, alors qu'il déclare lui-même n'avoir connu qu'imparfaitement l'effectif des troupes qui étaient

(1) Acten des Kriegs-Archivs des K. P. Grossen Generalstabes, cité par Holleben, I, 32.

en face de lui? Cette première entrevue acceptée, il était moralement lié, et dès lors tous ses mouvements n'ont plus été qu'un jeu pour étouffer des scrupules qu'il ne put parvenir à dominer complètement, puisque le matin du 29 il avait, prétend Seydlitz, son officier d'ordonnance, donné l'ordre de marche (1). Mais si la convention de Tauroggen ne saurait se justifier au point de vue militaire, il ne peut en être de même au point de vue patriotique; elle est l'incident qui a forcé le gouvernement à prendre malgré lui une attitude nette dans la lutte entre la France et la Russie, et elle devient ainsi l'acte de naissance de la Prusse contemporaine. A ce point de vue, l'initiative d'York a été terriblement hardie, car elle orientait sa patrie vers une direction nouvelle; aussi, malgré les conséquences imprévues qui en résultaient et qui pouvaient être le relèvement ou la ruine de la patrie elle-même, cette initiative ne saurait être blâmée, puisqu'elle a pleinement réussi, et que sa réussite a délivré la Prusse du joug de l'étranger.

II

Le maréchal Macdonald n'avait pas une minute à perdre : sa retraite était maintenant très compromise,

(1) SEYDLITZ, II. 242.

car les Russes avaient mis à profit les deux jours perdus à attendre York à Tilsit ; ils le serraient de près et coupaient déjà sa ligne de retraite. Schepelew était à Sommerau, et un détachement de cosaques au défilé de Schillupischken sur la route de Kœnigsberg à Tilsit. Le maréchal quitta donc Tilsit sur-le-champ, sous la pluie et par un dégel effroyable, avec les quelques troupes qui lui restaient (7,210 fantassins et 24 pièces d'artillerie). De fausses manœuvres russes lui permirent de passer le pont de Schillupischken et de traverser la forêt de Baumwald sans être inquiété. Schepelew, qui était en effet ce jour-là à Sommerau et à Schillen, à un mille de Schillupischken, ne bougea pas de toute la journée, attendant des ordres qui n'arrivaient pas. Il se contenta d'envoyer sur la route de Kœnigsberg le colonel Jagodin avec de faibles régiments de cosaques, 6 à 700 hommes (1). Ce dernier ne se crut pas suffisamment fort pour s'établir sur la route ; il s'installa en conséquence à côté, ne laissant sur la route même qu'un petit poste qui fut enlevé rapidement. Le maréchal arriva ainsi à Mehlauken à trois heures du matin, après une affaire d'arrière-garde à Skaisgirren (2). Il annonça alors au roi de Naples la défection des Prussiens : « Toutes

---

(1) Ce détachement de cosaques faisait partie du corps de Platow. (Osten-Sacken, I, 120.)

(2) Pendant cette première marche, le maréchal perdit environ 500 hommes qui furent pris par les Russes. (Osten-Sacken.)

les troupes prussiennes, sans exception, ont passé à l'ennemi... La grande célérité que j'ai mise à réunir les troupes de la 7º division et à les mettre en marche nous a sauvés... La veille, l'ennemi avait fait de grands mouvements de cavalerie... Jugeant mon avant-garde trop exposée à Ragnit, je la rappelai près de Tilsit... Il était dix heures du soir; je n'avais encore aucune nouvelle du général York... Je fus néanmoins frappé de la sécurité de l'état-major du général Massenbach. Ce général, prévenu dans la nuit de la trahison du général York, prit toutes ses dispositions pour le rejoindre... Le général York a justifié pleinement les présomptions que j'avais contre lui... J'ai eu les procédés les plus délicats pour le corps prussien... J'avais un bataillon prussien pour le service du quartier général; ma garde en était formée... A ce même bataillon, j'avais deux jours auparavant fait avancer 10,000 francs, ainsi qu'aux autres troupes prussiennes... Ces mêmes troupes m'ont lâchement abandonné (1). »

Le passage du défilé de Schillupischken était pour le maréchal un avantage sérieux; car, désormais, il pouvait espérer s'échapper et ne courait plus le risque de se voir coupé du reste de la grande armée. D'un autre côté, cet obstacle heureusement franchi prouvait que la raison militaire sous laquelle York

(1) Macdonald au major général, Mehlauken, 1ᵉʳ janvier. (Arch. nationales, A. F., IV, 1652.)

avait essayé d'étouffer ses scrupules était peu sérieuse et rendait sa défection de moins en moins justifiable. Wittgenstein et Macdonald attachaient donc à la possession de ce défilé une importance capitale; aussi, lorsque le 29 le maréchal avait évacué ses malades et ses blessés de Tilsit, l'avait-il fait occuper par deux bataillons (1). Wittgenstein se montra très irrité de l'inaction de Schepelew; mais lui aussi, dans cette journée, avait-il fait ce qu'il aurait dû faire? N'était-il pas le 29 « à cinq lieues de Schillupischken », et n'aurait-il « pas pu atteindre facilement ce point dans la journée du 31, et y être ainsi à temps » ? tandis qu'il n'arriva ce jour-là qu'à Sommerau (2).

La poursuite continuant dans des conditions nouvelles, Wittgenstein répartit ses forces d'une manière différente. Il avait mis sous les ordres de Schepelew, pour l'aider dans son opération contre Macdonald, une partie de la cavalerie des corps de Steinheil, de Berg et les cosaques de Jagodin. Cette cavalerie, dont Schepelew n'avait pas su se servir, lui fut reprise; mais on lui donna à la place l'infanterie de Wlastow et la cavalerie de Diebitsch, ce qui formait un total de 7,000 hommes. Le corps de Berg fut chargé de lui servir de soutien. Le corps de Kutusow, s'élevant à 4,000 hommes, fut dirigé sur Wehlau et fut suivi

---

(1) Rapport sur la retraite des troupes commandées par Massenbach. (Vermeil de Conchard; — Seydlitz, II, 262; — Macdonald, 189.)

(2) Clausewitz, 107.

par Wittgenstein lui-même avec les corps de Steinheil et de Fock. Siewers, avec 1,200 cavaliers, dut maintenir les communications entre les deux colonnes (1).

Le maréchal continua donc sa retraite sur Labiau, où il arriva le 2 dans l'après-midi. Pendant cette marche, les Russes, voulant réparer la faute commise à Schillupischken, lui avaient fait offrir d'entrer en négociations. Ils proposaient une suspension d'armes, prétendant que la paix était sur le point d'être conclue. Macdonald répondit aux demandes du prince Repnin que la suspension d'armes pourrait avoir lieu naturellement, sans convention, puisque les Français « ne marchant que pour se retirer, les Russes n'avaient qu'à s'arrêter eux-mêmes (2) ».

Cependant, le roi de Naples était arrivé à Kœnigsberg avec les restes de la grande armée, et avait songé à y occuper une position défensive. A cet effet, il y avait réuni à peu près 13,100 hommes et 33 pièces d'artillerie (3). Ces forces se composaient des restes

(1) Osten-Sacken, I, 130.
(2) Macdonald, *Souvenirs*, 188.
(3) Division Marchand. — 7 bat. français, 10 bat. allemands, 2 bat. napolitains, 2 batt. françaises.
Division Heudelet. — 5e, 6e, 7e, 8e demi-brigades, formées chacune de 3 bat. (Les 9e et 17e demi-brigades étaient restées à Dantzick.)
Brigade Cavaignac. — Un escadron des 2e, 5e, 12e, 13e, 14e, 17e, 19e, 20e dragons.
Une lettre de Murat, de Braunsberg, le 8, estime la force de chacun de ces corps « à 6,000 hommes de la div. Grandjean, 8,000 hommes de la div. Heudelet, 3,000 hommes de la div. Marchand, environ 2,000 hommes de la garde, 1,400 chevaux ; ce qui ferait à peu près 20,000 hommes ». Les états de situation modifient ces chiffres, mais

de la garde, soit 1,200 hommes, commandés par le maréchal Mortier; d'une partie de la division Loison sous les ordres du général Marchand, c'est-à-dire de la partie de la 34ᵉ division qui n'était pas avec le général Morand, en Poméranie suédoise. Mais ces troupes avaient été à Vilna, et, depuis lors, avaient couvert la retraite; aussi la désorganisation et la démoralisation les avaient-elles réduites de beaucoup : elles ne comptaient plus que 3,000 hommes. Murat avait, en outre, appelé à lui : la division Heudelet ou 30ᵉ division dont une brigade était fort inopportunément restée à Dantzick; ce corps était en pleine organisation quand il avait reçu l'ordre de se porter en avant sur Kœnigsberg, il comptait environ 7,500 hommes et 24 pièces d'artillerie (1) ; et la brigade de dragons de marche du général Cavaignac, soit 1,400 hommes. Le roi de Naples comptait, outre ces troupes, sur les 1,800 hommes du général prussien von Bülow qui se trouvaient à Kœnigsberg. Les dispositions qu'il avait prises pour la défense de la ville étaient les suivantes : Heudelet et Cavaignac étaient envoyés à Tapiau, tandis que Mortier occupait Taplaken et Wehlau avec une

---

ces états sont incomplets et en contradiction les uns avec les autres; aussi est-il difficile de connaître exactement l'effectif des troupes. Ainsi, à cette date, une situation renfermée dans une lettre de Marchand à Ney accuse seulement une présence de 1,110 hommes d'infanterie au lieu de 3,000; il est vrai qu'elle ne tient pas compte des hommes affectés au service de l'artillerie.

(1) Macdonald au roi de Naples, Kœnigsberg, 3 janvier. (Arch. nationales, A. F., IV, 1651.)

petite partie de la garde. A Kœnigsberg se trouvaient le reste de la garde et la division Marchand. Mais le 27, à l'approche de quelques cosaques, Mortier avait évacué Tapiau, qui fut réoccupé par Heudelet le lendemain, à la nouvelle de l'entrée à Tilsit de Macdonald.

Les restes du Xe corps allaient donc opérer leur jonction avec les restes de la grande armée. Car, de la grande armée qui avait été à Moscou, on ne retrouvait plus que des débris; des 611,858 hommes et 1,372 canons qui avaient franchi le Niémen, il restait seulement en ligne, à l'aile gauche, la 7e division, soit 7,000 hommes et 12 pièces d'artillerie; — au centre, les troupes réunies par le roi de Naples, soit 13,100 hommes et 33 bouches à feu; — à l'aile droite, le corps auxiliaire autrichien, 25,000 hommes et 59 canons; le VIIe corps, 16,000 hommes et 62 bouches à feu; et environ 2,000 Polonais; soit 43,000 hommes et 127 canons. La force totale de l'armée impériale s'élevait donc encore à 63,100 hommes et 172 pièces d'artillerie.

Mais toutes ces troupes étaient éloignées les unes des autres; l'aile droite était en Pologne, donc loin du reste de l'armée. De plus les Autrichiens, sous le commandement du prince Schwartzenberg, avaient tendance à se replier sur Cracovie, et négociaient en secret avec les Russes. Ils s'éloignaient ainsi de plus en plus du roi de Naples et ne pouvaient en aucune manière contribuer à la résistance commune. Dans ces conditions, le VII⁰ corps, trop faible pour pouvoir lutter tout seul, était entraîné par le corps autrichien loin du point d'une concentration possible. Le roi de Naples, ne pouvant donc pas compter sur les troupes de l'aile droite, n'avait à opposer à l'ennemi que 20,100 hommes et 45 bouches à feu; c'était avec ces seules ressources qu'il devait manœuvrer.

La nouvelle de la défection des Prussiens force Murat à changer ses dispositions; le 1ᵉʳ janvier, il écrit : « La trahison du général York ne permettant plus au maréchal Macdonald de suivre le système que lui prescrivaient ses instructions, et de prendre une position par laquelle il eût couvert la Prusse orientale et les différents débouchés sur Marienburg et Dantzick, il doit manœuvrer de manière à protéger la garnison de Kœnigsberg et les évacuations. Il est destiné avec ses troupes à former la garnison de Dantzick : il doit prendre une position telle que, dans aucun cas, l'ennemi ne puisse arriver dans cette ville avant lui (1). »

Il n'est donc plus question de la défense de Kœnigsberg, mais seulement de la retraite. On la fera le plus lentement possible, il est vrai, mais on évacuera tout le territoire jusqu'à Dantzick. Cependant, si les Russes demandent des conventions, on peut

---

(1) Le roi de Naples au maréchal Macdonald, Kœnigsberg, 1ᵉʳ janvier. (Arch. nationales, A. F., IV, 1651.)

leur en accorder, à condition de ne pas se laisser amuser par eux. En conséquence, le maréchal Macdonald est autorisé à accepter une convention sur les bases suivantes : une ligne qui laisserait à la France Pillau, Memel, Labiau, la Pregel, Wittenberg et Pulstuck (1). Puisqu'il ne peut résister aux Russes, le roi de Naples pense qu'on pourrait peut-être traiter avec eux, attendu qu'ils ne cessent d'envoyer des parlementaires aux avant-postes. L'évacuation de territoire, qui lui semble fatale, en serait ainsi retardée d'autant.

Cet espoir de traité caressé secrètement n'est qu'un expédient. Murat comprend toute la gravité de la situation telle qu'elle se présente depuis la défection des Prussiens; elle l'effraie; il se sent écrasé par la lourdeur de la tâche qui s'offre à lui; il cherche partout des conseils; il fait donc savoir au maréchal Macdonald qu'il désire conférer avec lui, il espère que dans le désarroi général le maréchal aura conservé encore un peu d'énergie; mais par une de ces inconséquences qui lui sont propres, au lieu de l'attendre à Kœnigsberg, il fait évacuer la ville et la quitte lui-même avant l'arrivée du maréchal; il n'y laisse sous les ordres du maréchal Ney que les divisions Marchand, Heudelet et la brigade Cavaignac qui doivent passer sous le commandement de Macdo-

(1) Le major général au maréchal Ney. (Arch. nationales, A. F., IV, 1651.)

nald (1). Aussi, quand ce dernier arrive à Kœnigsberg, après avoir laissé son corps à Labiau, au lieu de Murat il n'y trouve que le maréchal Ney et une lettre du roi le priant de lui « envoyer un plan d'opérations, et ses idées sur ce qu'il convenait de faire en la circonstance (2) ».

Cette conduite du roi et ce mouvement de retraite, qui découvraient la gauche de la 7ᵉ division, furent jugés très sévèrement par le maréchal Macdonald. Il ne put s'empêcher de les blâmer. « C'est une fatalité, écrivit-il aussitôt, que cette précipitation de retirer sans me prévenir la division Heudelet de ses positions de Taplaken et Tapiau sur Kœnigsberg : ce mouvement compromet essentiellement la 7ᵉ division. J'ai informé Votre Altesse à Tilsit que je me dirigeais vers Labiau, mais il fallait le temps d'y arriver. » Aussi, « pour réparer, s'il était possible, l'inconvénient de ce mouvement, » envoya-t-il au général Heudelet l'ordre « de rester à Welhau et de reporter son avant-garde à Kaxstern par des partis : il protégera le flanc droit de la 7ᵉ division (3). » Sous la date du 3, il rédige pour le roi de Naples le plan suivant : le général Heudelet n'a pas plus de

---

(1) Lettre du maréchal Ney au maréchal Macdonald, Kœnigsberg, 1ᵉʳ janvier. (Arch. Guerre.) — Ordre du major général au maréchal Macdonald. (*Id.*)

(2) MACDONALD, *Mémoires*, 100.

(3) Macdonald au major général, Tagnen, 2 janvier, huit heures du soir. (Arch. nationales, A. F., IV. 1052.)

7,500 hommes, et le général Grandjean 6,000. « Dantzick est le but principal de nos mouvements. Je fais remarquer à Sa Majesté que nous décrivons l'arc pour y arriver, et l'ennemi la corde. J'apprends que, hors le pain, cette place manque absolument de tout... Si l'on jette dans les places les débris de l'armée, ils seront perdus sans retour, tandis qu'en les réunissant ils présenteront encore une masse assez forte pour arrêter les progrès de l'ennemi et en imposer à la Prusse. D'après ces considérations, j'ai la presque certitude qu'il sera impossible de prolonger la défense de Dantzick dans son état actuel; je ne balancerai point à en faire la remise au roi de Prusse, comme dépôt. Cette marque de confiance pourrait le toucher. S'il est de bonne foi, il reste notre allié et est chargé de la défendre; dans le cas contraire, nous la perdrons un peu plus tôt. Mais, dans tous les cas, nous en retirerons au moins le précieux avantage de réunir toutes nos forces éparses et, ainsi que je l'ai dit, de former une armée propre à être le noyau d'un grand rassemblement, qui, malgré la célérité que je suppose qu'on y mette, ne sera jamais à temps de sauver nos débris et les places de la Vistule, puisqu'elles manquent à peu près de tout pour leur défense. On perdrait en outre la force principale et l'âme de notre armée, qui sont les cadres des régiments (1). »

(1) Macdonald au roi de Naples, Kœnigsberg, 3 janvier. (Arch. nationales, A. F., IV, 1651.)

Ce plan était hardi : c'était une nouvelle campagne que le maréchal proposait d'entreprendre, alors qu'à l'armée on croyait généralement à la fin de la poursuite des Russes. C'était également un système absolument opposé à celui que prônait le maréchal Davout. « Il me semble, écrivait-il à cette époque, que l'on pourrait adopter celui de jeter de suite dans les places de Marienburg, Dantzick, Thorn, Modlin et Praga les garnisons suffisantes, et de former sur la rive gauche de la Vistule deux à trois corps, soit pour maintenir la communication avec les places, soit pour agir suivant les circonstances. Ces corps pourraient être placés à la hauteur de Varsovie, de Thorn, de Marienwerder; ils seraient formés du corps du prince de Schwartzenberg, de celui du général Reynier, les Polonais disponibles, des Bavarois, et d'une partie des troupes qui peuvent se trouver en Prusse. Les Russes y regarderaient à deux fois avant de se mettre entre ces corps et les places; ce qu'ils laisseraient pour observer les places leur donnerait une très grande infériorité (1) ». Le plan de Davout était plus facile à faire adopter par l'empereur que celui de Macdonald, car il ne prévoyait ni l'abandon du territoire prussien, ni celui des places. Mais était-il plus sûr? L'adoption du plan de Macdonald était un aveu d'impuissance auquel il semblait difficile que l'empe-

(1) Davout au major général, Thorn, 11 janvier. (Arch. nationales, A. F., IV, 1652.)

reur pût souscrire ; mais ce plan conduisait par contre à la constitution prompte d'une armée de campagne qui aurait pu tenir l'ennemi en haleine et l'inquiéter, soit en reprenant une offensive prudente, soit en défendant chaque position avant chaque mouvement de recul.

Pendant l'absence de Macdonald, l'arrière-garde de la 7ᵉ division eut une affaire très chaude. Bachelu, qui la commandait, fut attaqué le 3, à neuf heures du matin, par Schepelew. Les Russes lancèrent contre la tête du pont de Labiau une forte colonne d'infanterie soutenue par huit pièces d'artillerie. Les trois canons de cet ouvrage répondirent au feu de l'ennemi et furent bientôt renforcés par « trois pièces d'artillerie légère, un bataillon et toute la cavalerie, consistant en 140 chevaux ». Mais la nombreuse cavalerie ennemie déborda les Français, qui furent obligés de battre précipitamment en retraite. Dans cette affaire, ils perdirent 500 hommes, eurent deux pièces de canon démontées et une troisième embourbée : le manque d'attelages empêcha de la dégager (1).

A mesure que l'on pénétrait en Prusse, on s'apercevait que l'esprit de la population changeait : la capitulation du général York avait exalté tous les courages. A Kœnigsberg, il y avait eu des émeutes, on

---

(1) Macdonald au major général, Kœnigsberg, 4 janvier. (Arch. nationales, A. F., IV, 1652.) — Rapport sur l'affaire de Labiau, division Grandjean, 7 janvier. (Arch. Guerre.)

avait tué des cavaliers de l'escorte du roi de Naples.

« Il y a eu des insultes, des provocations, des menaces, écrit Macdonald à la date du 5 janvier. Un magasin de souliers a été pillé, et la garde désarmée ; 21 officiers russes prisonniers ont été délivrés de leur escorte, et celle-ci désarmée ; à Labiau, les habitants ont pillé dans la rue de malheureux blessés ; hier soir, trois soldats ont été assassinés. J'ai pu remarquer moi-même combien le militaire et l'habitant sont montés contre nous (1). »

Dans ces conditions, le maréchal ne pouvait songer à défendre Kœnigsberg : aussi évacua-t-il la ville, avec la 7ᵉ division, la division Heudelet et les dragons de Cavaignac, soit en tout 14,900 hommes, et prit-il la direction d'Elbing (2).

Quant aux Russes, ils continuaient leur poursuite méthodique sur le territoire prussien, d'après les derniers ordres du tsar au feld-maréchal Kutusow. Non seulement l'armée de Wittgenstein, mais même la « troisième armée » (celle de Tschitschagow), devaient manœuvrer contre Macdonald. Aussi, le 29 décembre, Tschitschagow avec 15,000 hommes et 70 pièces de canon, et Platow avec 7,000 cosaques et 12 canons quittèrent-ils respectivement Gezna et Kowno, pour se porter sur le Niémen. Le 3 janvier, ils étaient à Stallupönen et à Inster-

(1) Macdonald au major général, 5 janvier. (Arch. Guerre.)
(2) Arch. nationales (A. F., IV, 1652).

burg. Dès qu'il aurait opéré sa jonction avec le corps de Wittgenstein, Tschitschagow devait prendre le commandement en chef de toutes les forces qui manœuvraient dans cette région contre les Français : il aurait ainsi à sa disposition 60,000 hommes.

Schepelew venant de Labiau, Siewers de Tapiau, Kutusow de Wehlau, se présentèrent le 4 devant Kœnigsberg (1); ils y entrèrent le 5, Schepelew et Kutusow ne firent que traverser la ville, et, continuant leur poursuite, atteignirent à Brandenburg l'arrière-garde avec laquelle ils eurent un léger engagement.

Pendant ce temps, Wittgenstein était arrivé le 4 à Wehlau : il avait trouvé dans cette ville l'ordre de Tschitschagow lui annonçant qu'il passait sous son commandement, et lui prescrivant de marcher sur Kœnigsberg. Jugeant que ses lieutenants remplissaient suffisamment ces nouvelles instructions, il se contenta de renforcer le corps de Schepelew (2), et quant à lui, soit crainte de s'engager plus avant sur le territoire prussien sans renforts suffisants, soit froissement d'amour-propre pour avoir été placé en sous-ordre, il se mit lente-

---

(1) OSTEN-SACKEN, I, 134. — A Kœnigsberg, les Russes trouvèrent 8,000 malades et blessés et 1,300 trainards; ils laissèrent dans cette ville Siewers avec 3,000 hommes, et envoyèrent un léger détachement à Pillau. Schepelew continua donc la poursuite avec environ 4,000 hommes.

(2) De douze cents cavaliers.

ment en marche vers Heilsberg, où il arriva le 9 (1).

Malgré la lenteur de la marche de Wittgenstein, la poursuite de Schepelew se faisait pressante, et les troupes françaises avaient de plus en plus de peine à lui échapper : « La 7° division, écrit Macdonald le 6, est exténuée de fatigue et dans un état pitoyable. En arrivant à Dantzick, elle aura marché un mois sans interruption, et se sera fondue de moitié. Les chevaux d'artillerie et le matériel lui-même ne peuvent aller sans repos et sans réparations ; depuis trois mois, ils sont constamment au bivouac. » D'ailleurs, cette fameuse 7° division, la division Grandjean, commence à subir la démoralisation de la grande armée. « La 34° division (division Marchand), qui me précède, pille partout; la division Heudelet suit cet exemple, et la 7° division, que j'avais bien disciplinée, est déjà infestée du mauvais air qu'elle a respiré après avoir repassé le Niémen (2). »

Sur ces entrefaites, le roi de Naples était arrivé à Elbing. Là, il put se ressaisir et eut à ce moment le remords d'avoir ainsi abandonné toute la Prusse sans combat; il se rappela les fameuses positions de la Passarge sur lesquelles l'armée française s'était illustrée en 1807 : il voulut les défendre (3). En conséquence,

---

(1) Osten-Sacken, I, 134 et suiv.
(2) Macdonald au major général, Hoppenbruch, 6 janvier, cinq heures du matin. (Arch. nationales, A. F., IV, 1652.)
(3) Plotho, I, 21.

le 5 janvier, il écrivit au major général : « Faites dire au maréchal duc de Tarente de prendre une bonne position sur Braunsberg, et faites-lui connaître que je suis décidé à ne plus évacuer de terrain sans combattre ; qu'à cet effet, je vais réunir aux divisions Grandjean et Heudelet la division Marchand, et que la garde impériale, cavalerie et infanterie, a l'ordre de se tenir prête à marcher sur le premier avis qu'il me donnera de la marche de l'ennemi. Ainsi je pourrai opposer à l'ennemi 6,000 hommes de la division Grandjean, 8,000 hommes de la division Heudelet, 3,000 hommes de la division Marchand, environ 2,000 hommes de la garde, 1,400 chevaux et 50 à 55 pièces ; ce qui ferait un effectif de 20,000 hommes. Joignez à cela 1,100 hommes qui partent demain de Marienburg pour venir joindre la division Marchand (1). »

(1) Le roi de Naples au major général, Elbing, 5 janvier. (Arch. Guerre.) — Il est très difficile d'avoir pour cette période des données exactes sur les effectifs ; les états de situation, quand ils existent, se contredisent la plupart du temps les uns les autres. Un état des Archives nationales donne pour cette époque, et pour les troupes réunies sur la ligne de Preuss-Holland à Braunsberg, la situation suivante : — Divisions d'infanterie : Grandjean, environ 6,000 hommes ; Heudelet, environ 8,000 hommes ; Marchand, environ 3,000 hommes ; garde impériale ou napolitaine, 2,000 hommes, marins de la garde napolitaine, 180 hommes ; compagnie d'artillerie de ligne, 80 hommes ; 12 compagnies d'élite de la division napolitaine Detrees, environ 1,500 hommes ; 2 bat. des 127e et 128e Ru d'infanterie, 1,200 hommes ; soit 21,060 hommes ; — Cavalerie : brigade provisoire de dragons, 1,000 hommes ; régiment de marche, 700 hommes ; garde impériale, 300 hommes ; 9e Rt de lanciers polonais, 150 hommes ; soit 1,950 hommes. — Total général : 23,910 hommes et 50 pièces de canon. (Arch. nationales, A. F., IV, 1651.)

Macdonald arriva le 6 à Braunsberg, avec ses troupes, sur la position indiquée : « Dans une autre saison, et dans d'autres circonstances, j'aurais trouvé la position très bonne à défendre; mais les mouvements de l'ennemi sur ma droite, son audace dans la poursuite, tous les motifs que j'ai détaillés à Son Altesse et au roi, et le manque de vivres, sont autant de raisons qui nous forceront à l'abandonner. Néanmoins, je tiendrai, puisque le roi me l'ordonne (1) ».

Aussi se porte-t-il sur la rive gauche de la Passarge et fait-il briser tous les ponts, attendant l'ennemi. Le 8, dix régiments de cosaques du corps de Platow, sous le commandement de Tschernitschew, essayent de jeter le trouble dans son arrière-garde, mais sont repoussés. Malgré ce succès, Macdonald ne croit pas pouvoir rester plus longtemps sur cette position. La Passarge étant partout guéable, « les généraux Diebitsch et Kutusow filent par la gauche et l'on assure que le général Wittgenstein a pris cette direction,... on ne peut rien se procurer. Cette circonstance jointe aux mouvements de l'ennemi me détermine à me retirer de Braunsberg sur Frauenberg, » pour gagner de là Truntz et Elbing (2).

(1) Lettre de Macdonald au major général, Braunsberg, 6 janvier. (Arch. Guerre.)
(2) Macdonald au major général, Braunsberg, 8 janvier. — *Id.*, sept heures du soir. (Arch. nationales, A. F., IV, 1652.) — *Id.* (Arch. Guerre, correspondance générale.)
Dans ses *Souvenirs*, Macdonald écrit : « A la nuit tombante, je continuai mon mouvement sur Elbing. Le roi de Naples m'envoya l'ordre, non seulement de m'arrêter, mais de me porter sur Kœnigsberg. Je lui

Sur ces entrefaites, il recevait l'avis que la division Marchand passait sous ses ordres (1). C'étaient quelques nouvelles troupes, mais en bien mauvais état. D'après une note de Marchand, la moitié des hommes avait quitté les rangs depuis le départ de Kœnigsberg : « Les chefs annoncent qu'ils ne peuvent nullement répondre de pouvoir retenir leurs soldats s'ils entendent le canon. » D'ailleurs, d'après l'état de situation, cette division ne compte plus que 1,110 officiers ou soldats (2). Elle doit recevoir incessamment

envoyai représenter les obstacles qui s'y opposaient, en le prévenant que l'ennemi s'était avancé déjà par une autre direction sur Preussich-Eylau, et que lui-même serait incessamment enveloppé, ou verrait ses communications coupées. Il me réitera ses ordres en ajoutant que j'étais mal informé, qu'il avait cent espions en campagne, et que l'ennemi ne pouvait faire un pas sans en être averti. Jugeant mieux que lui, je ne tins aucun compte de l'ordre, et continuai mon mouvement rétrograde, ce qui mit le roi en fureur, mais il changea promptement de ton et d'avis. La marche de l'ennemi sur sa droite et ses derrières étant confirmée, il applaudit à ma prévoyance et m'appela en toute hâte à Elbing pour conférer avec lui. » Il n'existe dans les archives aucune pièce sur cet incident, et ni la garde, ni la division Marchand qui devaient appuyer ce mouvement n'ont fait ces jours-là de mouvement en avant. Il s'agit vraisemblablement d'un de ces projets aussitôt abandonnés que formés, et tels que ceux que le roi de Naples ébauchait plusieurs fois par jour.

(1) Major général au maréchal Macdonald, Elbing, 7 janvier. (Arch. Guerre.)

(2) Le général Marchand au duc d'Elchingen, Frauenberg, 7 janvier. (Arch. Guerre.)

Situation de corps au 7 janvier.

Artillerie : canons de 6, 2 ; caissons de 6, 2 ; obusiers de 24, 2 ; caissons, 2 ; forge, 1.

Artillerie régimentaire : canons de 4, 2 ; caissons de 4, 3 ; caissons d'infanterie, 2.

Infanterie : officiers, 109 ; troupes, 1,001. — Total, 1,110. (Arch. Guerre.)

« deux bataillons qui doubleront sa force... Il serait bien à désirer que ces nouveaux bataillons, qui sont novices, allassent puiser une peu d'énergie à une meilleure source (1) ». Le maréchal reçoit en outre, comme renforts, les deux bataillons des 128° et 129° régiments d'infanterie, qui sont à Mülhausen, et qui, en cas d'attaque, doivent se porter sur Elbing (2).

Le 9, le maréchal s'arrête de nouveau, cherchant une position pour livrer bataille, conformément aux intentions du roi de Naples. Dans une lettre datée de Braunsberg, le 8, il avait écrit : « Les mauvaises positions pour un seul corps de Braunsberg et de Frauenberg me déterminent à me retirer provisoirement dans celles de Baumgarten et de Truntz (3). » Ces dernières sont celles qui paraissent « les plus convenables pour combattre » (4). Aussi la division Grandjean est-elle portée à Schönberg et à Mülhausen, et la division Heudelet à Baumgarten et à Truntz. Mais toutes ces positions ne sont que provisoires, car « elles embrassent un trop grand front (5) », et « mieux vaut réunir

(1) Le général Marchand au duc de Tarente, Frauenberg, 8 janvier. (Arch. Guerre.)
(2) Le roi de Naples au major général, Elbing, 8 janvier. (Arch. Guerre.)
(3) Macdonald au major général, Braunsberg, 8 janvier, soir. (Arch. Guerre. — Arch. nationales, A. F., IV, 1652.)
(4) Macdonald au général major, Braunsberg, 8 janvier, matin. (Arch. nationales, A. F., IV, 1652.)
(5) Macdonald au major général, Truntz, 10 janvier. (Arch. nationales, A. F., IV, 1652.)

toutes ses forces sur les hauteurs d'Elbing (1) ».
De plus, les troupes sont « sans vivres, ni fourrage,
ni avoine, et sans moyens d'en envoyer chercher »;
les chevaux sont exténués de fatigue et de faim.
Dans la division Heudelet, on pourra à peine remuer
quatre ou six pièces; cette « division, composée d'enfants, est sans force pour soutenir de semblables
fatigues, et, à l'exemple de la division Marchand,
commet déjà beaucoup de désordres. Tout le monde
est fatigué; le relâchement de la discipline, qu'on ne
peut bien rétablir qu'en des lieux de repos, et les privations de toute espèce dégoûtent officiers et généraux ». Cependant, écrit le maréchal au major général, « je prie Votre Altesse de demander à Sa Majesté
des ordres précis pour les positions qu'elle se propose
de tenir; autrement je réunirai demain toutes mes
forces sur les hauteurs d'Elbing pour y livrer bataille
s'il le faut. On ne le peut ici, où l'on manque de tout,
et où j'avais espoir que, plus rapproché, j'aurais plus
de facilité pour puiser des ressources. Mais il est
démontré qu'il n'y a pas plus de moyens de transport à Elbing qu'ici... Rapprochés de cette ville, nous
aurons au moins la main dans les magasins. Je prie
Votre Altesse d'assurer le roi que personne n'a peur ici
des cosaques, ni de quelque force que ce soit, ainsi
que Sa Majesté le fait entendre. C'est l'expérience et

(1) Macdonald au major général, 8 janvier, soir. (Arch. nationales,
A. F., IV, 1652.)

la prudence qui ont tracé jusqu'ici ma conduite (1). »

Ce même jour, le maréchal fut attaqué: Tschernitschew délogea son arrière-garde de Hette, et Bachelu soutint un combat à Herrendorf contre les avant-gardes russes (2).

L'ennemi se resserre de plus en plus autour de lui. Schepelew est à Frauenberg, Platow à Mülhausen, Wittgenstein à Heilsberg, à deux marches en arrière ; Tschitschagow à deux marches plus loin encore, à Gerdauen ; Tschernitschew à Braunsberg, prêt à se porter sur Marienwerder. Aussi le maréchal juge-t-il l'heure critique : « Le moment est arrivé de livrer bataille, écrit-il, si telle est l'intention du roi; mais il faut réunir toutes nos forces et les réserves que Sa Majesté tient prêtes. Dans ce but, la division Grandjean viendra prendre position demain à la hauteur de Grünan-Gardam, Dambitzen et le chemin de Stagnitten... Le général Heudelet viendra prendre position sur les hauteurs en avant de Hartshof (3). »

Oui, le moment est venu de livrer bataille : telle

---

(1) Lettre de Macdonald au major général, Truntz, 10 janvier. (Arch. nationales, A. F., IV, 1652.) — La fin de cette lettre semble une réponse à une lettre antérieure du roi de Naples reprochant au maréchal de battre continuellement en retraite sans combattre. Nous n'avons pas retrouvé cette lettre.

(2) Lettre de Macdonald, Truntz, 10 janvier (Arch. nationales, A. F., IV). — Dans cette lettre, Macdonald prétend que c'était l'avant-garde de Steinheil. Il doit y avoir erreur, car Steinheil était en arrière avec Wittgenstein. C'est Schepelew qu'il doit falloir lire.

(3) Macdonald au major général, Truntz, 10 janvier. (Arch. nationales, A. F., IV, 1652.)

est aussi l'opinion du roi de Naples, et c'est à Elbing qu'elle se livrera. Le maréchal y amènera ses troupes. « Il faut bien céder aux demandes réitérées de M. le duc de Tarente, et je pense qu'il vaut mieux lui donner l'ordre de venir demain à Elbing que de l'y voir arriver sans ordre », écrit-il le 10 au major général avec amertume, en rejetant sur le maréchal toute la responsabilité de cette retraite, qui s'est faite sans l'ombre d'une résistance et par conséquent sans gloire et sans honneur; le maréchal établira à Elbing son quartier général, il fera couvrir la ville sur les routes de Talkemut, Frauenberg, Mülhausen et Preuss-Holland. Les deux bataillons des 128° et 129° d'infanterie seront à huit heures du matin sur la route de Marienburg, à son embranchement avec celle de Christburg. Le général Dombrosio (1) avec ses douze compagnies occupera le même point. Le général Marchand, dont les troupes sont trop démoralisées pour combattre, se rendra à Dantzick en passant par l'île de Nogat; la garde sera prête à marcher au premier signal; les troupes auront avec elles pour deux jours de vivres (2).

Est-ce la bataille? le roi de Naples va-t-il enfin prendre une attitude énergique et ralentir la pour-

---

(1) Le général Dombrosio commandait douze compagnies d'élite napolitaines venues de Dantzick et faisant partie de la division Detrees.
(2) Le roi de Naples au major général, Elbing, 10 janvier. (Arch. Guerre.)

suite? va-t-il essayer de se donner de l'air? On le
croirait : mais quelques heures après avoir expédié
ces ordres, il apprend qu'une nuée de cosaques
débouche par les routes de Mülhausen, de Preuss-
Holland et de Christburg, que les postes de la division Grandjean sont attaqués, que les corps de Wittgenstein et de Tschitschagow arrivent, que celui de
Platow a pris contact avec ses troupes, que l'empereur
Alexandre est à Vilna; ses hésitations le reprennent
et il appelle en toute hâte Macdonald auprès de lui.
Ce dernier juge impossible de défendre Elbing avec
ses seules forces, parce qu'il considère qu'il est
déjà tourné, et que le lendemain même, pour sortir
de cette ville, il sera peut-être trop tard : aussi con-
seille-t-il de battre en retraite (1). De plus en plus dé-
couragé et démoralisé, Murat lui donne le contre-ordre
suivant : « Les circonstances, les forces, les mouvements de l'ennemi ne permettant pas de prendre et
de tenir position en avant d'Elbing, et les troupes sous
vos ordres étant destinées à former la garnison de
Dantzick, vous êtes maître de vous en approcher
quand vous le jugerez nécessaire. Arrivé à Dantzick,
M. le comte Rapp, gouverneur, en prendra le commandement, et vous vous rendrez de votre personne
au quartier général de l'armée (2). »

(1) MACDONALD, *Souvenirs*, 192.
(2) Ordre du roi de Naples au maréchal Macdonald, Elbing, 11 janvier. (Arch. nationales, A. F., IV, 1651.)

Murat, en informant l'empereur de cette décision, en rendait Macdonald responsable. Ce maréchal, prétendait-il, n'avait cessé de « présenter des difficultés. Le mauvais esprit de ses lettres n'aura pas sans doute échappé à Sa Majesté. L'ennemi ne le poursuivait que très faiblement depuis Frauenberg (1). »

Sans doute, à ce moment, le maréchal était timide ; mais il n'avait en vue que le salut de ses divisions, espérant qu'on suivrait le plan préconisé par lui, et pensant que les troupes qu'il ramenait de Courlande, malgré leur état pitoyable, pourraient, solidement encadrées, faire encore bonne figure au feu. Aussi fut-il très surpris lorsqu'à Elbing, demandant au roi de Naples « s'il n'avait pas exécuté au moins en partie le projet qu'il lui avait envoyé sur sa demande : — Non, dit-il, je l'ai transmis à l'empereur dont je recevrai les ordres sous trois jours au plus tard. — Comment, dis-je, vous l'avez transmis ! Je vous l'avais envoyé de confiance. L'empereur, qui vraisemblablement ignore tout ce qui s'est passé, et se passe encore, sera furieux avec raison, si ce plan n'est pas développé. — Je me suis borné à lui demander ses ordres là-dessus, me répondit-il froidement. — Et où serons-nous dans trois jours? — Il aurait fallu que l'empereur fût sur les lieux (2) » .

(1) Le roi de Naples à l'empereur, Marienberg, 11 janvier. (Arch. nationales, A. F., IV, 1651.)
(2) MACDONALD, *Souvenirs*, 192.

Oui, il aurait fallu l'empereur; car, depuis qu'il avait quitté l'armée, qu'avait-on fait? Et, si les maréchaux avaient commis des fautes, le commandant en chef en avait, lui aussi, de plus graves encore à se reprocher. Le roi de Naples avait pris le commandement le 5 décembre 1812 : à cette époque, la grande armée n'était plus formée que de débris; elle n'était plus que l'ombre d'elle-même. « A Insterburg, hier, le 23, écrit Bülow, il a passé à peu près 1,500 hommes armés et utilisables et 300 chevaux. Tout le reste a traversé la ville comme un troupeau sans ordre; la plupart des hommes sont indisponibles et sans armes, il n'y a qu'un homme sur deux cents qui ait un fusil. Il faut avoir vu l'état de cette armée pour y croire (1). » Vers le 10 décembre, en effet, il ne restait en état de porter les armes que 3,000 hommes de la division Loison sous le commandement du général Marchand, et quelques débris de la garde : 500 hommes de la vieille garde, 200 de la jeune. Tout le reste avait été dispersé ou détruit, et le commandement ne pouvait faire autre chose qu'indiquer à tous les anciens corps des places de rassemblement pour y réunir leurs isolés et réorganiser leurs troupes. Kœnigsberg avait été désigné pour la garde et la division Marchand, Marienburg pour les II⁰ et III⁰ corps, Marienwerder pour les IV⁰ et IX⁰, Thorn pour les I⁰ʳ et

---

(1) Acten des Kriegs-Archivs des K. P. Grossen Generalstabes, cité par HOLLEBEN, I, 41.

VIII®, Plock pour le VI®, Varsovie pour le V®, Stettin pour les blessés (1).

Mais, en arrière de ces troupes, s'en trouvaient d'autres qui n'avaient pas fait la campagne. A Kœnigsberg, il est vrai, Murat avait été rejoint par deux brigades de la division Heudelet et les dragons de Cavaignac. Mais à Varsovie se trouvaient un régiment de la légion de la Vistule, les vélites et les gardes d'honneur de Turin et de Florence, soit 3,300 hommes et 8 pièces de canon; à Plock, 6,500 hommes de troupes bavaroises et 20 pièces d'artillerie; dans les environs de Thorn, trois bataillons de marche français, trois westphaliens et un escadron de hussards badois, soit 3,650 hommes. Dantzick était occupé par la 3° brigade de la division Heudelet et la division napolitaine Detrees, soit 8,000 hommes. Or, de toutes ces ressources, le roi de Naples n'avait pas su profiter. En dehors des compagnies d'élite de la division napolitaine, et des deux bataillons des 128° et 129° d'infanterie, il n'avait rien fait venir pour renforcer les troupes qui tenaient la campagne. Comment voulait-il et pouvait-il espérer opposer une résistance quelconque, alors que non seulement il n'avait pas de troupes avec lui, mais encore que tous les états-majors étaient découragés et malades? Le major général lui-même avait remis son service au

(1) États de situation. (Arch. Guerre.)

général Monthion, et les courriers n'arrivaient pas : « Je n'ai rien reçu du major général, ni lettre, ni avis ; c'est ainsi que nous sommes depuis le départ de l'empereur, » écrit Davout (1).

La retraite était donc nécessaire ; mais, dans ces conditions, pourquoi Murat accusait-il ses lieutenants de mauvais vouloir ? S'il ne pouvait défendre la ligne de la Vistule, c'était à lui seul, qui n'avait pas su réunir des forces suffisantes pour pouvoir lutter, qu'il devait s'en prendre.

Aussi les Russes, ne trouvant pas de résistance, continuaient-ils leur marche en avant. Platow et Schepelew étaient le 12 à Marienburg serrant de près les troupes du X° corps ; mais, le lendemain, à Dirschau, une embuscade heureuse du 10° polonais leur donna un peu d'air (2). Ce jour-là elles passèrent sous le commandement du général Rapp et entrèrent à Dantzick le 16, après s'être encore battues le 13, le 14 et le 15, tandis que les restes de la grande armée se dirigeaient sur Posen (3).

Pendant ce temps, les troupes prussiennes qui se trouvaient dans la province de Prusse opéraient, elles aussi, leur retraite. Elles s'élevaient en décembre

(1) Davout au duc de Frioul, Thorn, 12 janvier. (Arch. nationales, A. F., IV, 1652.)
(2) Lettre de Grandjean du 13. (Arch. Guerre.)
(3) Les corps de la grande armée, qui avaient été dirigés sur les places de la Vistule pour se réorganiser, furent envoyés dans celles de l'Oder : le I° corps à Stettin, les II° et III° à Custrin, le IV° à Glogau. — Le maréchal Macdonald partit le même jour pour Paris.

à 8,050 hommes, dont 4,200 formaient la garnison de Graudenz (1), et étaient placées sous les ordres du général von Bülow, chargé par intérim des fonctions de gouverneur de la province. Le 24 décembre, Bülow avait reçu un ordre du roi lui prescrivant de protéger la forteresse de Graudenz, et de former sur la Vistule un corps de réserve. Aussi, à l'approche des Russes, le général prussien avait-il fait filer sur Graudenz son matériel de guerre, et le 2, abandonnait-il Kœnigsberg avec toutes ses troupes et les recrues qui avaient déjà rejoint, soit avec 5,000 hommes et 12 canons.

Il avait d'abord dirigé son corps sur Marienwerder, de manière à pouvoir utiliser les ressources que lui procurait Graudenz pour former de nouvelles unités; mais, ayant appris que le IVe corps de la grande armée se dirigeait sur cette place pour s'y réorganiser, il se décida à battre en retraite encore plus loin vers Neu-Stettin. Il passa le 11 la Vistule à Marienwerder, Neuenburg et Graudenz, et par Oschie, Tuschel, Konitz et Schlochau, se dirigea vers Neu-Stettin, où

---

(1) Dans la Prusse : 4 dépôts (1er, 2e, 3e, 4e R[ts] d'infanterie de la Prusse orientale); 3 compagnies de garnison de la brigade de la Prusse orientale; 4 dépôts de cavalerie (dragons de Lithuanie; 2e dragons de la Prusse orientale; 1er et 2e hussards de corps); 7 compagnies d'artillerie à pied; 1 compagnie d'ouvriers de la brigade de la Prusse orientale; soit 3,850 hommes.

A Graudenz : 5 bat. d'infanterie (I/1er R[t]; II/2e R[t]; II et F/3e R[t]; II/4e R[t] de la Prusse orientale); 5 compagnies de garnison, 1 dépôt d'artillerie à cheval, 1 compagnie de génie; soit 4,200 hommes.

il arriva le 17. Pendant cette marche, il rencontra les cosaques de Tschernitschew à Oschie. Ceux-ci prétendirent lui imposer une convention comme celle de Tauroggen; Bülow fit savoir à Tschernitschew qu'il répondrait par la force à toute proposition de ce genre. Les cosaques le laissèrent passer (1). A Konitz, à Tuschel, à Hammerstein, ses troupes rencontrèrent des colonnes françaises, et chaque fois des difficultés surgirent entre les Français et les Prussiens.

Pendant cette marche, le 8 et le 9, Bülow reçut deux ordres du major général lui prescrivant d'envoyer sa cavalerie vers Wittenberg et Allenstein, et de se tenir en communication avec les troupes françaises : « Ayant reçu l'ordre de S. M. le roi, mon souverain, de me retirer autant que je le croirai nécessaire pour organiser ma réserve, répondit Bülow le 10, j'ai résolu de me rendre à Neu-Stettin, d'où je pourrai tirer les effets dont mes troupes ont besoin (2). »

En battant ainsi en retraite excentriquement, Bülow s'éloignait des Français, il échappait au commandement du quartier général, et empêchait ses troupes d'être utilisées à la défense du territoire prussien, que les restes de la grande armée allaient entreprendre.

(1) Seydlitz, II, 281.
(2) Bülow au major général, Marienwerder, 10 janvier. (Arch. nationales, A. F., IV, 1652.)

Lui aussi faisait donc défection à la cause française, et s'il ne rompait pas ouvertement et brutalement comme York, il préparait lentement cette rupture. Il devenait dès lors évident que les Français ne devaient plus pouvoir désormais compter sur la coopération des Prussiens.

C'est ainsi que les troupes du maréchal Macdonald terminèrent leur retraite et arrivèrent à Dantzick, après avoir échappé aux Russes. Deux fois, elles avaient failli être cernées, à Schillupischken et à Marienburg; et deux fois de fausses manœuvres ennemies les avaient dégagées. A Schillupischken elles avaient dû leur salut à l'inaction de Schepelew; à Marienburg, à la lenteur de la marche de Wittgenstein. Plus encore que celle de Schepelew la faute de Wittgenstein avait été grosse de conséquences; car si à Schillupischken il s'agissait seulement des restes de la 7ᵉ division, à Marienburg, c'étaient, outre la 7ᵉ division, la division Heudelet, la brigade Cavaignac qui tombaient entre les mains des Russes, et si Schepelew avait l'excuse d'attendre des ordres précis et de ne commander qu'une avant-garde d'un corps principal séparée de lui par cinq lieues, Wittgenstein ne pouvait trouver aucune raison plausible pour atténuer sa responsabilité : il commandait un corps d'armée rattaché, il est vrai, mais depuis peu, à une armée principale qui suivait à marches forcées, puisque Tschitschagow arrivait à Marienburg le 15, ayant franchi en six jours la distance qui sépare Gerdauen de Marienburg.

Macdonald, en effet, n'avait quitté Elbing pour se porter sur Marienburg que le 11; or Wittgenstein était le 4 janvier à Wehlau, à 20 milles en ligne directe de Marienburg; en sept jours, n'aurait-il pas pu franchir cette distance, et, filant sur la gauche française, venir couper la retraite de Macdonald et même tomber sur les débris du roi de Naples? A-t-il été froissé d'avoir été mis sous les ordres de Tschitschagow? A-t-il cru que Murat voulait réellement défendre la basse Vistule, puisque depuis Kœnigsberg la retraite se faisait plus lente? A-t-il eu des inquiétudes sur ses derrières? L'accueil que faisaient les provinces prussiennes à ses troupes, le peu d'empressement à se porter en avant qu'il voyait chez le général York, lui ont-ils inspiré des doutes sur les sentiments des Prussiens? Les dispositions prises par le grand état-major, en le faisant suivre à quelques marches de distance par Tschitschagow, dans la crainte d'un retour offensif de Murat ou d'une attaque de flanc de Schwartzenberg, l'ont-elles décidé à n'avancer qu'avec précaution? Ou bien, à la suite des « résultats considérables obtenus dans la dernière campagne, l'énergie », comme le prétend Clausewitz, commençait-elle à baisser « parce que l'on se disait qu'elle n'était plus nécessaire et qu'on ferait mieux d'épargner ses propres troupes »? Toutes ces raisons ont dû influer sur la lenteur des mouvements russes ; mais cette lenteur a sauvé la 7ᵉ division et les recrues de la division Heudelet; elle a conservé à l'empereur et à la France de bonnes troupes; elle a prolongé la campagne, et a permis d'attendre l'entrée en ligne de la grande armée de 1813.

CHAPITRE III

LES RÉPONSES DE LA FRANCE ET DE L'AUTRICHE

I. Nouvelles de la défection d'York. — Situation de la Prusse. — Excuses présentées à Napoléon. — Mission secrète de l'aide de camp von Natzmer auprès du tsar. — Départ de Narbonne. — Mission de Bubna à Paris. — Entrevue de l'empereur et de Bubna. — Lettres de Napoléon à l'empereur d'Autriche et de Bassano à Metternich. — Mission de Krusemark. — Son audience. — Mission de Hatzfeld. — Son audience. — Krusemark, Hatzfeld, Saint-Marsan jugent mal la situation.

II. Opinions de l'Autriche sur les affaires de France. — Entrevue de Knesebeck et de Metternich. — Metternich désavoue les dépêches de Knesebeck. — Knesebeck juge la situation. — Son audience chez l'empereur. — Refus de l'Autriche de signer un traité. — Latitude laissée à la Prusse.

I

Le 4 janvier, à trois heures du soir (1), quelques heures seulement après l'arrivée à Berlin du comte

(1) Lettre de Narbonne à l'empereur, Berlin, 4 janvier : « Votre Majesté recevra par l'estafette qui passe dans l'instant ici, aujourd'hui 4 janvier, à quatre heures, la nouvelle apportée il y a une heure à M. de Saint-Marsan. » (Arch. nationales, A. F., IV, 1690.) — Lettre de Saint-Marsan à Bassano : « Le tout m'est parvenu au moment où je dinais chez M. le duc de Castiglione. » (Arch. des Aff. étrangères, Prusse, 252.) — *Journal d'Hardenberg* : 4 janvier, « dîner chez Augereau. Au dessert, nouvelle de la capitulation en présence de Saint-Marsan, de Narbonne. Été chez le roi. Chez Sa Majesté, Knesebeck envoyé à Vienne. »

Henckel, Narbonne, Saint-Marsan, Hardenberg, Hatzfeld se trouvaient réunis chez le maréchal Augereau, quand un courrier apporta une dépêche du major général annonçant la capitulation du général York. Cette nouvelle produisit une vive émotion; « le chancelier en parut atterré. » Il alla prévenir immédiatement le roi, qui venait de rentrer en ville. Frédéric-Guillaume, non moins ému qu'Hardenberg en apprenant cet événement qui risquait fort de faire échouer ses plans, laissa échapper le mot fameux : — « Il y a de quoi prendre une attaque d'apoplexie. Que faut-il faire ? » — Étrange, cet aveu d'un roi qui se sent acculé à prendre un parti, alors que, depuis un mois, il y songe avec son chancelier! — Ce qu'il fallait faire? Il fallait maintenant prendre une décision : il fallait ou désavouer York et présenter des excuses à Napoléon, ou adopter résolument le nouveau système qui paraissait imposé par la défection. Mais, ce nouveau système semblait si périlleux que l'on devait, tandis qu'il en était encore temps, bien peser le pour et le contre, et envisager le problème sous toutes ses faces.

D'un côté, la Prusse, à cette date du 4 janvier, était complètement occupée par les troupes françaises. Sans doute la grande armée était en pleine décomposition; mais Murat semblait vouloir défendre la ligne de la Vistule : il y avait réuni 22,000 hommes et 33 bouches à feu; les Autrichiens, les Polonais, Reynier, Durutte comptaient encore à l'extrême droite 43,000 hommes et 127 canons; les places de l'Oder renfermaient 10,000 hommes, débris des anciens corps de la grande armée ; Pillau, Dantzick, Thorn, Zamosc étaient occupés par des garnisons françaises; Stettin, Magdeburg, Spandau, Berlin, Custrin, Glogau renfermaient des troupes du XI° corps; le maréchal Augereau, l'homme de Fructidor, commandait à Berlin, où arrivaient les 19,300 hommes et 30 pièces à feu de la division Grenier. Toutes ces troupes étaient loin les unes des autres, mais formaient encore un ensemble d'environ 158,000 hommes. Or, la Prusse ne pouvait dans ces conditions songer à lutter; elle ne pouvait opposer à ces 158,000 hommes que 38,000 hommes surtout formés de dépôts et disséminés dans toutes ses provinces : la Prusse, la Poméranie, le Brandebourg, la Silésie. Seuls, les soldats du général Bülow étaient en état d'entrer immédiatement en campagne. Au point de vue militaire, la partie semblait donc par trop inégale. De plus, il était difficile, étant donné l'état des finances et des magasins, de compléter les effectifs de ces troupes en armant rapidement et en mettant promptement de nouveaux régiments sur le pied de guerre.

D'un autre côté, on était peu fixé à Berlin sur les vraies intentions des Russes, et Frédéric-Guillaume pouvait se demander quelles étaient les vues du tsar. Sans doute, Paulucci avait écrit à York que les Russes ne poseraient pas les armes avant d'avoir pu donner à la Prusse un agrandissement territorial suffisant pour lui permettre de reprendre en Europe la place qu'elle avait occupée avant la guerre de 1806 (1) ; et Romanzof avait fait savoir à Schöler que Sa Majesté impériale russe ne serait satisfaite que « quand la Prusse aurait repris toute sa splendeur et sa puissance (2) ». Mais comme Schöler le faisait remarquer : qu'est-ce la Russie entendait par ces mots de « rétablissement de la Prusse (3) » ? A cette question, elle ne répondait rien de précis. Par contre, certaines lettres, par leur ton menaçant, détruisaient toutes les espérances. Un jour, Boyen écrivait que, si l'alliance avec la Russie ne se faisait pas rapidement, le roi de Prusse se verrait enlever la Prusse orientale (4) ; un autre jour, Schöler faisait savoir que, si le tsar n'arrivait pas à conclure une alliance avec la Prusse et l'Autriche, il essaierait de s'entendre avec les Polonais, les Suédois, les Danois, voire même les Français (5). Et ce qui semblait devoir donner de la vraisemblance à ces dires, c'était l'invasion de la Prusse. Le 27 décembre, Paulucci ne s'était-il pas emparé de Memel ? ne l'avait-il pas occupé au

---

(1) Lettre d'Alexandre à Paulucci, 6 décembre, citée en fragment par ONCKEN, I.
(2) Lettre de Romanzof à Schöler, 20 janvier, 216, citée en fragment par ONCKEN, I.
(3) Lettre de Schöler à Valentini, 27 janvier, 217, citée en fragment par ONCKEN, I.
(4) ONCKEN, I, 123, citée en fragments.
(5) Lettre de Schöler, citée en fragments. — OSTEN-SACKEN, I.

nom de la Russie? n'avait-il pas délié les fonctionnaires prussiens de leur serment de fidélité à leur roi légitime? n'avait-il pas écrit qu'il fallait habituer lentement Memel à la domination russe? « La politique exige que l'on profite de tous les avantages que l'on peut avoir, afin de parvenir à établir les frontières telles qu'il convient sous les rapports militaires et commerciaux à la sûreté et au bonheur de l'empire. La Vistule est certainement la frontière à laquelle s'étendent mes vœux... C'est d'après ce principe que j'ai cru devoir... préparer insensiblement Memel à faire partie de notre frontière, sans cependant effaroucher la cour de Prusse (1). » Après cet aveu, il est évident que les généraux russes pensent à demander la ligne de la Vistule comme frontière ; aussi la confiance que la Prusse pouvait avoir dans la Russie ne devait-elle être que médiocre.

Dans ces conditions, et jusqu'à plus ample informé, le gouvernement prussien crut qu'il devait conserver la ligne de conduite qu'il avait suivie jusqu'à ce jour, et considérer l'acte d'York comme l'acte d'insubordination d'un soldat : des excuses seront donc faites à Napoléon, excuses qui d'ailleurs ne sauraient engager l'avenir. D'après les conseils de Narbonne et de Saint-Marsan, le roi décida, le 4 au soir, de faire partir pour Paris le prince von Hatzfeld comme envoyé extraor-

(1) ONCKEN, II, 178. Le mot Vistule est souligné dans l'original (texte français).

dinaire, avec mission de porter à « S. M. l'empereur l'expression des sentiments du roi, et prouver à l'Europe entière ces mêmes sentiments par cette mission éclatante (1) ». Il lui donnera des explications, sur « cet événement inattendu et fâcheux au plus haut point ».

En outre, l'aide de camp major von Natzmer devait porter à Murat une lettre autographe du roi, dans laquelle Frédéric-Guillaume annonçait que, loin de ratifier la convention, il destituait le général York, donnait le commandement au général Kleist et le mettait sous les ordres du roi de Naples, « puisque ces troupes appartiennent, d'après le traité d'alliance, à S. M. l'empereur, et maintenant à Votre Majesté comme son lieutenant (2). » Du quartier général de la grande armée, Natzmer devait se rendre au quartier général des troupes prussiennes et y faire exécuter les ordres du roi : donner le commandement à Kleist, arrêter le général York, et même, s'il était possible, le conduire à Berlin pour le traduire devant un conseil de guerre. La destitution d'York devait être rendue publique par les journaux et mise à l'ordre du jour de l'armée.

Dans sa hâte de donner à l'empereur des témoignages officiels et publics de sa fidélité, le roi ne

---

(1) Lettre de Saint-Marsan à Bassano, 5 janvier. (Arch. des Aff. étrangères, Prusse, 252.) — La même dans FAIN, I, 207.

(2) Lettre du roi de Prusse au roi de Naples, Berlin, 5 janvier. (Arch. des Aff. étrangères, Prusse, 252.) — La même dans FAIN, I, 208.

voulait même pas attendre d'avoir reçu les explications du général York, ni le texte de la capitulation (1). Natzmer devait donc partir le jour même, le 5, à midi (2). Aussi Saint-Marsan écrivait-il aussitôt : « La conduite du roi et celle de son ministre me paraissent au-dessus de tout soupçon (3). »

Telle était la mission officielle de Natzmer, la seule que les Français dussent connaître ; mais, à côté de cette mission officielle, Natzmer en avait reçu une autre : il devait poursuivre sa marche, se rendre secrètement auprès de l'empereur Alexandre et le sonder sur la possibilité d'une alliance. Il avait même reçu des instructions générales sur les conditions de cette alliance.

(1) Les lettres de Saint-Marsan et de Narbonne, datées du 5, disent que rien n'était encore arrivé du général York. Cependant le major v. Thile était arrivé le 5 à la pointe du jour ; il rencontra, dans l'antichambre du roi, Natzmer. DROYSEN prétend que « le roi ne parut pas mécontent qu'York eût évité à ses troupes des sacrifices inutiles. » (I, 397.) Cette assertion n'est pas confirmée autrement.

(2) Natzmer a laissé de sa mission un récit dans lequel il est assez difficile de savoir s'il a reçu réellement l'ordre de porter le désaveu du roi à York, ou s'il était convenu qu'il se ferait arrêter en chemin par les Russes ; il prétend même avoir répondu « non » au tsar qui lui demandait si le désaveu d'York correspondait bien aux volontés du roi. (*Aus dem Leben des Generals Oldwig von Natzmer*, 92, 99.) — D'après RANCKE (*Hardenberg*, IV, 340), cette mission devait corriger aux yeux des Russes le désaveu du roi. Ce qui semble confirmer cette manière de voir, c'est qu'il n'y a été donné aucune suite.

Quoi qu'il en soit, Natzmer arriva le 9 à Elbing et fut reçu très amicalement par Murat, Berthier, Daru, Mortier. Le soir même, il se rendit à Neukirsch auprès de Macdonald et y passa la nuit. Le lendemain, il rencontra les Russes à Frauenberg et se fit conduire au quartier général de Wittgenstein. (DROYSEN, I, 398 ; CLAUSEWITZ, 199.)

(3) Lettre de Saint-Marsan à Bassano, Berlin, 5 janvier. (Arch. des Aff. étrangères, Prusse, 252.)

Il devait insister sur la question polonaise, car on craignait, à Berlin, les vues d'Alexandre sur la Pologne; il était chargé d'exposer au tsar que jamais l'Autriche ne consentirait à ce que la Pologne fût annexée à la Russie, et que, d'un autre côté, la Prusse ne permettrait pas que l'on rendît à la Pologne son indépendance, parce que, dans ce cas, il aurait fallu lui restituer Dantzick et la Prusse méridionale. Aussi Natzmer devait-il faire valoir les avantages « de l'état de 1806 » et représenter que cet état paraissait à la Prusse la meilleure solution à donner, au point de vue européen, à la question polonaise. Frédéric-Guillaume continuait ainsi sa politique à double face, telle qu'elle résultait de ses plans de la fin de décembre. Sans rompre avec la France, il saisissait l'occasion d'entrer secrètement en relation avec la Russie; il faisait miroiter à ses yeux l'abandon possible du « système français », et l'adoption du système russe; mais, très adroitement, il subordonnait cette alliance aux vues russes sur la Pologne. Il cherchait à amuser Français et Russes pour gagner du temps et lui permettre d'attendre la réponse de Napoléon. Outre ces deux démarches, il en faisait encore une troisième : l'incertitude absolue dans laquelle il se trouvait du parti à prendre était telle qu'il envoyait son aide de camp Schack prévenir York et Massenbach de l'arrivée de Natzmer, et des ordres donnés; il leur conseillait d'abandonner d'eux-mêmes leurs commandements et d'aller se mettre sous la protection des Russes (1).

Il n'est donc pas étonnant dans ces conditions de voir le roi, pendant l'audience de départ de Narbonne, affirmer ses sentiments à l'égard de la France : « Je vous prie, me dit-il à plusieurs reprises, d'assurer Sa Majesté de tout mon dévouement et de ma fidélité scrupuleuse à remplir tous mes engagements. Rien au monde ne pourra m'en détourner et aucune circonstance ne peut me faire changer de système. J'y tiens autant par loyauté que par intérêt; car je ne suis pas de ces étourdis, de ces braillards ridicules qui veulent voir la France dégringolant. Personne n'est plus persuadé que moi de l'immensité de ses ressources et de toutes celles que peut créer le génie de votre empereur. Je les seconderai de mon mieux; assurez-en bien Sa Ma-

---

(1) Natzmer ne vit pas York. Le corps prussien se trouvant en arrière des corps russes, l'envoyé prussien se présenta d'abord aux avant-postes russes; Wittgenstein l'empêcha de continuer et l'envoya auprès de l'empereur de Russie. (CLAUSEWITZ, 199.) — L'envoi de Schack à York est simplement mentionné dans la *Vie de Natzmer*, et encore d'une manière contradictoire. D'après une première version, Schack serait arrivé le 16 au quartier général de Wittgenstein, qui l'aurait laissé passer, parce qu'il portait à York « le véritable sens de la mission de Natzmer »; d'après une seconde, Natzmer ignorait la mission de Schack (NATZMER, 94). Ce qui est certain, c'est que Wittgenstein laissa passer Schack et que Schack n'avait pas un *duplicata* des ordres de Natzmer, bien qu'ils eussent voyagé ensemble jusqu'à Graudenz. (DROYSEN, 398; SEYDLITZ, II, 207.) Les missions de Schack et de Natzmer étaient donc indépendantes l'une de l'autre. D'un autre côté, York, qui était un esprit chagrin, et qui voyait les choses en noir, n'aurait certainement pas appris aussi tranquillement sa destitution, s'il n'eût été certain d'être dans le fond d'accord avec son roi. (OSTEN-SACKEN, I, 162.)

jesté. Je lui ai mandé combien j'étais affligé de ce que venait de faire le général York ; j'espère qu'elle sera du moins contente des mesures que j'ai prises pour montrer l'horreur que j'ai eue pour une démarche que j'avais dans le premier moment regardée, ainsi que vous, comme une trahison. La capitulation m'a paru, j'en conviens, moins criminelle que la lettre et pouvait un peu mieux s'expliquer, mais je n'en ai pas moins tenu à ma première décision : M. de Kleist a le commandement; M. d'York sera arrêté et jugé, et j'ai de plus destitué M. de Massenbach, qui me paraît encore plus coupable que ce dernier... Quant à la capitulation, je reconnais que le roi de Naples seul a, comme lieutenant de l'empereur, le droit de prononcer sur des troupes qui ne sont plus à moi dès qu'elles forment un contingent ; je fais connaître par tous les moyens de publicité possibles combien j'ai été indigné d'une capitulation qui m'a retracé bien douloureusement celle de 1806 ; j'ai chargé tous mes ministres de la notifier dans les différentes cours, et j'envoie le prince de Hatzfeld, qui partira dimanche au plus tard, pour donner à l'empereur toutes les assurances, tous les éclaircissements qu'il pourrait désirer (1). »

Cependant, des nouvelles de l'empereur devaient

---

(1) Lettre de Narbonne à l'empereur, Berlin, 9 janvier. (Arch. nationales, A. F. IV, 1690.) — Dans le texte, les mots « étourdis et braillards ridicules » sont soulignés.

bientôt arriver : on savait déjà qu'à Paris, il préparait de nouveaux armements, faisait des levées extraordinaires et réorganisait sa cavalerie, son artillerie, son matériel; mais on ne savait pas encore le fond de ses pensées : une audience accordée à Bubna le fit connaître.

Dans les derniers jours du mois de décembre, le général comte Bubna était arrivé à Paris, chargé par l'empereur d'Autriche de « porter une lettre autographe » à son gendre, « et de mettre à profit la connaissance personnelle qu'il avait de Napoléon pour tirer au clair la manière dont ce souverain envisageait sa position du moment. » En conséquence, les instructions de Bubna lui prescrivaient de s'abstenir de tout ce qui pourrait ressembler à une négociation. Il devait simplement chercher à connaître les intentions de l'empereur; néanmoins, il pouvait faire entrevoir, dans ses conversations, qu'une paix générale faite sur de larges bases était absolument indispensable; qu'il était évident que « la Russie ne pouvait plus dans ce moment, avec un véritable espoir de succès, être entamée dans son intérieur ». Il en résultait que la guerre devait être nécessairement faite « sur le territoire des alliés actuels de la France ». Or l'empereur d'Autriche « doit à ses peuples de ne pas souffrir qu'elle s'établisse chez lui. Il ne reste donc que le duché de Varsovie et la Prusse. Et quel avantage peut-il résulter de la destruction entière de ces deux États? M. de Bubna ne laissera pas ignorer à l'empereur Napoléon que tout s'oppose à ce que Sa Majesté impériale donne une plus grande étendue à ses secours que ne lui trace le traité du 14 mars dernier. Tout compte que ferait par conséquent ce souverain sur une coopération plus active de l'Autriche serait illusoire ». Dans ces conditions, les deux corps de troupe déjà réunis en Galicie et en Transylvanie n'ont pas d'autre but que de « couvrir ces provinces contre des incursions »; et comme vraisemblablement la Russie va cesser de garder les ménagements qu'elle a eus jusqu'à présent envers l'Autriche, l'empereur a ordonné que ces deux corps soient concentrés en Galicie. « Il ressort de là qu'il doit être d'un intérêt commun pour les alliés que le corps auxiliaire autrichien, le plus naturellement appelé à la défense de la patrie, ne s'éloigne pas trop de nos frontières, et que, si des quartiers d'hiver doivent être pris, il soit dirigé le plus près possible de la Galicie (1). »

C'est le 31 décembre qu'eut lieu l'audience impériale. Napoléon commença par s'étendre sur la campagne de Russie. Il avoua être resté quatorze jours de trop à Moscou et y avoir été surpris par la rigueur du climat : c'était au froid qu'il attribuait toutes ses pertes, et non au feu de l'ennemi, puisque dans

---

(1) ONCKEN, I, 57 et 390 : Instructions pour le général-lieutenant comte Bubna, Vienne, 30 décembre (texte français).

toutes les rencontres les Russes avaient été battus.
Il dit que, s'il était rentré à Paris, c'était uniquement à cause des complications intérieures, et pour bien montrer à ses peuples qu'il n'était pas mort, ainsi que les Anglais en avaient fait courir le bruit. Ses projets pour l'avenir étaient les suivants : il allait mettre sur pied deux armées, l'une à Hambourg, l'autre à Berlin. Au printemps, il aurait ainsi 400,000 hommes sous les armes, et rentrerait en Russie. Si ce plan ne réussissait pas, il se retirerait derrière l'Elbe et laisserait approcher les Russes. Il trouverait alors dans l'affection de ses peuples les moyens d'empêcher les ennemis de le dépouiller des provinces de l'empire. Mais il était prêt à parler de la paix si l'empereur d'Autriche la voulait, pourvu qu'elle se fît à des conditions honorables. De cette paix, personnellement, il n'avait pas besoin, car que craignait-il? Le Danemark et la Prusse restaient fidèles à leurs alliances. Cette dernière puissance même augmentait son contingent. Puis, revenant à son idée première, Napoléon reprit : « Il peut arriver que je me retire derrière les frontières de mon royaume aussi longtemps que cela sera nécessaire. Dans ce cas votre rôle serait changé; vous deviendriez alors puissance principale dans la guerre, car vous ne pourriez pas combattre pour l'agrandissement de la Russie. Il est de votre intérêt plus encore que du mien de l'arrêter... Pourquoi l'empereur d'Autriche ne ferait-il rien

pour la guerre? Vous avez assez de troupes, et déjà une armée mobile en Galicie. Je ne désire que 30,000 hommes de plus, dont 12,000 de cavalerie. Si vous n'avez pas d'argent, je passerai avec vous une nouvelle convention et me charge de vous en procurer. — Sire, ce n'est pas seulement le manque d'argent qui nous arrête. L'empereur, mon maître, fait trop de cas de la vie de ses sujets pour l'immoler dans une guerre qui, pour nous, n'a plus de but; et l'opinion de la nation, opinion que le gouvernement doit prendre en considération sur des questions de ce genre, se récrie hautement contre la continuation de la guerre. — Qui donc a pu mettre ces idées dans les esprits? On n'est cependant pas contraire à une alliance avec la France. »

Sur ce, Bubna exposa à l'empereur la situation intérieure de l'empire et l'impopularité de cette guerre; les Hongrois étaient favorables aux Russes; les Polonais de l'empire aspiraient à l'indépendance de leurs frères du grand-duché; les Allemands étaient encore profondément blessés des humiliations des dernières campagnes. — « S'il en est ainsi, interrompit l'empereur, faisons la paix. Je n'en demande pas plus; que votre empereur parle à la Russie. »

Bubna, saisissant alors l'occasion qui lui était offerte, glissa dans la conversation le mot de médiation autrichienne. Il exprima l'opinion que cette médiation devait être présentée à la Russie et à l'Angleterre comme un désir de l'empereur d'Autriche, et non comme une « idée suggérée par la France ». Napoléon continua en prétendant que pour jouer le rôle de médiateur l'Autriche devait armer : « La Russie voudra faire la paix, son empereur doit la vouloir : ses finances sont dans un état misérable; elle accepte des aumônes de l'Angleterre, car je ne puis donner un autre nom aux six millions qu'elle en reçoit. La Russie doit prendre en considération ce que vous lui direz, car vous êtes son premier voisin et vous êtes sur son flanc. Au surplus, nous nous connaissons très bien, l'empereur de Russie et moi, pour nous être vus de près. Il n'est pas aussi lié avec l'Angleterre que vous le croyez. Les Anglais n'ont pas, comme vous le pensez, sa flotte en gage entre leurs mains, de manière à l'empêcher de faire la paix sans eux. Elle a été simplement retirée des ports russes au moment où l'on craignait que je n'arrivasse à Saint-Pétersbourg pendant l'hiver; car, dans ce cas, il n'y aurait plus eu de moyen de la sauver. Par contre, l'Angleterre ne peut pas faire la paix. Le peuple et le commerce la veulent, mais dans le pays règne l'anarchie. Le comte de Metternich a-t-il des données sur la possibilité d'une telle paix? — Je ne le sais pas. — S'il en a, qu'il me les communique. Je ne crois pas à cette paix. Bien qu'aucun des ministres anglais n'ait osé le dire, je ne mets pas en doute qu'ils ne veulent étouffer mon commerce et me forcer à n'avoir pas plus de trente vaisseaux de ligne. Je n'y consentirai jamais, dussé-je, pour cela, sacrifier le dernier soldat français. Je rendrai le Portugal à la maison de Bragance. Naples doit rester à son maître actuel. L'Espagne appartient à ma famille, comme elle appartenait autrefois aux Bourbons. Je veux être roi en Espagne, mais je ne prétends pas y laisser une armée. Lorsque je l'en retirerai, j'exigerai que l'Angleterre retire la sienne de la Sicile. La Russie doit rentrer dans ses frontières. Je ne fais aucune objection à lui assurer la possession de ses provinces polonaises; cette question, je ne l'ai pas tranchée lors de ma réponse à la diète polonaise, car je n'ai pas l'habitude de vendre la peau de l'ours avant de l'avoir tué. Quant au duché de Varsovie, je n'en cède pas un village. Je me déclare délié du traité de Tilsit. Ce traité contient des articles secrets que le cabinet autrichien ignore. L'empereur Alexandre a pris à Tilsit des engagements qu'il ne peut pas tenir, qui sont trop lourds pour lui, et qui l'ont conduit au point où il en est maintenant. Vous verrez avec quelle satisfaction l'empereur Alexandre apprendra que je le délie des engagements de Tilsit. Votre cabinet sera-t-il satisfait? C'est ce que je ne sais pas. Je ne réclamerai pas autre chose à l'Autriche que 30,000 hommes de plus, dont 12,000 cavaliers, dans le cas où elle trouverait mes propositions raisonnables et que la Russie ne les acceptât pas. L'honneur empêchera l'Autriche de s'arrêter à mi-chemin. Si cependant l'empereur d'Autriche ne trouvait pas mes propositions équitables, il serait libre de retirer les 30,000 hommes qu'il a dans mon armée et d'assister en spectateur à ma guerre avec la Russie. Je voudrais que l'empereur d'Autriche envoyât à Londres un ministre habile pour tâter le cabinet. Comme prix de ma paix avec l'Angleterre, je donnerai à l'Autriche l'Illyrie, car l'Autriche a besoin de commerce, et pour cela elle a besoin de ports : l'Angleterre doit prendre son parti de voir l'Autriche devenir une puissance maritime. Je désire seulement que l'Autriche me donne 60,000 hommes, dans le cas où la Russie n'accepterait pas ces conditions de paix. Vous comprenez ce que je dis. L'affaire est délicate ; il faut bien la développer dans votre dépêche. Je désire que vous me la relisiez avant qu'elle ne parte (1). »

Napoléon venait ainsi d'exposer son programme de paix, combien différent de ce que pouvaient être les aspirations allemandes! De la Prusse, il n'était pas question ; du remaniement de la carte d'Allemagne, il n'avait rien dit. Il n'avait pas parlé de ses alliés, ni des compensations à leur donner pour prix de leur fidélité ; l'Autriche seule recevait les provinces illyriennes. Il y avait dès lors trop de divergences de vue entre eux et lui, pour que l'entente pût continuer à

(1) Lettre de Bubna à Metternich. (ONCKEN, I, 61 et suiv.; texte allemand.)

exister. La Prusse était désormais fixée sur ses intentions; elle eut connaissance de cette dépêche, que Metternich lut à Humboldt, et dès lors son parti fut bien vite pris.

Ces idées, Napoléon les précise dans une lettre à l'empereur d'Autriche, datée du 7 janvier (1). Après

(1) Cette lettre n'est pas dans la *Correspondance*. On lit à la page 377 du tome XXIV : « A la date du 7 janvier 1813 se trouve, d'après quelques historiens, une lettre de Napoléon à François Ier d'Autriche, où les questions de paix et de guerre sont longuement traitées... Cette lettre a paru suspecte à la commission chargée de publier la correspondance de Napoléon Ier, et il n'est pas moins certain pour elle qu'on ne doive y voir autre chose qu'un projet de dépêche abandonné et non expédié. En effet : 1) La minute de cette lettre n'est pas dans les papiers de la secrétairerie d'État, où les moindres notes de l'empereur sont conservées. 2) Cette minute existe, il est vrai, aux Archives des Affaires étrangères, mais dictée par le duc de Bassano, laborieusement corrigée par lui, et il n'y a pas d'exemple d'une pièce de cette importance dont l'empereur ne se soit pas réservé la rédaction. 3) Ce qui ne permet pas enfin d'admettre que cette pièce, bien que portant des modifications de la main de l'empereur, ait été définitivement adoptée par lui et expédiée, c'est qu'on ne l'a pas retrouvée parmi les lettres de l'empereur Napoléon à l'empereur d'Autriche, ainsi qu'en font foi les catalogues que la chancellerie de Vienne a envoyés aux Archives des Affaires étrangères et au secrétariat de la commission de la correspondance de Napoléon Ier. » — Puisque la minute n'est pas dictée par Napoléon, rien d'étonnant à ce qu'elle ne soit pas dans les papiers de la secrétairerie d'État. D'un autre côté, cette lettre ne faisant que confirmer une conversation avec Bubna avait beaucoup moins d'importance qu'une lettre sur des questions nouvelles, d'autant plus que la minute de la dépêche de Bubna a dû être revue par l'empereur suivant son désir. Il a donc chargé Bassano de sa rédaction. Mais il l'a corrigée lui-même (la minute des Affaires étrangères est corrigée de sa propre main). Enfin, malgré le dire de la commission, il en existe des textes à Vienne. ONCKEN dit, I, page 70 : « Par bonheur, on trouve dans les archives de la Maison, de la Cour et de l'État *(Haus-Hof-und-Staats Archivs)*, à Vienne, d'abord l'original, en second lieu une copie, absolument conforme à l'original. » Il donne en outre en appendice le texte *in extenso* de la lettre telle qu'elle existe à Vienne. Nous avons collationné ce texte avec celui des

avoir rappelé les principales phases de la campagne et s'être efforcé de rectifier quelques détails que les Russes voulaient dénaturer, il continue en exposant la situation actuelle de son armée, qui a beaucoup souffert et dont les corps, en pleine réorganisation dans les forteresses prussiennes, ont été remplacés sur la ligne de combat par les divisions neuves d'Heudelet et de Loison. Il parle ensuite de ses armements pour la campagne prochaine; il aura en mars sur l'Elbe « cinq corps d'armée formant plus de 300 bataillons, tous composés de Français, et en grande partie de vieilles troupes tirées des camps des côtes et des garnisons de France et d'Italie ». La Bavière, le Wurtemberg, la Westphalie réorganisent leurs contingents; la Prusse augmente le sien : l'Autriche n'a donc aucune crainte à avoir. En Espagne, les états de situation donnent « un effectif de 300,000 hommes et un présent sous les armes de 260,000 hommes... La conséquence de tout ceci doit être que je ne ferai aucune démarche pour la paix, parce que, les dernières circonstances ayant tourné à l'avantage de la Russie, c'est à ce cabinet à faire des démarches, s'il juge bien la situation de ses affaires; que cependant je ne me refuserai point à celles que Votre Majesté veut faire.

Affaires étrangères : ils sont en tous points identiques, sauf la phrase du protocole : cette phrase : « Je prie Dieu, monsieur mon frère et cher beau-père, qu'il veuille avoir Votre Majesté en sa sainte et digne garde, » n'existe pas dans la minute des Affaires étrangères. Il ne saurait donc plus y avoir de doute à ce sujet.

Tout ce qui peut prouver ma déférence à ses conseils et contribuer à lui faire jouer un rôle agréable me convient. Votre Majesté sait à quelles conditions je puis faire la paix avec l'Angleterre, puisqu'elle a vu la lettre que mon ministre avait écrite au ministre anglais, avant notre entrevue de Dresde. Quant à la Russie, je ne me refuserais point à une paix honorable pour toutes les parties belligérantes. Mais il est bien entendu qu'il n'est pas en mon pouvoir de revenir sur aucune des dispositions consacrées par nos lois constitutionnelles : aucun des pays réunis par des sénatus-consultes (1) ne peut être un objet de négociations, ni avec la Russie, ni avec l'Angleterre. Je céderai sur le traité de Tilsit en ce qui peut compromettre l'entière indépendance de la Russie, mais je n'abandonnerai pas un seul village du duché de Varsovie, et je ne souffrirai pas que la Russie reçoive aucun accroissement du côté de l'Autriche, de la Prusse, de la Turquie ou de la Suède (2) ».

Cette lettre aggrave singulièrement la portée des conversations échangées avec Bubna, puisqu'elle confirme par écrit les déclarations faites à cet envoyé et les précise. Ainsi les alliés n'ont rien à attendre de l'empereur : il n'admet pas que l'on touche à l'Europe

---

(1) Parme, île d'Elbe, Piémont, Toscane, Plaisance, États romains Hollande, Villes hanséatiques, Oldenburg, Lauenburg.
(2) Oncken, I, 394. — (Arch. des Aff. étrangères. *Correspondance de l'Empereur.*)

de 1812 telle qu'il l'a faite. Bassano écrit le jour suivant à Metternich dans le même sens que son maître; pendant de longues pages, il s'étend sur les armements; mais de paix, de conditions acceptables, d'intervention autrichienne, pas un mot (1).

D'ailleurs, Napoléon pouvait-il en ce moment faire la paix? Il avait été vaincu sans avoir perdu une bataille; or, tant qu'il n'avait pas perdu de bataille, il ne pouvait se considérer comme vaincu. Une paix consentie dans ces conditions eût été sa fin, celle de sa dynastie, celle de son empire. Sa raison d'être était la gloire; son moyen de gouvernement, les *Te Deum* chantés à Notre-Dame; sa force, les cris de : « Vive l'empereur! » quand, un soir de victoire, il passait sur le front de bandière de ses bivouacs. Or, actuellement, il n'avait rien de tout cela à offrir à ses peuples. Il était rentré aux Tuileries presque comme un fugitif; il ne pouvait donc déposer les armes. L'eût-il fait, il n'était plus lui, il n'était plus l'empereur. La conspiration de Malet lui avait montré combien était faiblement établi son trône, puisqu'il avait suffi du seul bruit de sa mort pour fomenter un mouvement insurrectionnel. Il lui fallait donc jeter en pâture de nouveaux noms de victoires pour entretenir l'opinion et l'empêcher de s'égarer dans des conversations séditieuses. Aussi n'était-il pas le maître de sa

(1) Oncken, I, 396, et Arch. des Aff. étrangères, Autriche.

ligne de conduite : il était pris dans un engrenage puissant dont il ne pouvait se dégager. Il savait que, pour le moment encore, il pouvait compter sur la France, qu'elle lui avait largement donné des hommes, et qu'à défaut d'hommes elle lui donnerait des enfants. Il continuera donc la guerre, en discutant pour la forme, et il armera. Le sénat lui accordera tout ce qu'il lui demandera : les cent cohortes de garde nationale seront autorisées à sortir des frontières, les levées extraordinaires seront votées, et avec ces éléments il pourra refaire une armée plus formidable que la grande armée de 1812. Dans ces conditions, pourquoi parlerait-il de paix? Il n'y est pas acculé. Sans doute ses alliés lui font entrevoir qu'ils sont las de la guerre, mais il est persuadé qu'ils lui seront malgré tout fidèles; que l'Allemagne et en particulier la Prusse, occupées par des troupes françaises, ne sauront briser le joug sous lequel il a su les courber. Il croit les Prussiens, « ces Gascons du Nord, » complètement domptés par les traités de 1806 et sans force pour se relever de sitôt. Il les considère donc comme des quantités négligeables. L'erreur de Napoléon à ce moment a été, non pas de ne pas faire la paix, mais de ne pas croire au mouvement populaire de l'Allemagne qui se levait entière pour conquérir sa liberté.

Sur ces entrefaites, Krusemark était arrivé à Paris : il avait quitté Berlin le 4, sans connaître la capitulation de Tauroggen ; en cours de route seulement il avait appris cette importante nouvelle. Comme celle de Bubna, sa mission consistait surtout à écouter, à provoquer des confidences, de manière à découvrir la pensée de l'empereur et à se tenir à l'affût des nouvelles qui pouvaient servir à orienter la Prusse au milieu des événements importants qui se déroulaient en ce moment. Il portait également la réponse favorable du roi à la demande d'augmentation du corps auxiliaire, à la condition que ces troupes formeraient un corps d'armée à elles seules ; il devait, de plus, insister sur le « dénuement total » dans lequel la Prusse se trouvait, ainsi que sur « l'urgente nécessité » de venir à son secours (1).

C'est le 15 janvier (2) que Krusemark vit l'empereur. Il lui présenta tout d'abord des excuses au sujet de la conduite d'York ; il s'efforça de disculper ce général. L'empereur, très maître de lui, répondit que cet événement inattendu aurait pour conséquence un prolongement de la durée de la guerre, car il donnait de nouvelles espérances aux Russes, et empêchait la défense de la ligne du Niémen. En tout cas, il était, quant à lui, bien persuadé, que quels que fussent les ordres donnés par le roi, ce corps serait

---

(1) Lettre du roi de Prusse à l'empereur Napoléon, Charlottenbourg, 31 décembre. (Arch. des Aff. étrangères, Prusse, 252.)

(2) Oncken dit le 15 janvier, attendu que la lettre est du 16 ; Rancke donne la date du 17, vraisemblablement par erreur.

définitivement perdu pour l'action commune (1). Puis il continua en s'animant : « Je souhaite la paix, sans craindre la continuation de la guerre. Je suis prêt à faire la paix, mais à des conditions acceptables. La paix me paraissait très possible avant l'acte d'York; maintenant, je n'y crois plus. Cet acte aura fait tourner toutes les têtes du cabinet russe : ce malheureux exemple le remplira de présomption et de chimères; c'est un grand fait politique... Nous sommes peut-être au début de grands événements; c'est une tempête qu'il me faut surmonter. Je suis sûr de l'intérieur de la France : trop de vies d'hommes sont enchaînées à ma personne. Au reste, la paix serait un bienfait pour l'humanité : tout l'univers la réclame. » L'empereur ne s'est pas trompé; il se rend compte que la défection d'York va probablement entraîner un changement dans l'orientation politique de la Prusse. Aussi, en parlant à son envoyé, modifie-t-il son ton; il ne se livre pas avec lui comme il l'a fait avec celui de l'Autriche; il ne lui confie pas le fond de ses pensées; il parle de paix; il fait miroiter ce mot à ses yeux; bien plus même, il souhaite cette paix; mais il ne se laisse pas bercer par des illusions;

(1) C'était également l'opinion des maréchaux. De Truntz, le 10 janvier, Macdonald avait écrit : « On se fait illusion sur le corps prussien, malgré le désaveu formel du roi. Il sera désarmé ou désertera. Longtemps avant cette catastrophe, officiers et soldats étaient dégoûtés de combattre pour notre cause. On peut juger si, après ce qui vient de se passer, ils retrouveront de la bonne volonté pour combattre dans nos rangs. » (Arch. nationales, A. F. IV, 1652.)

il prévoit le cas où l'Allemagne se soulèverait, où la Prusse, l'Autriche, le Danemark se déclareraient contre lui ; alors il se retirerait derrière le Rhin, pour y attendre les événements ; il saurait bien trouver un jour ou l'autre le moyen de repasser ce fleuve : « Qui sait même si, pour ma grandeur, ce ne serait pas la chance préférable ? » Car il est évident maintenant que la coalition viendra le chercher jusque dans ses derniers retranchements ; entre l'Europe et lui, il y a désormais toutes les victoires qui ont jalonné ses marches triomphales et qui creusent entre eux deux un abime : elle ou lui doivent repasser par les mêmes étapes. C'est une crise terrible et suprême qui s'annonce ; aussi, pour en triompher, emploiera-t-il ses dernières ressources, il se livrera aux Français : « Les Français sont courageux et remplis d'énergie : ils feront ce que je voudrai. On a cru que je ne pourrais pas faire la levée que j'ai faite ; s'il est question d'en faire davantage, j'en trouverai les moyens, et, s'il est nécessaire, j'armerai jusqu'aux femmes. »

Et la Prusse ? « Si le roi reste ferme dans son système, il en tirera des avantages : une barrière contre la Russie est nécessaire. — Votre Majesté, interrompit Krusemark, a fait tant de mal à la Prusse que cette barrière est devenue bien faible, et, avec la fermentation qui règne dans les esprits, le roi peut encore moins donner de garanties pour l'avenir. — (Serait-ce un avertissement ? Napoléon aurait pu le croire.) — Ne parlons plus du passé : le prince Louis a été cause de la guerre; ses conversations dangereuses, son épée qu'il portait du côté droit, d'autres choses analogues ont fait tout le mal. Avec un peu d'énergie, on aurait pu le rendre inoffensif. Aujourd'hui, la situation est redevenue la même qu'à cette époque : avec de l'énergie, on dompte les esprits et on dirige l'opinion. Avant tout, le roi doit prêcher la raison à sa famille et lui faire comprendre que c'est sa volonté seule qui est la loi. Il voit plus clair que tout son entourage. L'intérêt de la Prusse est de suivre dans tous les cas le système de la France, parce que finalement ce système lui permettra de recouvrer son existence politique. Si le roi me reste attaché, et je le crois, car je n'ai jamais douté de sa loyauté, il recouvrera toujours son existence politique. S'il changeait de parti, que sait-on? Dans la première supposition, je serai intéressé moi-même à conserver à la France, au moment de la paix, un allié qui puisse lui être utile. Le roi doit donc bien se persuader que, pouvant compter sur lui, je ne veux plus lui faire du mal, mais du bien, et que j'aime beaucoup mieux le voir régner en Allemagne qu'un prince français qui ne fait que des tracasseries et des sottises, et dont je suis las et dégoûté au possible (1) ».

(1) Était-ce une allusion à Jérôme et à la Westphalie? L'empereur pensait-il indemniser la Prusse par ce royaume, ainsi que l'ont cru quelques historiens allemands? Krusemark ne semble pas l'avoir com-

L'empereur ne se compromet donc pas avec la
Prusse; il ne lui promet rien de bien positif; il fait
miroiter à ses yeux des avantages éloignés et hypo-
thétiques, mais il ne répond pas directement à ses
questions; au sujet du duché de Varsovie même, il
demeure dans le vague : « Que le duché de Varsovie
reste entier, ou bien qu'il fasse retour après entente
à l'Autriche ou à la Prusse : l'une ou l'autre solution peuvent me plaire, mais jamais il ne saurait
appartenir à la Russie. » Évidemment ce n'est pas la
réponse attendue par Krusemark et par Hardenberg,
la réponse qui doit dicter la ligne de conduite de la
Prusse. Pour tout ce qui regarde les règlements de
compte, l'empereur adresse l'envoyé prussien à Bassano : « Je verrai ce que je puis faire : je n'ai pas le
détail sous la main; parlez-en avec Bassano (1) ».

Le 18, Krusemark vit Bassano, qui laconiquement
répondit : « Il faut que je prenne les ordres de l'empereur. » Ainsi, l'empereur renvoyait au ministre, et
le ministre en référait à l'empereur. Sur la question

pris dans ce sens, puisqu'il n'a pas relevé la phrase, et qu'on ne trouve
nulle part ailleurs d'allusion à ce projet. Que Napoléon ait été mécontent
et embarrassé de la royauté de son frère, c'est probable; qu'il ait songé
à organiser différemment la Westphalie, c'est possible; mais qu'il ait
pensé la donner à la Prusse, c'est douteux. Que serait alors devenue
la Confédération du Rhin qu'il avait si péniblement et si laborieusement édifiée ? Ce mot est vraisemblablement une boutade de l'empereur,
comme il lui en échappait parfois quand il était animé, et c'est ainsi
qu'il faut l'entendre.

(1) Krusemark à Hardenberg, Paris, 16 janvier. Oncken, I, 86 (texte
allemand).

du règlement de compte, l'empereur restait donc inébranlable, maintenant que son parti était pris. Il pensait avoir trop affaibli la Prusse pour que ses effectifs pussent faire pencher la balance d'un côté ou de l'autre lors des prochaines batailles ; il ne croyait pas, en outre, qu'elle pût faire défection, et qu'il fût par conséquent nécessaire de se gêner avec elle. Aussi pourquoi lui donnerait-il un argent dont il avait besoin, et qui entre ses mains serait perdu pour lui, ou qui, dans une hypothèse improbable à ses yeux, servirait à armer contre lui? Il était donc inutile dans le premier cas, et nuisible dans le second, d'entrer en règlement de compte avec elle; tout au plus pouvait-il, pour la tenir en haleine, promettre ce règlement, à condition toutefois d'être bien déterminé à le lui refuser. Il gagnerait ainsi du temps; il armerait, et quand, au printemps prochain, il repasserait l'Elbe à la tête d'une nouvelle armée, l'élan serait tellement irrésistible que la Prusse viendrait se remettre d'elle-même dans le sillage, sans qu'il fût à nouveau question de ce règlement de compte, dont la liquidation serait remise à plus tard, au moment de la paix définitive, d'une paix glorieuse couronnant des victoires françaises, mettant une fois de plus l'Europe à la merci de l'empereur.

Quelques jours plus tard, le prince de Hatzfeld arrivait à Paris; il avait quitté Berlin le 11 janvier au soir (1) et portait une lettre du roi, dans laquelle ce souverain exprimait à nouveau « l'assurance de son attachement constant » à la cause de l'empereur et « à sa personne » impériale; il s'indignait encore une fois « des démarches que le général York avait osé se permettre », et espérait satisfaire Napoléon « par les mesures qu'il avait prises à cet égard (2) ». Hatzfeld avait en outre reçu la mission de faire connaître à l'empereur le mécontentement de la plupart des provinces prussiennes contre la France; il devait cependant faire ressortir que le roi arriverait à dominer ce mécontentement, si on lui venait en aide. « Dites à l'empereur, aurait dit le roi à Hatzfeld, que, pour des sacrifices pécuniaires, je ne peux plus en faire, mais que, s'il me donne de l'argent, je puis encore lever et armer 50 à 60,000 hommes pour son service. Au reste, dans la circonstance actuelle, il est heureux que la Prusse soit tranquille; car, s'il y avait une insurrection dans ce pays,

---

(1) Hardenberg écrit le 9 dans son journal : « Saint-Marsan et Hatzfeld dînent chez moi. Il est nécessaire de cacher au premier le vrai système. » Et le 10 : « L'envoi de Hatzfeld est un masque. Les Russes sont entrés le 9 à Kœnigsberg; Hatzfeld part le 12 au matin pour Paris. » Hardenberg semble, dès le 26 décembre, n'avoir plus qu'une confiance très relative dans l'issue des démarches qu'il faisait faire auprès de Napoléon. Le désastre de jour en jour plus certain de la grande armée paraît en devoir être le principal mobile. D'après Saint-Marsan, Hatzfeld serait parti le 11 au soir.

(2) Lettre du roi de Prusse à l'empereur Napoléon, Berlin, 9 janvier. (Arch. des Aff. étrangères, Prusse, 252.) Cette lettre existe en double; elle se trouve également dans les mêmes archives au volume supplément. — Lettre de Saint-Marsan à Bassano, 11 janvier. (Arch. des Aff. étrangères, Prusse, 252.) Citée par FAIN. I, 210.

ce serait l'étincelle qui embraserait l'Allemagne ».

Le bruit courait en outre à Berlin que Hatzfeld emportait des instructions au sujet de l'alliance de famille qui devait unir la maison royale de Prusse à la famille impériale. D'après ce que Saint-Marsan avait pu saisir, le baron d'Hardenberg, à la suite de sa conversation avec Narbonne, « avait abordé la question avec le roi, non sans une certaine crainte, parce que l'on supposait que ce prince aurait sur l'objet du mariage de son fils des vues qui tiendraient plus du père de famille que du souverain, et que l'on croyait par conséquent qu'il répugnerait à une alliance dictée par des vues politiques et dans laquelle on sacrifierait aussi les opinions religieuses, auxquelles on pensait que non seulement le roi tenait beaucoup, mais auxquelles la maison de Brandebourg tenait aussi sous le rapport politique, ces souverains se regardant comme les chefs des princes protestants allemands. » Le roi aurait répondu « que, comme père de famille, il était peu disposé à contracter une alliance par des vues purement politiques, mais que, cependant, il ne balancerait pas s'il voyait qu'il en résultât des avantages considérables et de nature à placer la monarchie dans un rang plus élevé que celui où elle se trouvait actuellement ». Hatzfeld devait donc, à ce sujet, « voir venir et écouter tout ce que l'on pourrait dire (1) ».

(1) Lettre de Saint-Marsan à Bassano, Berlin, 12 janvier. (Arch. des Aff. étrangères, Prusse, 252.) — Citée par FAIN. I, 212.

Hatzfeld fut reçu le 29 janvier en audience par l'empereur. La conversation s'engagea d'abord sur un ton familier; elle roula ensuite sur la mission du major von Natzmer au quartier général prussien : Napoléon apprit à Hatzfeld que cet officier n'avait pu dépasser les avant-postes russes, et, tout en assurant qu'il ne mettait nullement en doute la fidélité du roi, il formula trois nouvelles exigences : le rappel de Stockholm de l'envoyé prussien (1), l'interdiction de toute négociation directe entre la Prusse et la Russie au sujet de la Silésie, et la réorganisation la plus prompte du corps auxiliaire.

Hatzfeld promit de transmettre à son souverain les deux premières réclamations; quant à la troisième, il répondit de lui-même que l'intention du roi était en effet de mettre le plus rapidement possible sur pied le corps auxiliaire, mais que « tous ses moyens étaient épuisés, que le crédit du gouvernement était nul, et que le roi, après les charges qu'il avait dû imposer à ses sujets pendant la dernière campagne, ne pouvait pas maintenant en créer de nouvelles : car on pourrait craindre dans ce cas un soulèvement de toute la nation, et cet exemple serait suivi sans aucun doute par tous les peuples de l'Allemagne. Votre Majesté ne peut pas ignorer, et ce serait un crime que de lui laisser ignorer que

---

(1) M. de Terrach, qui intriguait avec les Anglais.

les gouvernements alliés sont et seront fidèles à leurs alliances, malgré les événements actuels, mais que l'opinion publique est partout contre elle. Votre Majesté m'a dit elle-même qu'elle n'ignorait pas que nous étions travaillés par les sectes, et que ces sectes rêvaient une révolution générale. Que Votre Majesté m'autorise à lui donner aujourd'hui la plus grande des preuves du dévouement qu'elle ait encore trouvé en moi,... qu'elle m'autorise donc à lui parler aujourd'hui comme si j'avais l'honneur d'être son sujet, et à lui dire qu'à mon avis le plus grand des dangers qui la menace est un soulèvement général de tous les peuples de l'Allemagne. Les conséquences de ce mouvement seraient incalculables. Tout est organisé; l'Allemagne ressemble à un bûcher prêt à être allumé et qu'une seule étincelle suffit à enflammer. Les peuples n'ont plus rien à perdre; les gouvernements ne peuvent plus s'opposer à la force du courant de l'opinion publique : si on les pousse, les peuples leur échapperont. Qu'en résultera-t-il? L'influence des sectes est grande; elles ont travaillé avec succès sous le couvert de l'attachement aux souverains. Qui sait si elles ne sont pas liées avec les jacobins de France, car leurs desseins sont les mêmes? La Prusse, affaiblie par une guerre malheureuse et par tous les maux qui en ont été la conséquence, est aujourd'hui, d'après ma conviction intime, le conducteur qui mènera toute l'Allemagne : si la Prusse bouge, si elle donne le signal du soulèvement, toute la nation allemande la suivra ; c'est fatal. Et, ce signal, elle le donnera, si Votre Majesté veut la soumettre à de nouvelles réquisitions, et si le roi veut lui imposer des charges nouvelles. Lorsque l'alliance avec Votre Majesté a été conclue, le gouvernement a tout fait chez nous pour rendre ce système populaire, et il y serait parvenu si toutes les conditions de l'alliance avaient été remplies, si on ne nous avait pas demandé des sacrifices au-dessus de nos moyens. Aujourd'hui, Sire, nous avons non seulement payé l'arriéré de nos contributions, mais Votre Majesté doit encore à la Prusse 94 millions. Sire, je vous le déclare, avec la liberté d'un homme plein de dévouement à votre cause, si Votre Majesté ne nous vient pas en aide, si elle ne nous fait pas payer conformément au texte du traité un acompte pour permettre au roi de réorganiser les troupes qui lui restent sans imposer de nouvelles charges à son peuple, la Prusse ne peut pas continuer à suivre son ancien système, malgré la bonne volonté de son roi. Je le dis avec douleur, mais la vérité me force à le dire : il est impossible de prévoir quelles seront les conséquences funestes de cette manière d'agir... Il n'y a pour la Prusse qu'un seul moyen de se sauver et de conserver son alliance, c'est que Votre Majesté lui paie un acompte; alors l'opinion publique changera, car on s'apercevra à ce moment que non seulement cette alliance peut être utile à la nation dans l'avenir, mais qu'elle lui sert même dans le présent, en réduisant ses charges. Le roi, Sire, m'a ordonné de m'exprimer sur tous ces sujets. Il prévoit que les grandes mesures que va prendre Votre Majesté exigeront de sa part de grands sacrifices; aussi se contente-t-il d'un acompte sur la somme qui lui est due. Je n'ai reçu à ce sujet aucun ordre précis, mais je suis certain que le roi se contentera pour le moment d'un acompte de 20 à 30 millions, ce qui n'est rien pour elle, mais ce qui est tout pour nous. A cette condition, je crois pouvoir engager ma tête qu'il n'y aura pas d'insurrection, et Votre Majesté mettra la Prusse en mesure de servir utilement ses intérêts. Cette libéralité nous protégera en Allemagne du fléau d'une révolution dont le voisinage ne peut être avantageux à Votre Majesté. Sire, en m'envoyant ici, le roi a pensé que la parole libre et franche d'un homme dévoué à ses intérêts comme aux vôtres pourrait faire impression sur vous; j'ose me flatter que l'on ne me reprochera pas d'avoir fait des phrases pour obtenir quelques subsides pour la Prusse : j'ai dit la vérité, et je me plais à croire qu'elle ne blessera pas Votre Majesté. »

Cette peinture de la situation faite par un des plus chauds partisans de l'alliance française aurait dû faire impression sur l'empereur. Malheureusement Napoléon la crut poussée au noir et n'en fut pas effrayé. Son parti d'ailleurs était déjà pris et se résumait dans la formule suivante : pas un sou de subside à la Prusse. Il coupa donc court à l'entretien et envoya Hatzfeld voir Bassano. Quant aux révolutions, évidemment elles étaient regrettables. « C'est le plus grand malheur qui puisse vous arriver, dit-il. Je connais l'influence pernicieuse des sectes... aussi j'ai donné l'ordre de ne plus faire de réquisitions chez vous »; mais « je ne crains pas de révolutions chez moi : le Français parle, se répand en injures, ce que vous pouvez voir tous les jours ; un jour il veut que je soumette l'Égypte ou la Chine, le lendemain que je reste derrière le Rhin ; tout se borne à des conversations. Au reste il fait tout ce que je veux, et cela me suffit (1). »

Ainsi donc la grande erreur de l'empereur, au commencement de l'année 1813, est de ne pas croire au soulèvement des peuples, bien qu'il ait sous les yeux le mouvement insurrectionnel espagnol. Depuis que le général Bonaparte a appris en vendémiaire à écraser à coups de canon les mouvements des masses, l'empereur Napoléon ne les croit plus possibles, ou tout au moins il pense qu'ils sont sans importance, et qu'avec de l'énergie on peut en venir aisément à bout. Ces mouvements ne sont pour lui que des incidents dans le fonctionnement de l'action gouvernementale et ne sauraient entra-

---

(1) Lettre de Hatzfeld à Hardenberg. ONCKEN, I, 94 (texte allemand).

ver en quelque manière que ce soit sa direction.

Hatzfeld se rendit donc chez Bassano; il eut avec lui trois longs entretiens, les 5, 14 et 22 février, mais ne vit plus l'empereur. Comme à Krusemark, Bassano répondit : « Je ne puis rien faire sans avoir vu l'empereur à ce sujet. » Or, jamais il ne vit l'empereur.

Désormais, à Paris, les deux envoyés prussiens, Krusemark et Hatzfeld, vont se borner à transmettre à leur gouvernement des conversations, à lui rendre compte des bruits mis en circulation. Ils fréquentent le monde des salons dans lequel l'opposition discrète est de bon ton; aussi colportent-ils toutes les nouvelles tendancieuses qu'ils peuvent y recueillir. Ils dépeignent à Hardenberg la France comme une nation mécontente, épuisée, incapable de répondre aux nouveaux sacrifices et aux nouveaux efforts réclamés par l'empereur, et lasse, malgré les déclarations officielles et pompeusement insérées au *Moniteur*, de la situation actuelle. A Berlin, Saint-Marsan ne cesse de parler de la fidélité de la Prusse à son alliance, de l'attachement inébranlable du roi et de son ministre à leur système, de la confiance du peuple dans son gouvernement.

Dans ces conditions, il est évident que les gouvernements, mal servis par leurs agents et voyant d'une manière fausse la situation intérieure respective de chacun d'eux, ne pourront s'entendre : la rupture sera donc prochaine.

II

A Vienne, Metternich était non moins embarrassé qu'Hardenberg à Berlin. Sans doute, comme le chancelier prussien, le ministre autrichien voulait la paix, mais la situation des deux puissances était si différente l'une de l'autre que les moyens à employer pour l'obtenir ne pouvaient être les mêmes, et il devait forcément y avoir entre les deux gouvernements des divergences de vue sous ce rapport. D'ailleurs, à Vienne, on aimait à se rappeler que l'impératrice des Français était une archiduchesse d'Autriche et que Napoléon était le gendre de l'empereur François : dans ces conditions, on ne pouvait pas, tant que Napoléon n'aurait pas eu de gros torts envers l'Autriche, s'acharner contre lui ; il était de la famille et devait être regardé comme tel. C'est ce qu'en novembre précédent, Metternich avait avoué au comte Ernest d'Hardenberg, représentant à Vienne de la cour de Hanovre. Dans une conversation, il lui avait déclaré que si la Prusse pouvait changer de système, l'Autriche ne le pouvait pas, car le jour où elle voudrait « prendre un parti aussi prononcé que celui de se déclarer contre la France, jamais il ne pourrait y faire consentir l'empereur (1). »

Un mois plus tard, revenant sur le même sujet, Hardenberg écrivait à Münster : « Le changement essentiel que le mariage de Bonaparte avec une archiduchesse a opéré dans le système politique antérieur de la cour de Vienne consiste en ce que, loin de vouloir encore contribuer à renverser la dynastie de Napoléon, l'Autriche est au contraire décidée dorénavant à la soutenir, et ceci influe principalement sur la marche de son cabinet dans les circonstances actuelles. Il est impossible que l'Autriche ne sente, en se déclarant dès à présent contre la France, que ce serait peut-être le seul moyen de réaliser l'affranchissement du continent : mais le comte de Metternich craint que la dynastie de Bonaparte ne soit pas encore assez consolidée pour qu'elle ne risque d'être renversée par les Français eux-mêmes, s'ils voyaient Napoléon accablé d'ennemis et de revers, et l'empire même peut-être menacé encore une fois. Le comte de Metternich, craignant de ne pas être maître alors d'arrêter les événements, se refuse conséquemment à ce qui pourrait les faire naître, et préférerait d'autant plus une paix qui, bien qu'elle n'atteignît pas le grand but susdit, le tirerait du dilemme embarrassant dans lequel il se trouve; qu'il prévoit que,

(1) Hardenberg à Münster, 9 novembre 1812. (ONCKEN, II, 95.)

tout en diminuant la prépondérance de la France, elle consolidera cependant sa nouvelle dynastie et n'augmentera pas, à ce qu'il espère, la puissance de la Russie (1). »

Comme la Prusse, l'Autriche ne veut pas de l'ingérence de la Russie dans les affaires d'Allemagne : elle la « craint » même ; et cette crainte a été le principal mobile de l'alliance française et de « l'union de famille ». Il faut, par conséquent, empêcher la Russie de prendre pied en Allemagne ; dans ce but, une alliance prussienne est désirable. « L'Autriche, écrit encore Hardenberg, espère qu'étroitement unie avec la Prusse et agissant ensemble sur les mêmes principes, elle aurait plus de moyens pour contrebalancer les prétentions de la Russie, dans le cas qu'effectivement on en vint à des négociations dans lesquelles, en général, l'Autriche voudrait exclure, surtout pour ce qui regarde les affaires de l'Allemagne, toute influence prépondérante de la Russie (2). »

Dès lors, Metternich élabore un programme de paix qu'il communique au comte d'Hardenberg : il sait que ce dernier n'est qu'un intermédiaire de l'Angleterre, et espère ainsi poser les premiers jalons. La France doit être réduite à ses limites naturelles, entre le Rhin, les Alpes et les Pyrénées ; — l'Allemagne,

(1) Hardenberg à Münster, 12 décembre. (ONCKEN, II, 99 ; texte français.)
(2) *Id.*

divisée en plusieurs grands États indépendants, dont l'indépendance serait garantie par l'Autriche et par la Prusse rétablie au rang de grande puissance ; — l'Italie partagée en deux royaumes, tout en réservant à l'Autriche ses anciennes provinces jusqu'au Mincio ; — la Porte remise en possession de ses frontières d'avant le traité de Bucarest — et « la Russie restreinte aux limites qu'elle avait avant la paix de Tilsit (1). »

Tel était le vaste plan que le comte de Metternich avait conçu en décembre 1812. Ce plan, qu'il appelait « un rêve politique », semblait de réalisation très difficile ; c'est pourtant vers sa réalisation qu'il tendra désormais. Mais, étant données les difficultés d'exécution qu'il reconnaissait lui-même devoir trouver, il pensait que, dans le moment actuel, le meilleur système à employer pour le faire aboutir était la temporisation ; or, comme la temporisation suppose forcément une diplomatie de nuances, c'est une diplomatie de nuances qui sera désormais le fond de la diplomatie autrichienne.

Donc si l'on fait entendre des paroles de paix, si l'on fait des démarches dans ce but, si l'on envoie des agents à Berlin, à Londres, au quartier général russe, il est nécessaire d'en envoyer également à Paris ; s'il faut savoir ce que disent les gouvernements prussien, russe, anglais, il faut savoir aussi ce

(1) Hardenberg à Münster, 12 décembre. (Oncken, II, 90.)

que dit Napoléon : il faut m.   laisser parler le premier; on verra ensuite s'il n'est pas possible de relâcher lentement et sans brusquerie les liens de l'alliance. « Dites-nous franchement, répète Metternich à Otto, ministre de France, ce que vous voulez faire, et mettez-nous dans le cas d'agir envers vous comme un bon allié, et envers les autres comme une puissance indépendante. Croyez que nous sommes pénétrés du sens de l'alliance, et que nous pouvons vous rendre des services essentiels (1). » Et ailleurs il lui dit : « Que l'empereur ait en nous une confiance entière; qu'il nous parle franchement, nous lui répondrons de même (2). »

En parlant ainsi, Metternich était de bonne foi (3) et d'accord avec le plan qu'il avait conçu; mais ces conversations n'étaient que l'accessoire, l'essentiel était d'agir. Les premiers résultats à obtenir dans ce sens étaient, d'après lui, le maintien de l'alliance avec la France et le changement de la situation que l'Autriche avait prise à l'égard des autres puissances européennes. Ce double but ne pouvait être atteint que par un expédient, et Metternich pensait l'avoir trouvé en parlant de paix générale et en

---

(1) Otto à Bassano, Vienne, le 3 janvier. (Arch. des Aff. étrangères, Autriche.) — Cité par Fain, I, 203.

(2) Otto à Bassano, Vienne, le 8 janvier. (Arch. des Aff. étrangères, Autriche.) — Cité par Fain, I, 204.

(3) Voir les lettres du comte d'Hardenberg citées par Oncken (II, 99 et suiv.).

intervenant dans la préparation de cette paix comme médiateur. En jouant ce rôle, il prenait part aux discussions sur les conditions de paix; ce qui lui permettrait ensuite d'élever la voix entre la France, la Russie, l'Angleterre et peut-être même d'agir en véritable médiateur. En tout cas, il exigerait le prix de cette médiation, ce qui serait le commencement de l'exécution de son plan. Seulement il fallait trouver un terrain d'entente entre les belligérants; or la Prusse, qui venait justement de s'immiscer dans la négociation, ne pourrait-elle pas servir dans ce but?

Sur ces entrefaites, Knesebeck arrivait à Vienne. Le 14 janvier, il écrivait une longue lettre à Hardenberg pour lui exposer le résultat de ses premières conversations avec Metternich. La situation respective de l'Autriche et de la Prusse vis-à-vis de la France était loin d'être identique. L'alliance signée entre la Prusse et la France présentait un caractère de contrainte tel qu'il permettait sans transition aucune un saut dans le camp opposé : « Car ce qui a comme fondement la contrainte ne crée pas d'obligation et cesse avec la contrainte qui l'a produit. » L'alliance entre l'Autriche et la France, renforcée encore par le mariage d'une archiduchesse, avait été souscrite au contraire avec une telle liberté qu'elle ne permettait pas la même ligne de conduite sans porter une grave atteinte à la dignité de l'empereur. C'est ce qui résultait de la situation différente des deux cabinets. Aussi « le but principal du cabinet autrichien devait-il être pour le moment d'obtenir sa pleine liberté d'une manière digne et juridique, et d'être délié par la France même de son alliance. ... Le premier moyen pour arriver à ce but, continuait Metternich, était la *mobilité;* or, l'Autriche avait maintenant retrouvé toute sa mobilité... Les circonstances avaient, en effet, détruit une partie de la prépondérance de la France, et ces mêmes circonstances avaient permis à l'Autriche de recouvrer sa mobilité en s'offrant à la France comme médiatrice et en étant acceptée comme telle par cette puissance. Du moment où Napoléon s'était expliqué à ce sujet avec le comte Bubna et qu'il lui avait dit : — J'accepte la médiation de l'Autriche, — la situation de l'Autriche avait complètement changé et la médiation était devenue pour elle le but principal à poursuivre. » L'Autriche avait ainsi recouvré toute sa liberté; et c'était la France elle-même qui lui avait donné cette mission de chercher des conditions de paix durable. Aussi était-elle autorisée à parler de paix à la Russie, à l'Angleterre, à l'Allemagne, à l'Italie, à la France, et par cela même « pouvait-elle dans la suite, sans manquer à sa dignité, retirer son corps auxiliaire du parti français, se jeter avec toutes ses forces du côté qui offrirait une base de paix durable, et se tourner contre la puissance qui n'accepterait pas les conditions de cette paix. » Étranges, ces déductions de la politique autrichienne; avec de telles conceptions, jusqu'où ne pouvait-on pas aller?

« Le *premier pas*, qui consiste à pouvoir se mouvoir librement de quelque côté que ce soit, est donc fait; mais l'Autriche se servira-t-elle véritablement de cette liberté, et voudra-t-elle s'en servir? Elle ne le sait pas encore. Elle se contente d'armer lentement. Le *second pas*, qui va suivre le premier, est d'offrir à la Russie et à l'Angleterre sa médiation. C'est ce que l'Autriche est en train de faire. Dès que les puissances auront accepté cette médiation, il faudra trouver les bases d'une paix durable : ce sera le *troisième pas* à faire. » L'Autriche veut laisser parler Napoléon le premier sur cette question, ou plutôt l'amener à parler le premier. Sur le *quatrième pas*, c'est-à-dire sur la question de savoir si l'Autriche, une fois les bases de la paix posées, ne se contentera que de conversations ou si elle les appuiera avec toutes ses forces, et s'alliera aux nations qui les auront adoptées, le cabinet autrichien ne paraît pas vouloir s'expliquer encore.

« Ce que l'on peut espérer, c'est que les conditions de paix que l'on paraît avoir dans la tête soient acceptées plutôt par la Russie que par Napoléon, parce que vraisemblablement (1) les sacrifices seront de son côté... Ce que l'on peut craindre, c'est que la Russie

(1) Metternich a mis en marge, de sa main : « sûrement. »

ne soit pas disposée à faire une paix générale avec toutes les puissances, mais qu'elle se contente de la faire avec l'Autriche, la Prusse et l'Allemagne, et qu'elle veuille achever ce qu'elle a si heureusement commencé : c'est cette incertitude qui semble être la cause du mutisme actuel de l'Autriche. Elle parait craindre que, si la Russie se contente des résultats acquis jusqu'à présent, toutes les charges de la guerre ne retombent une fois de plus sur elle et sur l'Allemagne ; or c'est précisément ce qu'elle veut éviter. Aussi, tant qu'elle ne connaitra pas les forces actuelles de la Russie et celles que cette puissance peut mettre en ligne plus tard pour obtenir la paix, l'Autriche ne veut pas agir activement. »

Une ligne de conduite aussi subtile devait forcément conduire à des déductions subtiles et imprévues : « Tant que la Russie ne se sera pas déclarée, l'Autriche, continue Knesebeck, semble vouloir rappeler son corps auxiliaire sur sa frontière de Silésie ; armer au fur et à mesure de la marche en avant des Russes, en procédant progressivement province par province ; paralyser l'influence de la France, en donnant l'exemple à toutes les puissances dont le fondement de l'alliance avec la France a été la contrainte, de refuser toute nouvelle augmentation de leur contingent, et de le limiter à l'effectif actuel ; faire passer ainsi la France, dont la puissance militaire a été détruite, de la position de puissance dominante à celle de puissance égale » ; agir, en un mot, par tous les moyens possibles, sur le *moral* de Napoléon, et lui en imposer par un ton de conversation énergique. « Dans ce but, il serait à désirer que l'Autriche, qui n'a rien à craindre de la Russie, concentrât ses troupes actuel·ent ·n Galicie et en Hongrie, en Bohême, et rappelâ· ·n ·orps auxiliaire; en somme, qu'elle se plaçât au point de vue militaire dans une situation identique à celle où elle se trouvait déjà au point de vue diplomatique ; c'est-à-dire qu'elle n'agit plus activement, car le médiateur doit être, comme le juge, impartial en toutes choses. L'Autriche doit donc armer, mais ne se déclarer pour aucune des parties. »

Ces vues de Metternich provoquent des observations de la part de Knesebeck ; il pense qu'il serait nécessaire que l'Autriche mit tout d'abord d'accord sa conduite militaire avec sa conduite politique ; car, à l'heure actuelle, elle en impose seulement à Napoléon comme homme politique et non à Napoléon comme capitaine. Et dans ces conditions, la France, qui a perdu momentanément tout prestige, va redevenir bientôt une puissance de premier ordre. L'Autriche devrait donc profiter du moment de faiblesse actuelle de la France pour dicter à Napoléon des conditions de paix, aussitôt que des réponses de l'Angleterre et de la Russie lui seraient parvenues. Ces conditions, continuait Knesebeck, l'Autriche espère qu'il les acceptera sans qu'il soit nécessaire de s'engager plus à fond, simplement en lui faisant entrevoir qu'elle pourrait, en cas de refus de sa part, se déclarer contre lui et s'allier à ses ennemis. « Jusqu'à ce moment, l'Autriche cherchera, par l'habileté de sa ligne de conduite et son activité passive, à forcer la Russie à poursuivre les avantages qu'elle a déjà obtenus et à avancer vers l'Ouest, de manière à être utile à la Prusse et à l'Allemagne du Nord ; à persuader à l'Allemagne elle-même, et particulièrement à l'Allemagne du Sud, comme au Danemark et à la Suède, d'agir par eux-mêmes pour recouvrer leur indépendance, et à ne pas leur laisser croire que l'Autriche agira toute seule. (Mais les autres puissances consentiront-elles à avancer, si elles ne sont pas certaines de trouver dans l'Autriche une protection ?) Pour atteindre ce but, le cabinet autrichien souhaite que toutes les puissances profitent du moment de faiblesse actuelle de la France pour passer de la position de dépendance à celle d'indépendance ; il espère qu'elles s'uniront immédiatement à l'Autriche, et ainsi, par notre moyen [de la Prusse] et le sien [de l'Autriche], constitueront dans le centre de l'Europe une grande alliance libre, née des circonstances, qui sera fondée sur l'indépendance des États et la sécurité de leurs possessions, et formera ainsi un système de justice qui remplacera le système des alliances imposées ou le système continental, et s'opposera à toute tentative de domination et d'agrandissement d'une des puissances, quelle qu'elle soit, au détriment des autres. »

Enfin, et c'était ce que Knesebeck attendait avec le plus d'impatience, l'Autriche souhaite que la Prusse « déclare la neutralité de la Silésie (1), que le roi de Prusse se rende dans cette province, et qu'il change son ton vis-à-vis de la France (2) ». Sous ce dernier désir, il faut entendre qu'au lieu de la « fidélité inébranlable à l'alliance, nous fassions sentir que le roi ne sera bientôt plus le maître de l'opinion publique; qu'il ne peut pas répondre malgré sa volonté et ses ordres de la fidélité de la nation et du reste de l'armée; que le mécontentement gagne de jour en jour; que le poids de la guerre devient de plus en plus lourd; bref, comme le dit le comte de Metternich, il faut que nous poussions un cri d'alarme sur ce qui peut arriver, si la paix n'intervient pas bientôt. De cette manière, nous gagnerions un peu plus de liberté, nous nous ménagerions une porte de sortie, et aurions l'excuse, si ces événements se produisaient, de les avoir prévus ».

« En somme, termine Knesebeck, l'opinion de

(1) En marge, de la main de Metternich : « Qu'elle la neutralise vis-à-vis de la Russie, par une convention avec la Russie, sans conclure à ce sujet un acte de neutralité avec la France. Elle se justifierait à l'égard de la France en prétendant qu'il est nécessaire que le roi conserve pour lui une province que la France n'est pas capable de défendre. »

(2) Metternich a ajouté en cet endroit : « Oui en agissant ainsi, la Prusse ne fera que profiter des circonstances et n'ira pas à l'encontre des plans autrichiens en passant du côté russe. La Russie sera alors forcée d'agir activement en faveur de la Prusse avec toute sa puissance. »

Metternich paraît être de vouloir affaiblir par tous les moyens possibles le *moral* de Napoléon, et de lui faire sentir que ses alliés, malgré la volonté de leurs souverains, l'abandonneront, poussés qu'ils seront par la force de l'opinion publique; il faut lui faire voir en un mot qu'il est dans l'ordre des choses qu'un système qui repose sur la force tombe de lui-même aussitôt que la force qui l'a fondé a disparu (1) ».

Telles étaient les conclusions que Knesebeck attribuait à Metternich; elles ne pouvaient qu'encourager la Prusse à un changement de système. Sans doute l'Autriche ne se prononçait pas aussi vite que le gouvernement de Berlin l'aurait désiré; elle voulait encore attendre; elle voulait laisser Napoléon parler le premier et prendre l'initiative des conditions de paix, au lieu de les lui poser elle-même; elle voulait pour le moment agir passivement, et encore son mode d'action était-il indéterminé, puisqu'elle ne voulait pas se prononcer sur la manière dont elle entendait procéder dans la suite. Metternich était toujours dominé par la crainte de Napoléon; il n'osait pas encore le regarder en face et se mesurer directement avec lui. Cependant, carte blanche était laissée à la Prusse; timidement, on lui conseillait de changer d'attitude vis-à-vis de la France, et peut-être, sous ces

(1) Knesebeck à Hardenberg, Vienne, 14 janvier. — ONCKEN, I, 137 et suiv. (texte allemand).

conseils, pouvait-on lire qu'on souhaitait qu'elle s'alliât à la Russie.

Il est curieux de rapprocher la manière dont Metternich juge les aspirations des peuples de l'Allemagne des paroles du prince de Hatzfeld à Paris. Les Autrichiens et les Prussiens ont la même crainte, celle de ne pouvoir plus être bientôt les maîtres de leurs peuples, et ils les expriment de la même façon. Les peintures faites par Hatzfeld à l'empereur étaient donc exactes, et nullement exagérées. Que n'ont-elles fait impression sur lui !

La politique autrichienne reposait donc pour l'instant sur « des nuances intermédiaires (1) ». Or, ces nuances intermédiaires étaient tellement peu accusées que l'envoyé prussien ne les distingua pas. Aussi Metternich envoya-t-il à son ambassadeur à Berlin, le comte Zichy, une dépêche dans laquelle il lui expliquait que Knesebeck lui avait lu la minute du rapport destiné au roi, en le priant d'y changer ce qu'il jugerait convenable, mais qu'il s'était aperçu qu'au lieu de refaire ce travail en tenant compte de ses observations, « Knesebeck s'était borné à envoyer la note telle quelle, en omettant les remarques les plus essentielles, en y substituant d'autres que je ne lui ai point faites »; donc, « vous voudrez bien, en remettant le paquet au chancelier, lui dire que je ne

---

(1) Metternich à Wessenberg, Vienne, 8 février.

saurais reconnaître le travail de M. de Knesebeck comme l'expression de nos sentiments et de notre manière catégorique de juger la grande question du moment; que lui ayant fait des remarques très essentielles sur la minute qu'il m'avait lue, et ignorant s'il avait retouché son travail, ignorant surtout s'il m'avait parfaitement compris, je priais le chancelier de ne faire aucun cas de cette pièce, et de la regarder, dans tous les cas, bien plus comme l'expression du zèle de Knesebeck que de nos intentions (1) ».

Metternich se reprenait-il et pensait-il avoir été trop loin dans ses conversations? Peut-être. En tout cas, s'il corrige les nuances, il confirme les propos et ne change rien à ses dires antérieurs; bien plus même, il les précise et les éclaire d'un jour oblique qui met en valeur les demi-teintes et découvre les arrière-pensées : « Vous vous convaincrez, écrit-il au même, que nous ne voulons absolument pas influencer le parti que pourrait vouloir prendre le roi de Prusse. Nous avons deux motifs pour cela : d'abord celui de ne pas nous charger de la responsabilité des résultats que pourrait avoir pour la famille royale un coup de parti; et parce que nos calculs portent à peu près avec les mêmes chances sur les deux alternatives. Vous vous tiendrez donc dans la plus grande passivité sur les déterminations de Sa Majesté Prus-

(1) Metternich au comte Zichy, à Berlin; Vienne, 16 janvier. En chiffre; texte français dans ONCKEN, I, 410.

sienne (1) ». Ces deux alternatives étaient le système français d'une part, le système russe de l'autre ; or, la supériorité de l'un des systèmes sur l'autre ne paraissait pas pour le moment évidente aux yeux de Metternich. D'un côté, en effet, c'était la suprématie de la France ; de l'autre, celle de la Russie. Or, ce qu'il voulait, c'était échapper à la suprématie de l'une et de l'autre puissance, c'était pouvoir parler aux deux empereurs français et russe d'égal à égal ; ce qu'il voulait, c'était créer une puissance allemande absolument indépendante à côté des deux empires déjà existants, une confédération germanique remplaçant le Saint-Empire (2) et servant de contre-poids en Europe aux idées d'agrandissement et de bouleversement que pouvaient rêver les deux empereurs d'Orient et d'Occident. Il devenait donc difficile, dans les circonstances actuelles, de donner à la Prusse un conseil ; tout ce qu'il pouvait faire, c'était « de développer le plus possible sa propre marche ; de fournir à la puissance amie un point d'appui, un point sur lequel il lui fût possible d'asseoir au moins ses calculs (3) ».

Il est cependant évident que, si l'Autriche n'a pas encore pris un parti, elle penche vers un camp plutôt que vers l'autre. Pendant les deux mois de décembre et

---

(1) Metternich au comte Zichy. Même lettre.
(2) METTERNICH, *Mémoires*, I, 128.
(3) Metternich au comte Zichy, à Berlin ; Vienne, 16 janvier. En clair. — ONCKEN. I, 409 (texte français).

de janvier, les opinions de Metternich se sont considérablement modifiées; les conversations de Bubna avec Napoléon, les lettres que l'on a reçues à Vienne, celle de Napoléon à l'empereur François, celle de Bassano à lui-même Metternich, lui font voir que pour le moment la principale source du danger vient du côté de la France. C'est donc contre la France qu'il faut manœuvrer, c'est contre elle qu'il faut accumuler les obstacles, c'est à Napoléon qu'il faut susciter les embarras. On l'affaiblira ainsi, et peut-être alors le rêve autrichien pourra-t-il recevoir un commencement d'exécution? Naturellement, tout cela doit se faire discrètement; à une diplomatie de nuances, il faut ajouter de la délicatesse dans la manière d'agir.

Malgré les réticences de Metternich et son désaveu plus apparent que réel, Knesebeck a fort bien jugé la situation; pour lui, elle se résume ainsi : l'Autriche est loin de jouer le rôle de médiateur actif, puisqu'elle ne se trouve pas même dans celui de médiateur passif, attendu que son corps auxiliaire est encore avec les Français; « l'Autriche n'est pour le moment qu'un intermédiaire qui transmet les conversations, qui laisse les événements se dérouler sans chercher à les arrêter ou à les retarder; elle se contente de renforcer le parti russe en laissant voir aux autres cabinets qu'elle ne les empêchera pas de se détacher de la France, et cherche ainsi à affaiblir la France en lui enlevant ses alliés. L'Autriche semble vouloir se tenir dans cette réserve tant qu'elle ne connaitra pas les conditions de paix de l'une ou l'autre partie ; lorsque l'une ou l'autre partie se seront expliquées sur ce point, l'Autriche appuiera peut-être avec sa puissance militaire les conditions de paix qui lui paraitront les plus acceptables, soit avec une portion de ses troupes, soit avec toutes ses forces ; ou bien finalement elle restera absolument neutre. » Mais tant que l'Autriche ne connaitra pas les conditions de paix des deux parties, « le comte de Metternich semble vouloir se ménager une de ces trois éventualités en armant sans se prononcer : c'est ce qu'il appelle l'entière *mobilité*; c'est pour le moment son mot favori sur lequel il revient continuellement. Avec un tel système, il est impossible de prévoir avec sûreté quel chemin prendra la balle qui se meut dans l'air, ou dans quelle direction les événements la pousseront. Cependant, je crois que l'on peut être certain qu'elle ne se tournera pas du côté français, car, avec cette arrière-pensée, il serait absurde de renforcer le parti adverse (1) ».

A la sortie de son audience avec l'empereur, les opinions de Knesebeck se précisent encore davantage. Moins prudent que Metternich, l'empereur François parlait plus ouvertement, quitte à parler quelquefois trop et à être forcé de faire atténuer ses dires par son

(1) Lettre de Knesebeck à Hardenberg, Vienne, 19 janvier. ONCKEN. I. 148 (texte allemand).

ministre. Knesebeck apprit ainsi positivement, et non plus à demi-mot, que la cour de Vienne ne voyait pas d'un mauvais œil le changement de résidence du roi de Prusse ; que l'empereur ne voulait pas se déclarer tant qu'il n'aurait pas reçu la réponse de la Russie et de l'Angleterre, mais qu'il comprenait fort bien que la Prusse, ne pouvant plus attendre d'avantage, s'alliât à la Russie. Quant à lui, il ne donnerait plus un soldat à Napoléon, et la Prusse n'avait rien à craindre de sa part. Elle pouvait se fier à sa parole, il ne ferait rien contre elle ; mais il ne pouvait pas pour le moment retirer son corps auxiliaire tant que Napoléon n'en aurait pas fourni le prétexte. « Jusqu'à présent, continua l'empereur, Napoléon ne semble pas avoir compris sa situation ; il compte toujours sur une grande armée qui n'existe que dans son esprit ; on ne peut donc pas être sûr qu'il n'acceptera pas de condition raisonnable ; on ne le saura que quand il aura entièrement vu sa position. Il ne faut pas attacher trop d'importance à ses paroles, ni au mot de prépondérance, parce qu'il cherche par là, en flattant l'orgueil de ses peuples, à mettre sur pied de grands moyens pour continuer la lutte et obtenir une paix convenable. Le jour où il verra qu'il n'a plus rien à sa disposition, il parlera peut-être autrement. S'il était déraisonnable, et si les autres se montraient raisonnables, alors seulement on pourra savoir comment on agira à son égard. »

Les conclusions de l'empereur étaient que, « pour le moment, les Russes ne devaient pas dépasser avec leurs forces principales l'Oder, mais devaient s'emparer des forteresses de la Vistule et de l'Oder, et n'envoyer en avant que des corps détachés; ils ne devaient pas s'avancer avec leurs forces principales jusqu'au Rhin, afin de ne pas éprouver un nouvel échec; car dans ce cas, tout ce qu'ils auraient fait serait perdu... Il ne faut pas qu'ils soulèvent les peuples; cela ne conduirait qu'à l'anarchie et donnerait le prétexte à Napoléon de bouleverser l'ordre actuel et les gouvernements établis. — En ce qui concerne la paix qu'il proposera, on doit s'attendre à ce qu'il n'offre pas une paix française, mais une paix telle que l'Autriche désire la voir faite et l'envisage durable pour le bien de l'Europe. »

Ainsi dans la même audience, Knesebeck recevait de l'empereur lui-même l'assurance « que le roi de Prusse pouvait être certain qu'on n'agirait pas en ennemi contre lui »; mais aussi que, pour le moment, l'Autriche ne voulait pas prendre dans la lutte une part active (1).

L'empereur parlait donc dans le même sens que le ministre; ni l'un ni l'autre ne voulaient se compromettre : il fallait, avant de rien entreprendre, connaître la pensée de Napoléon et savoir exactement

---

(1) Lettre de Knesebeck à Hardenberg. ONCKEN, I, 152.

la manière dont il jugeait sa situation. Décidément, on ne pouvait traiter le gendre en ennemi, mais seulement en fils incorrigible qui avait besoin d'une leçon. Pour cela, on cherchait à l'affaiblir, en détachant de lui ses alliés, tout en restant en dehors des événements, et en se réservant d'entrer en scène plus tard. Dans le cas seulement où les conditions de paix seraient par trop inacceptables, on proposerait aux deux parties une paix autrichienne, et on appuierait ses prétentions de toutes les forces de l'empire.

C'étaient donc des conseils que la Prusse recevait, mais ce n'était pas ce qu'elle désirait. Knesebeck avait reçu l'ordre de signer un traité et d'obtenir des réponses fermes à ses demandes : jusqu'à ce jour, l'Autriche s'était prêtée à des conversations, mais s'était dérobée toutes les fois qu'il s'était agi de prendre des engagements positifs et par écrit, suivant le principe de Metternich qui avouait avec cynisme « éviter autant que possible les assurances données par écrit, pour ne pas se compromettre (1) ».

A Humboldt, qui insistait à nouveau pour obtenir des réponses catégoriques, le ministre autrichien répondit que Knesebeck, devant partir le 29, porterait au roi de Prusse une lettre de l'empereur, et que le comte Zichy donnerait à Berlin les explications nécessaires.

---

(1) Lettre du comte d'Hardenberg, 27 janvier. ONCKEN, II, 109.

Dans sa lettre au roi, l'empereur écrivait : « Je me flatte que Votre Majesté trouvera conforme à ses désirs les ouvertures que lui apportera le colonel de Knesebeck... Il ne me reste qu'à ajouter l'assurance directe qu'un changement d'attitude politique de Votre Majesté ne saurait, dans la position actuelle des choses, ni altérer les rapports de confiance établis entre nous, ni déroger aux sentiments bien vrais que je lui ai voués (1). »

Les dépêches à Zichy du 30 janvier lui prescrivent d'assurer la cour de Prusse « que Sa Majesté impériale se refuse, maintenant comme toujours, à se charger de décider du rôle que Sa Majesté Prussienne pourrait trouver le plus conforme à sa position du moment », mais « qu'un changement d'attitude de sa part ne saurait préjudicier aux rapports existant entre les deux cours ». Il est d'ailleurs évident « que la réunion des forces militaires de la Prusse avec les forces russes place un poids considérable dans la balance de la paix, en diminuant les chances de la France ». Dans les circonstances actuelles, l'Autriche souhaite que la Prusse unisse ses efforts aux siens pour obtenir la paix, et par paix il faut entendre : « un état de choses stable et qui renferme dans ses bases mêmes la garantie de sa durée. » Il faudra donc trouver une certaine « position d'équilibre »

---

(1) Lettre de l'empereur François au roi Frédéric-Guillaume. Vienne, 28 janvier. Oncken, I, 154, 412 (texte français).

entre les grandes puissances intermédiaires placées entre la France et la Russie. Dans ce but, l'Autriche « a déjà fait en faveur de la paix des démarches en France, en Angleterre et en Russie », et « la mobilisation d'une nouvelle armée est en train. Les ordres sont donnés, ils s'exécutent ». A la fin d'avril, l'Autriche aura 100,000 hommes sous les armes. « Cependant, si Sa Majesté n'était pas secondée dans ses vues par la Russie et par l'Angleterre, elle pourrait à regret se trouver forcée d'abandonner la marche qu'elle suit ; jamais cependant ces puissances ne lui en feraient adopter une contraire, qui serait en opposition avec ses principes et sa conviction. Elles seules pourraient, d'un autre côté, porter l'Autriche à étendre les secours limités qui ressortent de son traité avec la France (1). » Cette dernière idée, sur laquelle Metternich revient longuement dans une seconde note (2), peut être grosse de conséquences,

---

(1) Lettres de Metternich à Zichy : trois lettres du 30. Texte français dans ONCKEN, I, 412.

(2) « L'empereur a déclaré explicitement à l'empereur des Français que nulle offre de sa part ne le porterait jamais à étendre ses secours dans le sens de l'alliance actuelle, au delà des stipulations du traité du 14 mars... Il est cependant hors de doute que plus Sa Majesté impériale met de réserve dans le soutien qu'elle accorde à une cause que nous sommes très éloignés de regarder comme la nôtre, moins il serait possible que nous prissions un engagement qui nous liât les mains envers les coalisés. Il doit leur suffire sans doute de savoir que des prétentions de leur part, incompatibles avec les intérêts de l'Autriche, pourraient forcer l'empereur notre auguste maître à une extension de mesures que ni les menaces, ni les promesses de la France ne parviendraient à lui faire accorder. » (Metternich à Zichy, 20 janvier. Deuxième lettre. ONCKEN, I, 414.)

car elle détruit la portée de toutes les dernières conversations avec la Prusse. C'est un mouvement d'arrêt qui empêche la marche en avant, et qui, pouvant être interprété de diverses manières, tend à diminuer la confiance que l'on peut avoir dans ses déclarations antérieures.

L'Autriche ne voulait donc s'engager ni d'un côté, ni de l'autre ; son parti n'était pas encore pris. Malgré tous ses efforts, la Prusse ne pouvait rien apprendre de plus précis ; elle devait se contenter de savoir qu'on lui laissait toute liberté d'action, toute indépendance pour changer ses alliances, et même que l'on ne verrait pas d'un mauvais œil son passage dans le camp opposé. La Prusse était ainsi délivrée des craintes qu'elle pouvait avoir sur un danger venant du côté autrichien, car, dans aucun cas, on ne profiterait de la situation de flanc que l'on occupait pour tomber sur ses derrières. Dans son système de paix continentale et de refonte de la carte d'Europe, l'Autriche avait besoin d'un axe autour duquel se ferait le nouveau groupement des puissances : cet axe sera l'Autriche unie à la Prusse, mais à une Prusse forte et redevenue puissance de premier ordre. Donc, loin de songer à diminuer cette puissance, l'Autriche avait intérêt à la fortifier. Ces aveux étaient précieux pour le chancelier prussien : l'essentiel comme le difficile était de savoir en profiter.

CHAPITRE IV

LE ROI DE PRUSSE A BRESLAU

I. Saint-Marsan annonce le changement de résidence du roi. — Incurie de Saint-Marsan. — Lettre d'alarme de Lefebvre. — Lettres des maréchaux sur le même sujet. — Opinion de Napoléon. — Discussions au sujet de la neutralité de la Silésie. — Mouvements d'York. — Insurrection dans la Prusse orientale. — Mémoire d'Ancillon. — Mémoire de Knesebeck. — Édits de février. — Résultat de ces édits. — Explications demandées par Lefebvre. — Rappel de M. de Terrach. — Note d'Hardenberg du 15 février, et entretien avec Saint-Marsan du 13. — Armements de la Prusse. — Ordre de l'empereur pour faire cesser le recrutement.

II. Instructions de Knesebeck. — Projet de traité emporté par Knesebeck. — Lebzeltern n'arrive pas à Kalisch. — Réponse du tsar au prince Czartoryski. — La question polonaise.

I

Le 19 janvier, Saint-Marsan prévenait Bassano que le roi Frédéric-Guillaume avait le projet de se rendre à Breslau avec la famille royale. Le gouvernement prussien laissait à Berlin une régence (1); quant au

(1) La régence était formée des ministres, comte von der Goltz et von Kircheisen; du général comte von Lottun; et des conseillers d'État von Schuckeman, et von Bülow. — Lettre de Saint-Marsan, 16 janvier. (Arch. des Aff. étrangères, Prusse, 252.) — *Moniteur*, 2 février.

corps diplomatique, il était libre « de suivre ou de rester à Berlin, à la réserve des ministres de France et d'Autriche qui étaient invités positivement à se rendre auprès du roi (1). »

C'était donc le plan d'Hardenberg du 28 décembre qui commençait à entrer en exécution. On avait fait demander à l'Autriche par Knesebeck si elle ferait une objection à ce changement de résidence; sa réponse arrivait et semblait favorable à ce déplacement (2). Le major von Natzmer rentrait également du quartier général russe (3) avec une lettre d'Alexandre, rassurante sur les vues ultérieures de la Russie. Le moment paraissait donc venu de soustraire le roi à la surveillance des baïonnettes françaises, et de transporter le siège du gouvernement en Silésie, territoire neutralisé par la France et qui

---

(1) Saint-Marsan à Bassano, Berlin, 16 janvier. (Arch. des Aff. étrangères, Prusse, 252.)

(2) La dépêche de Knesebeck du 14 n'était probablement pas encore arrivée à Berlin; elle n'y arriva vraisemblablement que dans la soirée de ce jour-là. Le gouvernement prussien agissait donc sans aucune pression de l'Autriche; il agissait librement, mais il est à croire que, sans avoir de réponse officielle, la Prusse savait par avance que l'Autriche ne s'opposait pas à cette mesure. (Voir la correspondance de Metternich à Zichy.)

(3) Il rentra le 20. (Arch. des Aff. étrangères.) — Mais le tsar avait fait savoir le 13 qu'il pousserait un corps au delà de la Vistule, et qu'il attendrait la décision du roi sur la Vistule elle-même (BOYEN, I, 402); qu'il n'avait encore rien décidé au sujet de la Pologne, mais que l'ancien partage entre l'Autriche, la Russie et la Prusse semblait la meilleure solution du problème; qu'il espérait persuader au roi et à l'Europe qu'il ne cherchait pas de conquêtes en continuant la guerre. (ONCKEN, I, 194.)

échappait ainsi à son contrôle officiel ; il semblait d'autant mieux choisi que la division Grenier, forte de 20,000 hommes, venait d'arriver à Berlin, et que l'on disait qu'elle avait dû cantonner à Potsdam malgré les termes formels du traité du 24 février 1812 (1). La nouvelle s'en était répandue aussitôt et avait donné naissance au bruit que les Français voulaient se saisir de la personne du roi. « La ville de Potsdam fut alarmée, les bourgeois offrirent au roi de le défendre (2). »

Hardenberg prit motif de cet incident pour hâter le départ et représenter au roi qu'à Berlin il n'était plus en sûreté : aussi le 22, de grand matin, le roi et le prince royal partirent-ils pour Breslau, et, afin d'éviter les troupes françaises, passèrent-ils par Beeskow, Sagan et Haynau, de sorte qu'ils n'arrivèrent à Breslau que le 25 dans l'après-midi.

Le *Journal de Berlin* du 25, en annonçant ce déplacement, recommande aux habitants de se conduire envers les militaires français comme envers des alliés, et de se souvenir de l'amitié qui liait le roi de Prusse à l'empereur Napoléon.

En agissant avec cette rapidité, le gouvernement prussien voulait présenter à l'empereur le fait accom-

---

(1) DE CLERCQ. — Article 6 : « La ville de Potsdam sera exempte de troupes françaises et de garnisons françaises. »
(2) Saint-Marsan à Bassano, Berlin, 18 janvier. (Arch. des Aff. étrangères, Prusse, 252.)

pli. Napoléon le comprit fort bien, mais il était trop tard pour formuler des objections; il se contenta d'affecter l'indifférence : « Le roi a le projet d'aller en Silésie; je trouve cela fort à sa place, » dit-il le 29 à Hatzfeld (1). Malgré ce calme apparent, cette nouvelle l'inquiète, car à la date du 22, dès l'arrivée du courrier de Berlin, il fait écrire par Bassano à Saint-Marsan : « Vous me parlez dans votre dépêche du 16 des dispositions faites par le roi pour le temps de son absence, et lorsqu'il sera à Breslau; mais vous ne me donnez point votre opinion sur cette détermination que le roi peut avoir prise de quitter Berlin, et dans des circonstances où une telle démarche peut n'être rien moins qu'indifférente (2). »

Que faisait donc Saint-Marsan à Berlin?

Il était toujours plongé dans le même optimisme; il conservait une impassible sérénité; il ne voyait rien, n'entendait rien, ignorait tout autour de lui. Aussi certifiait-il les bonnes dispositions de la Prusse : « Jamais, écrivait-il, on ne met en doute la manière de penser du roi (3). » Il recevait l'assurance que, puisque le contingent était décidément perdu, on ferait, malgré l'épuisement des ressources, des efforts

(1) Lettre d'Hatzfeld, 29 janvier. ONCKEN, I, 157.
(2) Bassano à Saint-Marsan, Paris, 22 janvier. (Arch. des Aff. étrangères, Prusse, 252.)
(3) Saint-Marsan à Bassano, Berlin, 20 janvier. (Arch. des Aff. étrangères, Prusse, 252.)

pour en réunir un autre (1). Et, se contentant de cette promesse vague, il trouvait naturel que les 12,000 hommes qui composaient les restes de l'armée prussienne, au lieu de former le noyau du nouveau contingent, se dirigeassent vers la Silésie en même temps que le roi, « ce pays pouvant être exposé, si Varsovie était occupé par l'ennemi (2). » Cette insouciance provoquera des reproches de l'empereur. « La Prusse, au lieu de concourir avec nous à défendre son territoire et à réparer la trahison du général York, ne fait rien. Il y a 2,000 hommes de cavalerie qui s'enferment dans les places de la Silésie, comme s'ils avaient peur de nous, au lieu de nous aider à défendre leur pays (3). » Il ne voyait pas l'importance qu'avait le manque de publicité donné aux mesures prises contre le général York; il allait même jusqu'à excuser sur ce point le gouvernement prussien : « On a oublié, écrit-il, de communiquer soit au gouvernement prussien, soit à moi, les déterminations de Sa Majesté le roi de Naples relativement à la capitulation du général York. Ainsi que je l'ai mandé à Sa Majesté, le roi a suspendu toute publication à ce sujet, pour se conformer exactement à ce

---

(1) Saint-Marsan à Bassano, Berlin, 26 janvier. (Arch. des Aff. étrangères, Prusse, 252.)

(2) Saint-Marsan au major général, Berlin, 20 janvier. (Arch. des Aff. étrangères, Prusse, 252.)

(3) Napoléon au duc de Bassano, Paris, 3 février. (*Correspondance*, 19529.)

que Sa Majesté le roi de Naples aurait fait publier à l'armée (1). » Il lui faut une lettre de Bassano pour attirer son attention et lui faire remarquer que cette manière d'agir peut inspirer au public des doutes sur la bonne foi du roi, et laisser accréditer de mauvais bruits. « Si le roi, continue la lettre, ne fait pas juger et condamner par contumace le général York, s'il ne force pas la famille royale à montrer ouvertement des sentiments favorables à l'alliance, je le répète, monsieur le comte, on doutera de ses intentions (2). » Décidément, il était bien peu perspicace, ce ministre de France, et bien peu propre à donner un avis dans les circonstances actuelles!

Heureusement pour la France qu'à Paris l'empereur veillait. Le lendemain de la signature du Concordat, le 26 janvier, il fait écrire de Fontainebleau par Bassano : « Sa Majesté ne voit pas d'inconvénient à ce que le roi de Prusse se rende à Breslau, — le fait étant accompli il fallait l'accepter, — mais elle ne

(1) Saint-Marsan à Bassano, Berlin, 17 janvier. (Arch. des Aff. étrangères, Prusse, 252.)

(2) Bassano à Saint-Marsan, Paris, 14 janvier. (Arch. des Aff. étrangères, Prusse, 252.) — Or c'était précisément ce qui arrivait. Thile avait été envoyé le 21 auprès d'York pour lui communiquer la nouvelle du départ du roi pour Breslau ; mais il n'était pas chargé de lui notifier les mesures prises contre lui et que Natzmer n'avait pu lui communiquer. (DUNKER, LEHMANN, DROYSEN.) Aussi Auerswald a-t-il pu écrire dans son journal : « Le major Thile apporte l'approbation du roi pour les actes d'York et pour tout ce qui se fait ici. » (DROYSEN.) Évidemment Auerswald enregistre ainsi les bruits mis en circulation. Thile a démenti lui-même cette assertion. (HOLLEBEN, I, 183.)

saurait approuver en aucune manière qu'on ouvrît la moindre négociation avec les Russes pour la neutralité de la Silésie. Sa Majesté avait, en effet, consenti à ce que les troupes n'entrassent point dans la haute Silésie : mais cet arrangement n'avait rien de commun avec une neutralité. Une négociation avec la Russie sur un tel sujet serait un commencement d'arrangement avec l'ennemi, que Sa Majesté ne tolérerait point, et auquel vous devez vous opposer fortement (1). »

Lefebvre, premier secrétaire d'ambassade, resté à Berlin pour gérer les affaires, tandis que Saint-Marsan était à Breslau, se montrait beaucoup moins optimiste. Dans une lettre au ministre des affaires étrangères datée du 12 février, il pousse un premier cri d'alarme : « Déjà, avant le transfert de la résidence du gouvernement à Breslau, il avait été impossible de ne pas remarquer la répugnance avec laquelle le roi s'était prêté à désavouer publiquement la conduite du général York, et l'acte tout à fait blâmable qui mettait les troupes prussiennes dans la dépendance et sous la main de l'ennemi. Les expressions timides sous lesquelles ce désaveu avait paru pouvaient être mises sur le compte des ménagements que le roi croyait devoir à l'opinion de ses peuples et à la dignité de son gouvernement ; mais lorsque, après sa translation à Breslau, je vis qu'on résistait avec obsti-

(1) Bassano à Saint-Marsan, Fontainebleau, 26 janvier. (Arch. des Aff. étrangères, Prusse 252.)

nation au conseil de faire dans les gazettes des publications ayant pour objet de calmer les passions, de faire connaître l'invariable attachement du roi au système de l'alliance française ; lorsque surtout je connus que les instances faites de notre part pour que le nouveau contingent reçût ordre de se rapprocher du vice-roi restaient sans effet, et qu'au lieu de déférer à cette demande, le roi avait disposé de ce nouveau corps et entendait qu'il fît partie du camp qui était devant Colberg ; enfin, lorsque j'eus appris que les recrues de la marche de Brandebourg étaient acheminées sur la Silésie et non sur Neu-Stettin, il ne me fut guère permis de douter que le gouvernement prussien n'eût embrassé des vues qui n'étaient plus celles de son alliance et qu'il n'eût cédé à l'influence des circonstances ou aux suggestions des puissances ennemies de la France. »

Pour Lefebvre, ce changement devait être attribué à l'influence de l'Autriche, « dont on veut prendre autorité pour régler la conduite que l'on a à tenir... Ce n'est point par manie, continue Lefebvre, que le roi grossit dans ce moment son état militaire, sans s'arrêter à ce que prescrivent les traités avec la France ; la dépendance où il est le gêne et le blesse : il saisit avec avidité l'occasion où il est d'en sortir. Peut-être était-il déterminé à le tenter il y a dix-huit mois. Si Votre Excellence daigne se rappeler de ce que j'avais eu l'honneur de lui écrire dans ce temps de la Silésie, elle se souviendra que je la prévenais qu'il y avait visiblement deux mouvements opposés dans l'action du gouvernement prussien : un qui allait droit à la ligne de l'alliance, et qui était celui du chancelier d'État ; l'autre qui était oblique, et qui était propre au roi. Cette double action n'a cessé d'exister. Si le roi se jette aujourd'hui dans un nouveau parti, je ne crois pas que ce soit avec la simple ambition de conserver ce qu'il possède actuellement : il a dans son alliance avec la France une sécurité et une garantie qui suffiraient à des vues si modérées ; mais il espère regagner ce qu'il a perdu, ou du moins une partie de ce qu'il a perdu ; et cet avantage, qu'il croit qu'il n'obtiendrait pas de la condescendance de la France, dans l'état où il est, il espère le devoir à des armements extraordinaires qui lui permettraient d'entrer dans les arrangements prochains de l'Allemagne et d'y être compté pour quelque chose (1). »

Les maréchaux jugeaient comme Lefebvre : depuis longtemps déjà ils avaient donné un premier avertissement. Dès son entrée en Prusse, Macdonald avait écrit de Labiau : « Nous ne pouvons nous dissimuler que l'opinion des habitants nous est très défavorable, surtout parmi les campagnards (2). » Quelques jours

---

(1) Lefebvre à Bassano, Berlin, 12 février. (Arch. des Aff. étrangères, Prusse, 252.)
(2) Macdonald au major général, Labiau, 2 janvier. (Arch. nationales, A. F., IV, 1652.)

plus tard, il disait : « Les intentions du roi de Prusse sont bonnes, mais celles de ses troupes sont très mauvaises (1). » Et, le 10 janvier, il écrivait de Truntz : « On se fait illusion sur le corps prussien : malgré le désaveu formel du roi, il sera désarmé ou désertera. Longtemps avant cette catastrophe, officiers et soldats étaient dégoûtés de combattre pour notre cause (2). »

Davout était tout aussi pessimiste : « L'esprit est des plus mauvais en Prusse, et malgré la volonté ferme du roi dont on ne peut douter par ses dernières déclarations, des trahisons de la part des chefs militaires sont vraisemblables. Les Prussiens ont beaucoup de troupes rassemblées dans la forteresse de Graudenz et aux environs, et les opinions personnelles du commandant de Graudenz sont celles du général York (3). »

Ces avertissements, qui démentent la confiance de Saint-Marsan, provoquent chez l'empereur des sentiments de méfiance sur les intentions de la Prusse : il semble que la Prusse prépare secrètement une rupture ; mais il faut savoir jusqu'à quel point elle est déjà compromise avec les ennemis. A cet effet, l'empereur lui fait demander des explications. Bassano envoie à

---

(1) Macdonald au major général, Braunsberg, 8 janvier. (Arch. Guerre, correspondance générale, janvier 1813.)
(2) Macdonald au major général, Truntz, 10 janvier. (Arch. nationales, A. F., IV, 1652.)
(3) Davout au major général, Thorn, 11 janvier. (Arch. nationales, A. F., IV, 1652.) — Le gouverneur de Graudenz était le major Krauseneck.

Saint-Marsan une note dans laquelle il déclare trouver étrange que « le roi quittât Potsdam où il était couvert par la ligne de l'Oder pour s'établir dans une province qu'il appréhende, ainsi qu'il le dit lui-même, de voir exposée aux incursions » de l'ennemi. Il constate qu'au lieu de fournir le contingent « ainsi qu'il l'avait promis », le gouvernement renforce la garnison de Colberg et « parle d'établir sous les murs de cette place un camp retranché », contrairement aux termes du traité. « Ainsi la Prusse, par ce qu'elle ne fait point et par ce qu'elle veut faire, se place dans une situation telle que si l'armée devait revenir en deçà de l'Oder, elle n'aurait au delà aucun soldat prussien, tandis que deux armées prussiennes de 30,000 hommes, l'une à Colberg, l'autre en Silésie, ne donneraient aucune inquiétude à l'ennemi. » Toutes ces mesures sont la conséquence d'une idée fausse du gouvernement prussien : « Il croit n'être qu'auxiliaire, et M. d'Hardenberg l'a formellement dit. Mais comment pourrait-il n'être qu'auxiliaire dans une guerre dont la Prusse est le théâtre, et que l'ennemi lui fait non seulement par les armes, mais en révolutionnant ou en tentant de révolutionner ses provinces?... »

« La situation de l'Autriche et celle de la Prusse sont si différentes qu'il n'y a absolument pas de comparaison à faire entre elles, et que l'on ne peut rien conclure de l'une à l'autre... Si l'on a borné à

20,000 hommes le contingent que la Prusse devait fournir, c'est que d'abord l'empereur a eu égard à la situation du pays, et qu'il ne le voulait pas épuiser; c'est aussi que, dans les dispositions des esprits en Prusse, un trop grand armement eût été contraire aux règles de la prudence. Mais cela ne fait pas que l'alliance ne soit pas pure et simple ; cela ne fait pas que la Prusse ne soit pas partie principale dans la guerre comme la France l'est elle-même. C'est la fausse idée qu'elle n'y est qu'auxiliaire qui l'a portée à vouloir faire un arrangement avec l'ennemi, pour la neutralité de la Silésie. » Aussi, sans douter des intentions du roi, et tout en rendant justice à sa loyauté, Bassano estime « nécessaire qu'il ait une idée juste des engagements de l'alliance ;... il est nécessaire, continue-t-il, qu'il reforme son contingent avec ses meilleures troupes..., qu'il ne tienne à Colberg que le nombre d'hommes convenu;... il faut enfin que, dans toute sa conduite, ses intentions se montrent si bien que l'Europe n'en puisse concevoir aucun doute, ni l'ennemi aucune espérance (1). »

Telle était la manière de voir de l'empereur et de

(1) Note non datée de Bassano, et problablement non envoyée, car elle est rayée sur la minute des Archives; cependant, si cette lettre n'a pas été envoyée, et si Saint-Marsan ne l'a reçue dans ces termes, elle sert de base à toutes les notes suivantes; elle en est pour ainsi dire la synthèse. Aussi son contenu est-il parvenu à la connaissance du gouvernement prussien, et, à ce titre, a de l'importance, parce qu'il énonce pour la première fois les motifs de la rupture entre les deux gouvernements. (Arch. des Aff. étrangères, 252, Prusse.)

Bassano. Pendant ce temps, Hardenberg continuait à endormir Saint-Marsan par des négociations. Il reprenait avec lui la question de la neutralité de la Silésie et affirmait la nécessité absolue dans laquelle se trouvait le roi de Prusse d'obtenir cette neutralité : « Le roi se voit au moment que les cosaques inondent le seul asile qui lui reste. Il ne veut pas négocier avec la Russie, encore moins porter atteinte à toute alliance avec la France'; mais il se doit à lui-même, il doit à sa nation de faire une démarche en ce moment pour éviter le plus de malheurs possible : et d'ailleurs de quelle importance n'est-il pas de tâcher d'empêcher toute organisation de l'insurrection en Prusse, dont l'influence peut avoir des résultats incalculables? Vous voyez vous-même combien les esprits sont montés dans cette province. Le roi ne perdra-t-il pas entièrement toute popularité et toute la confiance de ses sujets quand on verra que, dans les circonstances où momentanément son auguste allié ne peut pas le défendre, on l'empêche même de faire une démarche naturelle pour essayer de prévenir ce dernier des malheurs, et cela par une méfiance que la conduite du roi n'a certainement pas méritée, et tandis que l'Autriche envoie, dit-on, un ministre en Angleterre, un autre en Russie, et qu'un autre s'est déjà rendu en Suède? » Aussi M. de Knesebeck va-t-il partir pour le quartier impérial russe, avec mission de négocier au sujet de la Silésie, de présenter des observations sur la ligne de conduite que les Russes ont adoptée dans la Prusse orientale, et de sonder l'empereur Alexandre sur la question de la paix. Hardenberg arguait donc de l'exemple de l'Autriche pour envoyer Knesebeck auprès d'Alexandre, bien qu'il eût appris par Metternich que la démarche de l'Autriche était faite avec l'assentiment de la France; mais il était persuadé que cet incident lui permettrait de gagner du temps. « J'ai conclu en disant, continue Saint-Marsan, que j'avais l'ordre le plus positif de m'opposer fortement à toute négociation avec la Russie... Les circonstances sont urgentes, et la position du roi dans le fait, si pénible que je crois qu'il persistera dans le projet d'envoyer M. de Knesebeck à l'empereur Alexandre (1). »

Dans l'est du royaume, en effet, la situation était grave. Reculer la frontière de la Russie jusqu'à la Vistule était le but que se proposait l'état-major russe ; aussi s'efforçait-il d'organiser à la russe la Prusse orientale, et il ne déplaisait pas au tsar de laisser circuler des bruits d'annexion, dans l'espoir qu'ils en imposeraient au gouvernement prussien. Bien plus, il cherchait à leur donner de la vraisemblance, et dans ce but, il attendait le moment propice pour entrer ouvertement en scène.

Le 20 décembre, York avait été nommé gouver-

(1) Saint-Marsan à Bassano, Breslau, 7 février. (Arch. des Aff. étrangères, Prusse, 952.)

neur de la province de Prusse. Cette nomination lui avait été apportée par Seydlitz à Tauroggen : « Aussi longtemps, disait l'ordre du roi, que vous serez hors des frontières de mon royaume avec les troupes sous votre commandement, le général-major von Bülow prendra toutes les mesures qui seront nécessaires et vous tiendra au courant de ce qu'il aura fait. Mais, dès que vous aurez repassé la frontière de mes États, je vous confie la sûreté de la province de Prusse, et le général von Bülow se contentera de former les réserves sur la Vistule (1). »

Le 1er janvier, York était entré à Tilsit. La veille, il avait écrit à Wittgenstein pour lui annoncer la convention : il lui avait fait espérer que ce premier pas serait bientôt suivi d'un second, et qu'ainsi serait rétablie la plus parfaite harmonie entre les deux États voisins. Wittgenstein avait répondu dès le lendemain qu'il verrait « avec la plus fiévreuse impatience » les troupes russes et prussiennes combattre ensemble pour l'indépendance de la Prusse et la délivrance de l'Europe. Aussi, dès la réception de cette lettre, York avait-il fait savoir à Wittgenstein qu'il estimait nécessaire la préparation d'un plan de campagne commun, parce qu'il ne mettait pas en doute que le roi n'approuvât sa conduite.

Le lendemain, 3 janvier, York écrivait au roi :

(1) Frédéric-Guillaume à York, Charlottenbourg, 20 décembre. DROYSEN, I, 266. (1875.)

« Le pas que j'ai fait, a été fait sans l'ordre de Votre Majesté : les circonstances et les nécessités les plus impérieuses doivent pourtant le justifier, même si la politique exige que ma personne soit jugée... Je suis prêt à recevoir tranquillement le jugement de Votre Majesté, et je lui jure que j'attendrai les balles aussi tranquillement sur le sable de la place d'exécution que sur le champ de bataille (1). »

En même temps qu'il envoyait cette lettre, il faisait partir le général Kleist pour le quartier général de l'empereur Alexandre. L'accueil que reçut l'officier prussien fut empressé : l'empereur lui promit 50,000 roubles d'argent pour les besoins du corps d'armée d'York ; le grand-duc Constantin, malade au lit, se leva sur son séant, et l'embrassa dès qu'il eut appris que Kleist venait en ami. Enfin le tsar, au moment de son départ, le chargea d'une lettre autographe pour le roi (2).

Le 5, York écrivait à Bülow, pour lui annoncer qu'ayant fait le premier pas, il était décidé à faire le second, si le roi le lui permettait : « C'est maintenant ou jamais qu'est venu le moment d'assurer l'indépendance de la Prusse. Les armées unies doivent concourir à ce but. » L'avant-garde de son corps va donc marcher sur Labiau ; il se rendra de sa personne à Kœnigsberg pour y concentrer toutes ses forces, et à ce

(1) Droysen, 1, 367.
(2) *Id.*, 1, 400.

moment Bülow pourra entrer en liaison avec lui (1).

Conformément donc à ses projets, et aux termes de la convention, York donna l'ordre à sept bataillons, huit escadrons et une batterie de se diriger sur Labiau et Kœnigsberg. Lui-même arriva dans cette dernière ville le 8 très tard, accompagné seulement de cinquante hussards; il y rencontra Wittgenstein et lui confirma les engagements pris dans ses lettres, mais par contre il paraît certain qu'il refusa de commencer le mouvement d'offensive sans ordres du roi (2).

Le lendemain 10 janvier, des lettres privées apportèrent à Kœnigsberg la première nouvelle du rejet de la convention par le roi (3). York fut profondément attristé; il était déçu : « Les corps ne m'obéiront plus, » disait-il amèrement. Aussi, sentant toute la fausseté de sa position, demanda-t-il à Kleist de prendre le commandement. Kleist refusa, alléguant qu'il était tout aussi coupable qu'York, et alla jusqu'à déclarer que, si York voulait le faire reconnaître devant le front des troupes, il refuserait le commandement devant ce même front (4).

Ainsi, maintenant que le premier moment d'en-

(1) Acten des Kriegs-Archivs des K. P. Grossen Generalstabes, analysé par HOLLEBEN, I, 69. — DROYSEN, I, 392.
(2) DROYSEN, I, 395.
(3) « Les courriers de Berlin sont de nouveau arrivés; la convention d'York est repoussée; l'aide de camp Natzmer doit l'arrêter avec Massenbach, mais les Russes ne l'ont pas laissé passer, » écrit Auerswald dans son journal. (DROYSEN, I, 399.)
(4) DROYSEN, I, 400.

thousiasme était passé, York se trouvait brutalement placé devant la réalité, et les difficultés naissaient. Petit à petit même, il se voyait abandonné par la grande majorité des fonctionnaires, monarchistes intransigeants, que la nouvelle de la décision du roi faisait se déclarer contre lui. York n'était pas préparé, en outre, à jouer le rôle qu'on voulait lui confier : entraîner la Prusse dans le camp russe, de manière à forcer le roi Frédéric-Guillaume à suivre le mouvement du peuple, lui semblait une action tellement hardie, qu'il en était lui-même effrayé. Il avait toujours été soldat, et avant tout voulait continuer de l'être : « York, écrit-on à cette époque de Kœnigsberg, avait fait le premier pas, on attendait qu'il fît le second, et cette attente fut plus vive lorsqu'il arriva à Kœnigsberg le 8 janvier, et prit de nouveau la direction des affaires de l'armée et de la province. Mais il ne parut que donner peu d'attention à tout ce qui n'appartenait pas aux devoirs de son état, et ne s'occupa que de la réparation des pertes que son armée avait subies. Ainsi passèrent les jours (1). » — « J'ai été voir hier York, écrit de même Schulz à Schön ; il n'a pas l'air d'un héros qui a délivré l'Europe, mais d'un malfaiteur qui attend son jugement (2). »

Cependant, jusqu'à ce jour, Bülow n'avait pas encore répondu par écrit à la lettre d'York ; il s'était con-

(1) DROYSEN, I, 407.
(2) Schulz à Schön, Tilsit, 3 janvier.

tenté de lui envoyer le capitaine von Aüer pour lui porter son adhésion verbale (1). Aussi, le 13, York lui écrivait-il de nouveau : « Que veut-on faire à Berlin ? Y est-on tombé si bas, qu'on n'ose pas briser les chaînes que nous portons depuis cinq ans avec tant d'humilité ? C'est maintenant ou jamais qu'est venu le moment de reconquérir la liberté et l'honneur. C'est avec un cœur qui saigne que je déchire les liens de l'obéissance, et fais la guerre de ma propre autorité. L'armée veut la guerre contre la France ; le peuple la veut ; le roi la veut ; mais le roi n'est pas libre. L'armée doit lui rendre sa liberté. Je marcherai avec 50,000 hommes contre Berlin et l'Elbe (2). Sur l'Elbe, je dirai au roi : — Voici, sire, voici votre armée et ma vieille tête... — Les généraux et tous les vrais serviteurs du roi doivent agir ainsi (3). » Le 25, enfin, arrivait la réponse de Bülow : « Il faut espérer que, d'ici à quelque temps, les événements prendront une tournure plus favorable ; il faut donc être de plus en plus actif, de manière à être prêt à agir avec énergie (4). » — « Je partage avec Votre Excel-

---

(1) « Bülow se joint à York, » écrit le 12 Auerswald dans son journal. (DROYSEN, I, 400.)

(2) DROYSEN, 402. A cette époque, Wittgenstein lui-même ne devait pas passer la Vistule : il ne devait pas franchir ce fleuve avant que le roi de Prusse ait eu pris un parti ; il était donc difficile à York de mettre à exécution le plan qu'il annonçait.

(3) Acten des K. P. Geheimen Staats-Archivs, cité par HOLLEBEN, I, 71 ; DROYSEN, I, 401.

(4) Acten des K. P. Geheimen Staats-Archivs, cité par HOLLEBEN, DROYSEN, I, 401.

lence, écrivait York le 29, l'opinion qu'il faut tout préparer activement, de manière à pouvoir agir avec énergie. En résumé, je complète l'effectif de mon corps, et le porterai à 20,000 hommes. Je formerai une réserve, et j'examinerai comment l'on peut utiliser la bonne volonté des habitants. » Ces soucis étaient justifiés, car il ne manquait pas moins de 9,595 hommes et 513 chevaux, le 1ᵉʳ janvier 1813, à l'effectif de ses troupes (1).

Cependant, malgré la convention, les rapports entre les Russes et les Prussiens étaient tendus. Paulucci, en s'emparant de Memel, avait voulu traiter les troupes prussiennes de la garnison comme des prisonniers de guerre. En apprenant cette prétention, York avait aussitôt protesté ; mais Paulucci avait répondu que lui seul avait reçu plein pouvoir pour signer une convention, et que Diebitsch, en signant une convention différente de celle pour laquelle l'empereur Alexandre lui avait donné des pouvoirs, avait outrepassé ses droits. La convention entre York et Diebitsch avait donc besoin, pour devenir valable, de la sanction de l'empereur (2).

A la suite de ces incidents, le prince Dolgorouki

(1) D'après un état de situation cité par HOLLEBEN, I, 74 : 4,837 fantassins, 628 cavaliers, 96 artilleurs, 34 sapeurs du génie, 490 chevaux de cavalerie, 23 chevaux d'artillerie.

(2) DROYSEN, I, 403. — HOLLEBEN, I, 72. Cet auteur prétend qu'York pouvait croire, d'après les termes de la lettre de Paulucci du 14 novembre 1812 (V. p. 75), que son correspondant était autorisé par l'empereur à entrer en pourparlers avec lui.

avait été envoyé auprès d'York pour trancher le différend. Dans une note datée du 15, York énonçait ainsi les griefs prussiens : l'occupation de Memel ; la mainmise sur le trésor royal ; l'embargo sur les navires, les chevaux et les équipements destinés à son corps. Tous ces objets enlevés étaient nécessaires, disait-il, « au rétablissement de l'armée prussienne et à la mise sur pied de son corps d'armée ».

Le 20, Kutusof répondit de Lyck. Il annonçait que les réclamations prussiennes avaient été prises en considération ; qu'en conséquence, les autorités civiles seraient rétablies, les prisonniers rendus, les effets restitués. « L'empereur, continue la lettre, a accueilli favorablement le désir émis par vous, de prendre part aux opérations de son armée. Aussi, pour mettre cette demande d'accord avec la réserve que réclame encore la situation du roi, je suis chargé de vous prescrire de suivre à petites journées le mouvement de l'armée du comte Wittgenstein sur Elbing ; cela vous donnera le temps et les moyens de compléter la réorganisation de votre corps, ne fatiguera pas les troupes dans cette saison rigoureuse, et masquera aux yeux des Français ce que les circonstances ne permettent pas d'accomplir ouvertement. Aussitôt que le roi sera en sûreté, Votre Excellence passera en première ligne et agira offensivement, de concert avec le comte Wittgenstein. Vous voudrez bien vous mettre en communication avec lui (1) ».

Cette lettre annonçait en même temps l'arrivée prochaine de Stein (2). Le rôle joué par York et les mesures purement militaires prises par lui étaient loin de satisfaire les Russes. Les patriotes prussiens trouvaient, eux aussi, qu'York tardait à faire le second pas qu'il avait annoncé. Le tsar, sur les conseils de Stein, avait en conséquence résolu de le hâter, en envoyant à Kœnigsberg Stein lui-même comme commissaire extraordinaire. Il devait « utiliser les ressources de la Prusse en faveur de la bonne cause; organiser l'armement des milices et de la population, d'après les plans formés et approuvés en 1808 par Sa Majesté le roi de Prusse; destituer ou éloigner ceux qu'il jugerait malveillants; prendre des mesures de surveillance et de direction pour guider les autorités jusqu'à ce qu'un accord définitif eût été conclu avec le roi de Prusse (3) ». Tels étaient ses pleins pouvoirs.

(1) Acten des Kriegs-Archivs des K. P. Grossen Generalstabes, cité par HOLLEBEN, I, 73.

(2) C'est le 5 janvier 1809 que le désir de Napoléon avait obligé l'ancien ministre Stein à quitter Berlin. Il s'était rendu à Prague sous le nom de Karl Fricht. L'empereur d'Autriche refusa de le laisser séjourner dans cette ville, et le fit reléguer à Brünn. Stein y vécut jusqu'au 9 juin 1810 en correspondance avec les patriotes prussiens, et sous la surveillance de la police autrichienne. Le 9 juin il revint à Prague et y resta jusqu'au 19 mai 1812, époque à laquelle il entra au service de la Russie, et partit rejoindre à Vilna l'empereur Alexandre. FOURNIER, *Stein und Grüner in Oesterreich; Deutsche Rundschau*, LIII, 137.

(3) CAVAIGNAC, *les Origines de la Prusse contemporaine*, II, 272, d'après GERWIEN, et PERTZ, III, 544.

Le mardi 22 au soir, il arrivait à Kœnigsberg. Il y trouvait réunies les principales autorités des provinces de Prusse : York; le gouverneur civil de la Prusse orientale, Auerswald; le président du Comité des États, comte Alexandre Dohna (1). La lettre de Kutusof étant arrivée peu auparavant, Stein confirma verbalement son contenu, ainsi que le rappel de Paulucci. Vraisemblablement alors, il montra ses pleins pouvoirs, qui ne furent pas discutés; on admit qu'ils serviraient à dégager, selon les circonstances, la responsabilité des autorités prussiennes (2).

Le même soir il écrivit à Auerswald pour le prier de convoquer « une réunion générale des États, afin de discuter la création d'une landwehr et d'une landsturm, et de prendre à ce sujet une résolution ». Cette convocation était illégale, le roi seul avait pouvoir de la faire : c'est pourquoi au dernier moment Auerswald, après être tout d'abord entré dans les vues de Stein, refusa d'accéder à cette demande; mais, afin d'éviter un conflit, il accepta de réunir

---

(1) Schön, gouverneur civil de la Lithuanie prussienne, n'était pas pour le moment à Kœnigsberg; il n'y vint que quelques jours plus tard. Stein avait conversé avec lui à son passage dans cette ville. D'après Droysen, Schön aurait conseillé à Stein de ne pas montrer ses pleins pouvoirs, parce que, ces pleins pouvoirs étant signés d'un étranger, « chaque autorité prussienne aurait dû agir en ennemi contre lui. » — Il ne semble pas que Stein et Schön aient à ce moment discuté l'opportunité de la réunion des États; cette idée paraît provenir de l'aristocratie foncière elle-même, au moins dans la Prusse orientale et la Lithuanie. (Droysen, 409.)

(2) Droysen, I, 416.

officieusement les États sous le prétexte (1) « d'écouter et de discuter les propositions de l'empereur de Russie (2) ».

En attendant la date du 5 février, jour de leur ouverture, Stein prenait à lui seul toutes les mesures : il levait le blocus continental, accaparait les caisses publiques, empruntait au nom des provinces, séquestrait les biens que les princes de la Confédération du Rhin possédaient dans ces provinces, donnait un cours forcé au papier-monnaie russe. Auerswald contresignait toutes les pièces ; à la fin, cependant, pris de scrupule en face de l'illégalité de ces mesures, il refusa d'en faire davantage, et, le 2 février, se mit au lit, en se déclarant malade.

Cependant les États allaient se réunir. Normalement, ils devaient être présidés par Auerswald qui, à son titre de gouverneur civil de la province de la Prusse orientale, joignait celui de commissaire royal près des États de la Lithuanie prussienne, de la Prusse orientale et de la Prusse occidentale ; mais, s'étant mis à l'écart en simulant une maladie, il désigna pour

---

(1) C'est le 25 qu'Auerswald a pris la décision formelle de convoquer les députés, pour entendre les communications du commissaire de l'empereur Alexandre. Dans ses premières instructions du 23, le caractère officieux de la réunion n'était pas nettement indiqué ; aussi y eut-il un moment d'hésitation dans la Prusse occidentale. Le 25 janvier, la « Regierung » de la Prusse occidentale refusait d'envoyer des délégués aux États ; ce n'est que le 23 qu'elle s'y décida, sur le caractère expressément officieux de la réunion. (LEHMANN, *Knesebeck und Schön*, 331.)

(2) OSTEN-SACKEN, I, 174 ; DROYSEN, I, 420.

le remplacer le directeur du Comité permanent des États de ces départements, le conseiller von Brandt. Stein aurait voulu offrir la présidence à Schön, mais ce dernier se récusa et proposa York (1). York refusa, lui aussi ; il lui paraissait difficile de présider une assemblée qui, à défaut du roi, devait l'absoudre de son acte de Tauroggen. Embarrassé, Stein eut un moment l'idée de présider lui-même (2), mais York et Schön furent effrayés des conséquences d'un tel choix ; faire présider une assemblée d'États prussiens libres par un commissaire impérial du tsar était en quelque manière reconnaître la dépendance des États : cette situation était impossible. Aussi, dès qu'ils eurent appris ce projet, ils se rendirent chez Stein, et York déclara alors que, si Stein paraissait aux États, il se retirerait immédiatement. La conversation s'anima bientôt, parce que Stein voulait qu'York ouvrit les États en exposant le vrai but de la réunion : la création d'une landwehr et d'une landsturm. York prétendait au contraire que le rôle des États, d'après le texte même de leur convocation, devait se borner à entendre les pro-

---

(1) « La présidence des délibérations des États, pour qu'elles aboutissent à un résultat utile, ne peut être occupée par personne mieux que par Votre Excellence, qui, par sa décision ferme et sage, a accéléré la retraite de l'ennemi, et a conservé à S. M. le roi et à la patrie un corps d'hommes braves, afin de lutter pour la liberté et l'honneur. S. M. l'empereur s'attend à ce que vous preniez cette direction ». Stein à York. — DROYSEN, I, 427.

(2) DROYSEN paraît le supposer ; York l'affirme dans une lettre à Thile (PERTZ, *Stein*). Schön le conteste dans une lettre à Pertz.

positions de l'envoyé du tsar, et qu'il appartenait à Stein de faire ces propositions. Stein reprocha alors à York d'avoir commencé à Tauroggen une grande œuvre qu'il refusait de terminer. Blessé au vif par ce reproche, York se leva et sortit, suivi de Schön.

« A peine étais-je rentré chez moi, raconte Schön, qu'York entra dans ma chambre. Je vis qu'il se livrait en lui un combat terrible. Il se plaignit d'abord de sa destinée, qui après lui avoir fait espérer qu'il allait jouer un rôle important, le reléguait à l'arrière-plan par suite du peu de raison de Stein. Stein avait tellement embrouillé les affaires qu'il ne pouvait rien en sortir de bon. Si le pays ne se déclarait pas publiquement pour achever ce que sa capitulation avait commencé, le roi devait le désavouer. Stein avait, par ses pleins pouvoirs russes et par ses exigences insatiables, gâté beaucoup de choses; or, maintenant qu'il refusait de faire aux États les communications pour lesquelles on les avait réunis, les projets formés ne pouvaient pas aboutir d'une manière heureuse. » Il eut à ce moment un accès de désespoir, et parla d'abandonner sa patrie, qu'il considérait comme perdue, pour gagner l'Angleterre. Schön eut beaucoup de peine à le calmer; dès qu'il y fut parvenu, il retourna auprès de Stein et lui dépeignit la scène à laquelle il venait d'assister, et la situation qui résulterait du départ d'York en termes tels, que Stein prit de lui-même le parti de se retirer après avoir consenti à la présidence de Brandt. Il quitta le 7 Kœnigsberg pour aller rejoindre Alexandre. « Jamais il ne m'a paru plus grand que dans ce moment d'abnégation, » a écrit Schön à ce sujet (1).

Le mardi 5 février, les États s'assemblèrent (2). Toutefois, malgré les précautions prises, beaucoup de députés eurent des scrupules sur la légalité de la réunion ; aussi, dès la première séance, après lecture d'une lettre de Stein dans laquelle il déclarait avoir pris « l'initiative de cette réunion, afin d'appeler les États à délibérer sur le choix des moyens à employer pour assurer la défense du pays (3), » on déclara que ces délibérations ne pourraient avoir une portée pratique et légale, que si elles étaient dirigées par l'autorité militaire qui avait reçu du roi le commandement sur les provinces de Prusse, et qui, à ce titre, connaissait sa pensée. On envoya donc une délégation au général York. York parut. Il se rendit jusqu'au milieu de l'assemblée, et demanda aux États d'approuver les mesures qu'il allait proposer, parce qu'elles étaient conçues dans un esprit de fidélité au roi et à la patrie. « J'espère, dit-il en terminant, vaincre les Français où je les trouverai, et je compte pour cela sur la participation de tous. Si cette tâche

---

(1) Droysen, I, 427 et suiv. ; Pertz, *Stein*, III.
(2) Les États étaient composés de 8 membres du Comité permanent, de 23 gros propriétaires, de 18 représentants des villes, et de 13 paysans appelés köllmers. (Osten-Sacken.)
(3) Droysen, I, 429. La lettre avait été écrite par Schön.

est trop lourde, nous saurons mourir avec gloire. » Il fut interrompu par les cris de : « Vive York! » Se retournant alors vers les interrupteurs, il s'écria : « C'est sur le champ de bataille que je demande ces applaudissements. » Puis il sortit (1).

Ainsi absous de son acte de Tauroggen, il soumit aux États un nouveau plan d'armements. Ce plan avait été préparé par une commission à la tête de laquelle se trouvait le comte Alexandre Dohna, et qui était composée de Clausewitz et des comtes Louis et Frédéric Dohna. Le 7 février, son programme fut approuvé sous le titre d' « ordonnance sur la landwehr et la landsturm. »

L'idée de la création de ces corps remontait à l'année 1808. A cette époque, Scharnhorst avait projeté de créer, à côté de l'armée régulière, composée de soldats, des milices formées de paysans et de citoyens. C'est de cette conception, reprise par Clausewitz et Dohna, que sortirent la landwehr et la landsturm.

La landwehr était formée de tous les habitants des provinces de dix-huit à quarante-cinq ans aptes à porter les armes. Le contingent était obtenu par des enrôlements volontaires, et, en cas d'insuffisance, par le tirage au sort entre les habitants. Le milicien ne recevait de solde qu'en présence de l'ennemi. Ses

---

(1) Droysen, I, 441.

armes et ses munitions étaient à la charge de l'État; son équipement, sa coiffure et son manteau, à celle de la commune; son habillement proprement dit, à ses frais. En outre, on créait une landsturm ou levée en masse, composée des hommes de dix-huit à quarante-cinq ans qui n'avaient pas été admis dans la landwehr, et de tous ceux qui, dépassant quarante-cinq ans, n'avaient pas atteint soixante ans. L'organisation de cette seconde troupe devait être réglée après celle de la landwehr (1).

York demanda en outre la création d'un régiment d'infanterie, d'un régiment de cavalerie formé de 1,000 cavaliers.

Avant d'approuver ces mesures militaires, et dès

---

(1) « Il faut que les armées permanentes, aussi fortes et aussi nombreuses que possible, soient soutenues par des levées extraordinaires se composant de la landwehr et de la landsturm. » Il importe de remarquer que le recrutement de l'armée permanente, la formation de ses dépôts destinés à la fortifier aussi rapidement et aussi vigoureusement que possible, demeurent entièrement distincts de ces levées extraordinaires. (CAVAIGNAC, II, 327, d'après GERWIEN et DROYSEN.) — La faculté de remplacement était admise dans la landwehr. Son organisation était laissée aux mains de commissions nommées par les États, et échappant à l'autorité administrative; elle ne pouvait être réunie que quand l'ennemi avait franchi la frontière de la province. — Cette création ne fut pas sans soulever de vives récriminations dans les provinces. (SCHÖN, *Schutz und Trutz am Grabe Schöns*; DROYSEN; LEHMANN, *Scharnhorst*.) Il en avait été de même dans le sein de la commission, ainsi que le prouvent les conférences entre York et Auerswald, York et Schrötter. Les discussions avaient surtout trait au service des prêtres et des instituteurs, et aux pouvoirs par trop étendus de la commission générale chargée de l'organisation. (DROYSEN, I, 459.)

Les dispositions relatives à la landsturm furent ajournées.

la seconde séance, l'assemblée protesta de nouveau contre l'ingérence des Russes, qui, prétendait-on, avaient été les promoteurs de la réunion des États. Elle adopta la déclaration suivante : « Les négociations poursuivies jusqu'ici ont suffisamment établi que Sa Majesté l'empereur de Russie est animée des intentions les plus légales, et qu'elle a laissé à la province le soin de faire ce qu'elle jugerait possible pour le bien du roi et de la patrie. C'est bien là l'esprit qui a animé les États : c'est pour cela qu'ils se sont engagés seuls dans cette entreprise, et qu'ils se sont adressés volontairement à S. E. le général-lieutenant von York, comme au représentant militaire le plus élevé du souverain, comme au plus fidèle serviteur du roi, au plus ardent défenseur de la patrie (1). » Mais en fait, malgré cette protestation contre les pleins pouvoirs de Stein, et la « proposition faite de les retirer des actes des États », ils restèrent annexés aux procès-verbaux.

Donc, tout en répudiant l'ingérence des Russes, les États s'en servaient pour couvrir l'acte insurrectionnel qu'ils accomplissaient; et, tout en accomplissant cet acte, ils croyaient lui donner une couleur de légalité en se retranchant derrière un représentant de l'autorité royale. Aussi, avant de se séparer, tinrent-ils à affirmer une fois de plus leur soumission au roi. Les États de la Prusse orientale avaient décidé d'en-

---

(1) CAVAIGNAC, II, 305. D'après DROYSEN, LEHMANN.

voyer une députation au tsar pour le saluer au moment où il entrerait dans la province, ce qui avait été regardé par plusieurs habitants de Marienwerder comme un manquement grave au devoir de la province envers le roi. D'un autre côté, les États de la Prusse occidentale avaient limité les pouvoirs de leurs députés, et leur avaient interdit de se prêter à toute discussion sur ce qui eût été en opposition avec leurs devoirs de sujets. Les États réunis à Kœnigsberg protestèrent donc solennellement contre les bruits que l'un et l'autre incident avaient fait naître. « Il était inutile, disaient-ils, d'affirmer notre fidélité et notre soumission, attendu que l'assemblée se sentait en union avec son roi et la patrie, et avait la noble prétention que le roi approuverait et sanctionnerait ses délibérations. »

Malgré ces protestations, quand les États voulurent entrer dans la voie d'exécution des mesures votées, leur importance les frappa : « Ces mesures, prétendait Schön, étaient plus importantes que l'incendie de Moscou ou que les 26 degrés de froid. La convention d'York n'eût été qu'une vaine ombre, si la diète n'eût pas abouti comme elle avait abouti. La marche des Russes n'eût été qu'une opération de cosaques... si le peuple n'eût pas parlé à la diète comme il y avait parlé (1). » Leur caractère nettement insurrec-

(1) DROYSEN, I, 439.

tionnel les effraya; l'approbation du roi pouvait seule les rendre légales : aussi s'efforcèrent-ils de l'obtenir, et envoyèrent-ils à Breslau dans ce but le major comte Louis Dohna (1). Mais le roi allait-il les sanctionner? Allait-il comprendre son devoir aussi nettement que ses sujets entendaient le leur?

Le 3 février, il signa l'édit de formation des compagnies de chasseurs volontaires, par lequel « les habitants du pays, que les lois n'obligeaient point au service et qui étaient cependant assez riches pour s'habiller et s'équiper à leurs frais, » étaient autorisés à s'enrôler pour « contribuer à la défense de la patrie (2) ». Cet édit, signé le 3, ne fut publié que longtemps après, le 8, dans la *Gazette de Silésie*.

Pourquoi ce long intervalle entre ces deux dates?

---

(1) L'élection de Louis Dohna fut difficile et laborieuse, on nomma d'abord le beau-frère d'Auerswald, le comte Dohna-Schlodien : Auerswald fit annuler le choix sous prétexte que cet envoyé n'aurait pas l'habileté nécessaire pour mener l'entreprise à bien : il insista alors pour qu'on nommât Louis Dohna. (Droysen, I, 447.) — L'adresse au roi avait été rédigée par Heidemann, bourguemestre de Kœnigsberg. On y lisait que si les États s'étaient réunis, c'était pour délibérer sur les sacrifices qu'ils pouvaient s'imposer, et prouver ainsi par des actes, et non par des paroles, leur fidélité à leur roi et à leur patrie.

York écrivit ce même jour au roi, et reçut, d'après Droysen (I, 456), un courrier de Breslau. « Le courrier qu'York reçut le 8 février apporta, comme le précédent porté par Thile, une instruction importante. » Cette assertion de Droysen aurait besoin d'être confirmée, car Thile n'a pas fait de communication importante (V. p. 216, note 3); et ni Brandenbourg, ni Schack, qui à ce moment portaient des lettres du roi au tsar, n'ont passé par Kœnigsberg ce jour-là. (Droysen, 455-457.)

(2) Arch. des Aff. étrangères, Prusse, 252; Fain, I, 226.

C'est parce que quelques conseillers du roi, effrayés de la voie dans laquelle se jetait résolument Hardenberg, s'étaient efforcés d'arrêter la marche du gouvernement dans sa nouvelle orientation politique, et de faire adopter un système de compromission, qui d'après eux devait ménager l'avenir; ils avaient essayé dans ce but d'agir sur le roi; aussi ce dernier avait-il été repris de ses hésitations.

Le 4 février, le conseiller d'État Ancillon avait présenté un mémoire, dans lequel il prétendait que, puisque l'Autriche ne voulait pas se déclarer immédiatement contre la France, on pouvait craindre qu'elle ne prît plus tard parti pour cette puissance. Dans ces conditions, la Prusse devait avant tout signer un traité d'alliance avec la Russie, puis ensuite faire avec la France une paix séparée. Les bases de cette paix seraient les suivantes : d'un côté, la Russie, retrouvant son indépendance absolue, serait délivrée des obligations du traité de Tilsit, elle acquerrait définitivement les territoires pris sur la Suède et sur la Porte, et obtiendrait du côté de la Pologne un agrandissement; de l'autre, la Prusse recouvrerait sa liberté d'action, elle serait remise en possession des places de l'Oder, de la partie restante du duché de Varsovie, et de Dantzick; sur l'Elbe elle obtiendrait une véritable frontière militaire, et en particulier Magdebourg. — Mais combien de temps durerait une telle paix? insinuèrent Hardenberg et Knesebeck. Et allant plus loin, ils affirmèrent que, tant que la maison de Bonaparte resterait puissante en Allemagne, que la prépondérance de la France ne serait pas détruite, toute paix ne serait qu'un armistice. D'après eux, il était aussi nécessaire pour la Prusse d'acquérir la ligne de l'Elbe, que celle de la Vistule. Les exigences d'Hardenberg croissent ainsi au fur et à mesure que la situation de Napoléon semble de plus en plus compromise : il réclame maintenant comme minimum, outre le retour à la Prusse des provinces possédées en 1805, à l'exception toutefois des possessions de la maison de Hanovre, la liberté de commerce sur l'Elbe. « Avant tout, nous sommes Prussiens, et comme Prussiens nous avons besoin de garanties plus solides que celles que nous offrirait une paix, qui nous donnerait comme voisins Napoléon ou ses préfets de la Confédération du Rhin (1). »

Malgré ces critiques, le mémoire d'Ancillon avait fait impression sur le roi. Car il était évident que le rôle que voulait jouer l'Autriche était obscur; aussi le parti antifrançais fut-il obligé, pour combattre l'effet qu'il avait produit, de faire établir un contre-mémoire dont la rédaction fut confiée à Knesebeck (2).

Il faut distinguer, pense ce dernier, entre ce que le cabinet autrichien dit, et ce qu'il insinue. Il dit et écrit

(1) ONCKEN, I, 163.
(2) 6 février.

qu'il veut la paix; qu'un changement dans l'orientation de la politique prussienne ne modifiera pas les rapports entre les deux cours; qu'il ne peut regarder comme durable toute combinaison qui ne rendra pas à l'Allemagne son indépendance, et ne créera pas au centre de l'Europe un contrepoids aux deux forces de l'Est et de l'Ouest. Ainsi la paix que la cour de Vienne désire n'est pas une paix française, c'est-à-dire une paix avantageuse seulement à la France : elle en a prévenu officiellement cette puissance ; et c'est pour parer à toute éventualité, qu'elle arme, concentre ses troupes en Bohême, et retire son corps auxiliaire dans « un coin de ses États ». Ce sont là les intentions du comte de Metternich, quand il insinue, qu'il soutiendra avec toutes les forces de l'empire les conditions de paix des puissances alliées, si elles sont raisonnables; et c'est pour obtenir ces conditions raisonnables qu'il veut laisser croire à la Russie et à l'Angleterre que l'Autriche peut se déclarer pour la France. Il est facile de constater que tous les efforts de l'Autriche tendent à affaiblir la France ; elle cherche à immobiliser ses alliés, à faire déclarer au Danemark sa neutralité, à agir sur l'esprit même des Français ; elle fait entendre qu'elle ne verrait pas d'un mauvais œil le passage de la Prusse dans le parti russe, le débarquement des Suédois en Allemagne, et la participation du Danemark à la guerre. Metternich déclare qu'il considère comme impossible le rétablissement d'un empire allemand (1) : qu'il faut traiter différemment l'Allemagne du Nord et l'Allemagne du Sud, et prendre la ligne du Main comme ligne de démarcation entre ces deux régions.

Knesebeck croit donc pouvoir affirmer, que « l'Autriche sera tôt ou tard forcée de faire la guerre à la France, car la paix dont elle veut être la médiatrice ne peut se faire sans une guerre. » Sans doute il serait avantageux pour les alliés, qu'elle entrât immédiatement dans la lutte. Mais, en remettant les choses au point, elle n'est pas prête pour la guerre; elle n'a que 50,000 hommes sous les armes, et il est évident que, si elle déclarait immédiatement la guerre à la France, elle en supporterait seule tout le poids ; elle en deviendrait le seul théâtre, étant donnée sa situation géographique, et dans ces conditions, elle serait complètement écrasée avant d'avoir pu terminer ses armements. La Prusse et la Russie ne pourraient, dans ce cas, intervenir que très tard dans la lutte. Si cette éventualité se produisait, il est plus que probable que le but de la guerre serait manqué ; car elle se termi-

(1) Voir à ce sujet les *Mémoires* de METTERNICH, I, 125. Metternich ne croyait pas possible le rétablissement du Saint-Empire romain, parce que « l'idée d'un État doit être basée sur l'idée d'unité de souveraineté ». Or, depuis la formation de la Confédération du Rhin, les princes confédérés ont obtenu des droits de souveraineté, dont il faudrait qu'ils se dépouillassent pour permettre l'établissement d'un empire. Dans ces conditions, la formation d'une Confédération germanique est seule possible. — Mais d'après Knesebeck, il semble que l'Autriche ait eu en ce moment l'idée de former deux confédérations et non une seule, celle de l'Allemagne du Nord et celle de l'Allemagne du Sud.

nerait pour la monarchie autrichienne par la perte d'une nouvelle province. Si au contraire l'Autriche continuait à armer sans se déclarer, la guerre serait transportée dans le Nord. On allongerait ainsi les lignes de communication des armées françaises; on se battrait dans un pays pauvre, où les ravitaillements seraient difficiles, et où la guerre serait moins facile à faire que dans la plantureuse Autriche, « riche en vin et en viande. » L'Allemagne du Sud, intéressée indirectement à la guerre, n'y prendrait du côté français qu'une part accessoire; tandis que l'on pourrait compter sur l'aide de la Russie, de la Suède et de l'Angleterre. L'Autriche resterait dans ce cas en réserve pour toute espèce d'éventualité. En résumé, l'entrée en scène d'une Autriche non préparée aurait les suites les plus funestes, et le plan d'Ancillon amènerait forcément les puissances alliées à retirer leurs secours; or, sans leur aide, que pourrait faire la pauvre Prusse dénuée de tout, de crédit et d'argent? Rien, car elle ne pourrait pas mettre sous les armes plus de 50,000 hommes. La France, au contraire, profiterait de ce répit pour continuer ses armements; elle tomberait forcément un jour ou l'autre sur une Prusse non prête, et par ce fait même incapable de se défendre (1).

La réponse du roi fut la promulgation, le 8 février,

---

(1) Oncken, I, 169.

de son édit du 3, bientôt suivi des édits du 9 et du 10. La rédaction de ces documents avait été confiée à un comité militaire formé d'Hardenberg, d'Hacke et de Scharnhorst. Ces trois édits inauguraient un système nouveau, ils changeaient complètement l'ordre de choses établi : c'était en effet l'appel du roi à son peuple; c'était la déclaration de la patrie en danger.

« Les dangers qui menacent aujourd'hui l'État exigent une prompte augmentation de nos troupes, tandis que l'état de nos finances ne permet aucun surcroît de dépenses. » On appelait aux armes, et on incorporait dans les détachements de chasseurs volontaires tous ceux qui n'étaient pas obligés au service, mais qui avaient assez de fortune pour s'équiper et s'habiller à leurs frais. Ils composeraient des détachements qui seraient joints aux bataillons d'infanterie et aux régiments de cavalerie. On déclarait qu'aucun jeune homme entre dix-sept et vingt-quatre ans ne pourrait, pendant la durée de la guerre, obtenir une place quelconque, s'il n'avait fait du service soit dans l'armée, soit dans les détachements de chasseurs. On donnait aux chasseurs le droit de choisir eux-mêmes leurs officiers; on leur annonçait qu'ils seraient employés par leurs bataillons et leurs régiments respectifs au service des troupes légères, et qu'ils seraient soumis aux lois militaires générales. (Édit du 3.)

L'édit du 9 suspendait les exemptions de service admises jusqu'à ce jour, et incorporait dans les corps de troupe tous les jeunes gens de dix-huit à vingt-quatre ans, qui n'auraient pas opté dans un délai de huit jours pour les détachements de chasseurs. (Édit du 9.)

L'édit du 10 déclarait que « l'âge fixé par l'ordonnance royale, en date d'hier, posait seulement les bornes des devoirs, mais n'excluait nullement ceux qui, étant plus âgés que vingt-quatre ans, pouvaient désirer suivre la carrière des armes (1). » (Édit du 10.)

C'était donc l'appel du roi à son peuple ; cet appel fut partout entendu, car de toute part les hommes accoururent pour revêtir l'uniforme vert foncé des chasseurs (2). « Les offres patriotiques en hommes et en argent, écrit Zichy le 15 février, qui arrivent de toutes les provinces, surpassent de beaucoup toutes les attentes du gouvernement ; il n'y a personne qui ne tâche de faire preuve du plus beau dévouement, et chacun supporte des sacrifices extraordinaires pour contribuer au bien général. » — « Ces mesures, prétend Ompteda, dénotent la plus grande énergie, et sont presque de nature révolutionnaire ; elles sont appuyées par un grand nombre de patriotes ardents, tant civils que militaires. Tous les sacrifices que

---

(1) Arch. des Aff. étrangères, Prusse, 252, FAIN, I, 226 et suiv. — Ces édits furent complétés par l'édit du 22 et les proclamations du 27 mars, qui édictaient des peines sévères contre les réfractaires. (LEHMANN ; HOLLEBEN.)

(2) Édit du 3, § 2. — On évalue à 8,400 les chasseurs qui rejoignirent leurs corps avant l'armistice.

demande le gouverment sont supportés avec la meilleure volonté, dans la persuasion où l'on est, qu'ils sont exigés pour la liberté et le rétablissement de la monarchie prussienne (1). »

A Potsdam, on s'enrôle avec enthousiasme, et même les jeunes gens de la Westphalie accourent pour combattre sous le drapeau de leur ancien souverain. A Berlin, la jeunesse abandonne les collèges, les universités pour s'engager dans les nouveaux corps. Des proclamations sont affichées pour appeler aux armes; le 13 février, on lit sur les murs de Berlin : « La patrie est en danger, elle a besoin pour sa défense de renforcer promptement l'armée, sans occasionner de nouvelles dépenses aux caisses de l'État... La patrie est en danger, et Frédéric-Guillaume appelle son peuple à offrir volontairement des secours à l'État! Quel Prussien pourrait balancer encore à faire tous les efforts qui dépendent de lui (2) ? »

Ce qui augmentait encore l'enthousiasme, c'était la pensée qu'on allait combattre contre la France; mais, si on exprimait une vive espérance à ce sujet, c'était tout bas, parce qu'aucun membre du gouvernement n'avait encore fait connaître l'ennemi contre lequel on se préparait ainsi. Le peuple cependant

---

(1) Zichy à Metternich, Breslau, 15 février. — Ompteda à Münster, 24 février.
(2) Correspondance de Berlin du 13 février. (Bulletins de police, Arch. nationales, A. F. IV, 1526.)

était impatient et attendait une déclaration franche ; il aurait voulu que son roi se prononçât catégoriquement ; il cherchait même à lui forcer la main en posant des affiches dans lesquelles on demandait « pour et contre qui on armait ainsi » (1). Mais Frédéric-Guillaume n'osait pas encore se décider ouvertement ; il ne voulait le faire qu'après avoir signé un traité avec la Russie.

Cependant ces mesures n'échappent ni à Lefebvre, ni à Augereau ; elles les effraient : aussi vont-ils en demander l'explication. Le comte von der Goltz, président de la commission du gouvernement laissée à Berlin, répond que ces armements ne sont que « des démonstrations pacifiques et un moyen d'arriver à un arrangement général ». Et alors il expose que « l'intention du roi, en grossissant son armée dans des proportions si considérables, est d'en imposer à la Russie et à la France, et d'amener ces deux puissances à s'entendre ». Cet aveu précieux dénote que la Prusse ne se considère plus comme la parfaite alliée de la France, puisqu'elle songe à s'interposer, à faire œuvre de médiation dans le sens où Metternich emploie ce mot. Mais évidemment la Prusse toute seule ne peut faire aboutir ce projet ; et Lefebvre demande immédiatement « avec qui donc la Prusse comptait s'associer. — La Prusse, lui ai-je dit, n'est pas une puissance, permettez-moi

---

(1) Correspondance de Berlin du 13 février. (Bulletins de police, Arch. nationales, A. F. IV, 1526.)

de vous le dire, qui soit dans une position assez respectable pour parler à la France de médiation ». La question était embarrassante : on n'y répondit pas. « M. le comte de Goltz a esquivé ma question. » Mais, continue Lefebvre, « de telles idées... avec l'abandon auquel M. de Goltz s'y livre aujourd'hui, peuvent servir à indiquer un changement dans le cabinet prussien, ou du moins à donner la mesure à laquelle les esprits sont parvenus. Au reste, la digue est renversée, et le torrent sera difficile à arrêter : je doute que toute la puissance du roi en soit capable. » Et malheureusement Lefebvre avait raison ! Les membres du gouvernement eux-mêmes sentaient que le moment allait venir, où le roi ne serait plus capable d'arrêter le courant de l'opinion publique. Goltz n'avait-il pas dit, quelques jours auparavant, au même Lefebvre : « Le roi entraîné ! vous avez raison : entraîné malgré son vœu dans des plans contraires à ses engagements et aux intérêts de l'alliance ! Vous voyez combien l'esprit des peuples vous est défavorable : ce n'est plus le temps de vous le cacher. Ces dispositions éclatent malgré les soins du gouvernement et les précautions de la police (1). »

Malgré tout, en Prusse, on dissimulait encore. On avait reçu à Breslau la lettre par laquelle le prince de Hatzfeld transmettait les trois demandes faites par

(1) Lefebvre à Bassano, Berlin, 13 et 14 février. (Arch. des Aff. étrangères, Prusse, 252.)

l'empereur lors de l'audience impériale du 29 janvier (1) : le rappel de M. de Terrach de Stockholm, la formation prompte du contingent, et l'interdiction d'entrer en négociation avec la Russie au sujet de la Silésie.

Le rappel de M. de Terrach avait été décidé aussitôt que l'on avait eu connaissance du désir de Napoléon, et des mesures avaient même été prises à ce sujet : on avait ordonné officiellement à l'envoyé prussien de prendre ses dispositions en vue de son rappel ; mais, en même temps qu'il recevait cette dépêche *in claris*, M. de Terrach recevait une pièce chiffrée lui prescrivant de faire traîner son départ, de se retirer dans une ville de province voisine de la capitale, où il pourrait, sous prétexte de terminer ses affaires particulières, continuer les conversations commencées, et se tenir prêt à reprendre son poste, « s'il survenait un changement, soit par une heureuse négociation de paix, soit par des circonstances impossibles à prévoir (2). » C'était mettre M. de Terrach

(1) Voir chapitre III, page 181.
(2) « En vous appelant, mon cher 2513, à vous retirer provisoirement dans une ville de province en Suède, j'ai supposé que vous ne manqueriez pas de la choisir voisine de la capitale pour vous ménager 328, d'y terminer vos affaires particulières, et d'y entretenir peut-être discrètement quelques relations utiles au service du roi. Partant de cette supposition, je me flatte, en second lieu, que vous trouverez bien le moyen de continuer à nous donner de temps en temps de vos nouvelles, et à nous mettre au fait des événements qui doivent nous intéresser, surtout quant aux expéditions projetées vers le Nord de l'Allemagne... » Dépêche chiffrée et interceptée de Goltz à Terrach,

dans les confidences de ce qui se passait en Prusse, et lui faire entendre que sous peu des événements inattendus allaient survenir, événements qui vraisemblablement obligeraient le gouvernement à rapporter la mesure qu'il prenait pour le moment contre son gré.

Les réponses aux autres demandes de l'empereur firent l'objet d'une note d'Hardenberg. Dans cette note, la Prusse demandait un règlement de compte ; elle demandait en outre l'autorisation de négocier au sujet de la Silésie, de manière à soustraire cette province à l'invasion des Russes qui, sous le prétexte de se présenter comme des libérateurs, soulevaient les habitants contre leur souverain légitime. Elle assurait également que le contingent serait réorganisé et commandé par le général von Bülow; mais elle se plaignait vivement de voir ce contingent mis sous les ordres d'un maréchal français (1), contrairement aux promesses de l'empereur contenues dans sa lettre au roi du 14 décembre qui faisait espérer que le corps

---

Berlin, 12 février. (Arch. des Aff. étrangères, Prusse, 252.) Les chiffres n'ont pu être traduits.

(1) Le document allemand dit le duc de Bellune. Les troupes de Bülow avaient été réunies au II⁰ corps, et à ce titre le maréchal Victor avait fait savoir le 9 aux Prussiens d'avoir à se mettre en communication avec lui; le 12, Bülow lui répondit qu'il ne pouvait être mis sous les ordres d'un maréchal français qu'avec l'agrément du roi, et qu'il le priait de demander cet agrément. Dans une lettre de l'empereur du 8 au vice-roi, Napoléon parle du maréchal Saint-Cyr : « Vous devrez mettre les Prussiens sous les ordres du maréchal Saint-Cyr, qui les unira aux Bavarois. » (*Corresp.*, 19558.)

prussien serait autonome comme l'était actuellement le corps autrichien. Enfin, la Prusse émettait l'idée d'un armistice : « Sa Majesté a appris que S. M. l'Empereur n'a pas rejeté les vues salutaires de l'Autriche pour le rétablissement de la paix. En la rendant à l'Europe, Sa Majesté Impériale se couvrirait de la plus belle gloire, et le roi se trouverait au comble du bonheur s'il pouvait y contribuer. Il lui est venu à l'idée que rien n'avancerait plus cette grande œuvre qu'une trêve, d'après laquelle les armées russes et françaises se retireraient à une certaine distance, et établiraient des lignes de démarcation en laissant un point intermédiaire entre elles. Sa Majesté Impériale serait-elle prête à entrer dans un arrangement pareil? Consentirait-elle à remettre la garde des forteresses de l'Oder, de Pillau, et de la place de Dantzick, pour celle-ci conjointement avec les troupes saxonnes en conformité du traité de Tilsit, aux troupes du roi, et à retirer son armée derrière l'Elbe, moyennant que l'empereur Alexandre retirât toutes ses troupes derrière la Vistule (1)? »

Ce projet d'armistice conduisait à la libération de la Prusse. Car les Français en se retirant derrière

---

(1) Note d'Hardenberg du 15 février. (Arch. des Aff. étrangères, Prusse, 252.) — Cette note, datée du 15, a dû être soumise à Saint-Marsan dès le 13; car, dans une lettre de Saint-Marsan à Bassano datée du 13, on lit qu'Hardenberg avait envoyé à Saint-Marsan une note, dans laquelle il était question d'un « armistice qu'il présentait comme un projet du roi ».

l'Elbe, et les Russes derrière la Vistule, évacuaient le territoire de la monarchie, et rendaient au gouvernement par le fait même toute sa liberté d'action ; c'était par conséquent l'abandon de la ligne de l'Oder, alors que les nécessités de la guerre ne justifiaient pas une telle mesure.

Depuis, en effet, que le prince Eugène avait remplacé le roi de Naples dans le commandement en chef (1), la retraite se faisait moins précipitée ; des renforts étaient arrivés, l'ordre avait été remis dans les troupes en campagne, et le terrain se disputait pied à pied. Sans doute, il avait abandonné les bords de la Wartha, et à cette date, celle du 15 février, l'armée française était sur l'Oder; mais la situation était loin d'être désespérée, et il se préparait à s'opposer par la force au passage de ce fleuve. Entre Francfort et Schwedt, il avait 35,596 hommes et 50 bouches à feu (2). Les bateaux et les ponts avaient été détruits; les rivières dégelaient (3). La défense s'annonçait donc comme pouvant être réelle et efficace. Or c'était précisément le moment que choisissait le gouvernement prussien pour demander l'abandon de cette ligne de défense, et son report à plus de

(1) A Posen le 7 janvier.
(2) Division Grenier, 10,180 hommes, 16 canons; division Roguet, 5,500 hommes, 8 canons; division Gerard, 5,162 hommes, 6 canons; division Charpentier, 7,360 hommes, 14 canons; division Girard, 3,340 hommes, 2 canons; détachement Ravier, 4,054 hommes, 4 canons; total : 35,596 hommes, 50 canons.
(3) Le 21, l'Oder était libre de glace.

200 kilomètres à l'ouest. Ce projet était par conséquent chimérique : les Français ne pouvaient y souscrire. « M. de Saint-Marsan, à qui j'ai parlé de cette idée, la rejette, quoique je ne lui aie pas parlé de l'évacuation des places de l'Oder. Il rejette absolument tout pourparler avec la Russie de la part du roi, même sur la neutralité de la Silésie, et ceci par ordre exprès de l'empereur qui lui enjoint de s'y opposer fortement, » a écrit Hardenberg en marge de la minute de la note d'Ancillon du 4 février conservée à Berlin (1).

Les conversations entre Hardenberg et Saint-Marsan reprirent à l'occasion de cette note : elles furent vives, car Knesebeck était parti pour le quartier général russe, malgré l'opposition française (2). Saint-Marsan prétendait que « cet acte serait considéré par son souverain comme un pas décisif pour rompre l'alliance », et qu'alors, l'alliance rompue, l'empereur n'aurait plus besoin de ménager la Prusse, et ferait la paix à ses dépens, « car il finirait par s'arranger avec la Russie ». Hardenberg répondait que le roi resterait fidèle à son système, si « Sa Majesté l'Empereur prouvait par quelques actes que sa bienveillance était réelle. Jamais, dans ce cas, nous ne dévierions

(1) ONCKEN, I, 189.
(2) 9 février, départ de Knesebeck pour le quartier général de l'empereur Alexandre avec Jouffroy. *(Journal d'Hardenberg.)* — « M. de Knesebeck est parti auprès d'Alexandre. » (Saint-Marsan à Bassano, 13 février, Arch. des Aff. étrangères, Prusse, 252.)

de notre système d'alliance avec lui, et nous serions les maîtres de la nation; autrement, elle est si exaspérée qu'à mesure que l'ennemi avance, tout est entraîné, tout sera soulevé, et le roi perdu pour toujours. » Mais toutes ces assurances et ces protestations d'amitié dont chaque jour Hardenberg comblait Saint-Marsan, cachaient une démarche importante faite par le gouvernement prussien. Le 29 janvier le comte Brandenbourg était parti pour le quartier général des Russes, avec mission de hâter leur marche en avant. Cette décision avait été prise le 27, quelques heures après l'arrivée d'un courrier du tsar, qui apportait une lettre pleinement rassurante sur ses intentions vis-à-vis de la Prusse (1).

Malgré cet événement, Hardenberg ne changeait pas sa manière d'être à l'égard de Saint-Marsan; ce jour-là pourtant, emporté par l'ardeur de la discus-

(1) Droysen, I, 415, 455; Lehmann, 334. La lettre avait été apportée par le lieutenant Werner, des dragons lithuaniens, et était datée de Lyck le 9/21 janvier. Le tsar y donnait des explications sur la conduite de Paulucci à Memel, et exhortait le roi à prendre enfin un parti. Ainsi, pendant cette période le tsar a écrit deux lettres : l'une, le 6 janvier, transmise par York; l'autre, le 21, datée de Lyck et portée par Werner. Brandenbourg a porté la réponse à la première, Schack à la seconde, le 5 février.

On a prétendu que Brandenbourg avait passé le 8 à Kœnigsberg, et aurait porté un encouragement du roi à York. Auerswald a écrit ce jour-là dans son journal : « York a reçu un courrier du roi avec de bonnes nouvelles. » Les lettres ultérieures d'York démentent ce fait. En tout cas, s'il a reçu un courrier ce n'est pas par Brandenbourg, car ce dernier est à Graudenz le 2 allant au quartier général russe, et au retour il est le 7 à Landsberg sur la Wartha où il croise Schack. (Droysen, I, 455, 456.)

sion, il s'oublia jusqu'à dire que, si l'empereur voulait partager la Prusse, il se trouverait en face d'une nouvelle Espagne prête à se lever tout entière contre lui. « Il m'avoua que la chaleur de la discussion lui avait arraché ce propos, continue Saint-Marsan, mais, ayant été provoqué, il ne regrettait nullement de l'avoir avancé... Il est clair que l'on veut profiter de l'occasion pour être indépendant... [Quant au chancelier], il me paraît positif que, déjà très indisposé et atterré du refus relativement à l'argent, celui-ci, relatif à la neutralité de la Silésie, l'a exaspéré... L'exaltation des esprits est à son comble (1). »

La discussion du 13 en était arrivée à un point tel qu'Hardenberg, inquiet de l'effet produit sur Saint-Marsan, revint le voir le surlendemain. « Je me suis aperçu, écrit l'envoyé français, le 15, que le chancelier a craint que la chaleur que j'ai mise à lui présenter des tableaux effrayants n'influât sur mes dépêches, et que, présentant les choses sous un aspect pressant, Sa Majesté l'Empereur ne se déterminât sur-le-champ à quelque mesure d'éclat, et ne rompît les liens qu'il désire conserver, et qu'il croit toujours les seuls qui soient conformes aux vrais intérêts politiques de la Prusse. Il est venu lui-même aujourd'hui, chez moi, ... me conjurer de la manière la plus pressante de ne considérer tout ce qui se passe, et ce que le roi a fait

(1) Saint-Marsan à Bassano, Breslau, 13 février. (Arch. des Aff. étrangères, Prusse, 252.)

et déterminé, que comme la conséquence des circonstances les plus urgentes, et de la nécessité de sauver un coin de terre pour asile au roi, et de calmer l'exaspération publique. » D'ailleurs, « il m'a juré plus de vingt fois aujourd'hui que le système n'avait pas varié : qu'aucunes ouvertures directes ni indirectes n'avaient eu lieu avec la Russie. » Il a terminé en déclarant « qu'il attendait avec une impatience et une inquiétude sans égales une réponse de Paris, parce que, si, vu les circonstances, Sa Majesté l'Empereur approuvait la démarche faite pour obtenir la neutralité de la Silésie, et qu'elle donnât quelque secours à la Prusse, le système serait consolidé plus que jamais, et que certainement il n'y aurait que le désespoir qui pourrait jeter la Prusse dans les bras de la Russie. Il m'a répété combien la conduite du roi, depuis la retraite de la grande armée, prouvait sa loyauté; et que s'il en avait manqué, et eût voulu changer de système, il n'aurait pas attendu ce moment, mais profité de ceux qui s'étaient présentés dans le premier instant; que, d'ailleurs, on n'était pas assez borné pour ne pas comprendre que rien n'était plus aisé à la France que de faire repentir le roi d'un manque de foi ».

Cependant, malgré toutes ces protestations, cette insistance du chancelier prussien finit par éclairer l'ambassadeur de France et par le mettre sur ses gardes : il commence à voir qu'il est bon de se méfier de qui vante à tout propos sa droiture et sa franchise. Aussi, malgré les affirmations d'amitié, son optimisme diminue-t-il considérablement : il croit toujours, il est vrai, que le « système » exposé par Hardenberg est encore suivi, mais il se demande « si l'on pourra y persévérer » ; il se demande si on pourra résister à Alexandre, dans le cas où ce dernier emploierait immédiatement la force, et si « on résistera à des propositions amicales » de sa part, dans le cas où « Sa Majesté l'Empereur ne jugerait pas à propos de montrer à la Prusse une bienveillance efficace ». Car il sait de bonne source « que le roi est de nouveau porté à se persuader que, quels que soient ses sacrifices, sa perte est décidée. Le refus de secours pécuniaires à compte de sa créance, l'éclat donné à l'affaire du général York, mais plus particulièrement le refus d'agréer qu'il négociât pour obtenir la neutralité de la Silésie, ont renouvelé toutes ses alarmes (1) ».

Saint-Marsan commence donc à douter de la fidélité de la Prusse. Mais, s'il voit clair dans ses intentions, il se trompe complètement sur le rôle qu'il attribue aux deux acteurs principaux : il ne s'aperçoit pas qu'Hardenberg dissimule, et qu'il est dès maintenant fermement résolu à changer de système, tandis que le roi hésite encore, et que seul, jusqu'à présent, il a empêché la rupture. — Décidément sa

(1) Saint-Marsan à Bassano, Breslau, 15 février. (Arch. des Aff. étrangères, Prusse, 252; — Fain, I, 223.)

clairvoyance est de nouveau en défaut! — et si enfin il aperçoit la vérité, il ne l'aperçoit qu'imparfaitement, et reste par le fait même incapable de renseigner exactement sa cour. Avec un tel envoyé, rien d'étonnant si les mesures que l'on va prendre ne répondent pas aux nécessités du moment.

A Paris heureusement l'empereur ne pensait pas de la même façon. Même avant de connaître les édits de février, dès la fin du mois de janvier, les mouvements des troupes prussiennes lui paraissaient suspects.

Sous le couvert de reformer le corps auxiliaire, la Prusse armait avec ardeur : elle complétait ses régiments, créait de nouveaux bataillons, de nouveaux escadrons. Dès le 20 décembre, le roi avait donné au général von Bülow des ordres dans ce sens; le 22, il avait chargé le général von Thüen en de transformer les dépôts des régiments de la province de Prusse en bataillons de réserve; le 12 janvier, ces dispositions se précisent davantage : les bataillons d'infanterie doivent être complétés à 800 hommes; les dépôts des brigades d'infanterie transformés en dépôts de régiments; les régiments de compagnies de garnison portés à 400 hommes, les escadrons à 125 chevaux. Une commission est nommée à Berlin pour étudier les moyens d'habiller, armer et équiper toutes ces nouvelles formations. Le 1er février, les prescriptions du 12 janvier sont complétées : tous les bataillons de grenadiers, de mousquetiers et de fusiliers qui n'ont pas encore formé de nouvelles unités seront dédoublés en bataillons de réserve, et portés à 800 hommes; il en est de même des régiments de compagnies de garnison. Mais, comme les ressources manquent pour armer ces troupes, chaque recrue doit apporter avec elle une veste, un pantalon, une chemise, une paire de souliers. Les effectifs des onze brigades de compagnies de garnison sont élevés comme ceux des régiments à 800 hommes. Le 5 mars, le roi ordonne pour les troupes de Silésie la formation de cinq troisièmes bataillons de réserve (1).

Cette réorganisation de l'armée prussienne était facilitée par l'enrôlement des recrues déjà à peu près instruites que la Prusse trouvait sous la main. La mise sur pied des nouvelles troupes avançait donc rapidement. Les hommes et les chevaux se réunissaient dans les granges, où ils s'exerçaient pendant la nuit. Les paysans offraient au gouvernement du drap, de la toile, de l'argent (2) ; et la commission générale autorisait des marchés de matières premières, dans lesquels un quart seulement des fournitures était payé comptant (3).

Ces mesures inquiètent l'empereur : aussi décide-

---

(1) HOLLEBEN, d'après les archives prussiennes.
(2) Eugène à l'empereur, Posen, 28 janvier : « Les chevaux sont donnés pour 30 thalers. » (Arch. nationales, A. F., IV, 1651.)
(3) HOLLEBEN, I, 66.

t-il que les troupes fournies par le gouvernement prussien seront placées sous les ordres d'un chef dont on sera sûr. Ainsi, malgré les promesses faites au roi de Prusse, Napoléon ne veut pas laisser ces troupes sous le commandement d'un Prussien : elles seront jointes aux troupes bavaroises et formeront un corps sous les ordres du maréchal Saint-Cyr (1). Mais comme, au moment où les instructions impériales arrivent, Saint-Cyr se trouve pourvu par le prince Eugène d'un autre commandement, c'est le duc de Bellune qui est chargé par le vice-roi du commandement des Prussiens.

Le 9 février, le maréchal Victor écrit à Bülow pour l'informer de cette décision; le 12, Bülow répond : « J'ai indiqué au major général que le corps de réserve placé sous mon commandement n'était composé que de nouvelles troupes, et de recrues qui ne sont ni habillées, ni équipées, et par conséquent incapables de se battre. Je serai forcé de me retirer à Colberg, si l'armée ennemie marche contre moi avec des forces supérieures. J'ai déjà prévenu plusieurs fois le général Monthion que je ne puis recevoir d'ordres que de S. M. le roi mon maître, et j'en appelle au jugement de Votre Excellence pour me dire s'il est permis à un général de se placer de lui-même sous les ordres d'un général d'une autre puis-

---

(1) Empereur à Eugène, Paris, 8 février. (*Correspondance*, 19558.) — Voir, page 254, la note 1.

sance, et de disposer d'un corps de troupes dont il est responsable vis-à-vis de son souverain. Je ne puis revenir de mon étonnement au sujet de la proposition du général Monthion. Votre Excellence se rendra compte qu'il m'est impossible d'entrer dans cet ordre d'idées, et je la prie de s'adresser pour des choses de cette importance directement à Sa Majesté (1). »

Cette réponse était conforme aux intentions du roi Frédéric-Guillaume, car le 15 il écrivait à Bülow : « Il m'est venu que l'empereur Napoléon a l'intention de vous placer sous les ordres du maréchal français de Bellune. J'ai fait présenter des observations à ce sujet par mon envoyé à Paris, en faisant remarquer que les troupes sous vos ordres étaient encore en formation, et par conséquent nullement prêtes au combat. Je vous en informe de manière que vous, et vos troupes, demeuriez indépendants, donc que vous n'acceptiez aucun ordre des autorités françaises (2). »

Bien que ces incidents ne soient pas encore parvenus à la connaissance de l'empereur (3), il fait écrire à Saint-Marsan par Bassano : « Le grand recru-

(1) Lettre de Bülow, citée par HOLLEBEN, 126. — Le major-général étant malade était remplacé par le général Monthion.
(2) Acten des Kriegs-Archivs des K. P. Grossen Generalstabes, cité par HOLLEBEN, I, 126.
(3) A la fin de février, l'empereur semble s'être fait une opinion très nette sur les intentions de la Prusse : « Je tiens donc pour certain que son apparente confiance à l'époque dont je parle (fin février) n'était qu'un jeu forcé, et qui avait pour but d'éviter le découragement, qui gagnait même ceux qui l'entouraient. » (PASQUIER, *Mémoires*, II, 57.)

tement qu'on fait dans toute la Prusse avec des officiers auxquels on ne peut pas se fier, ne peut que nous alarmer, et je désire que tout reste tranquille (1); » et ce même jour, il écrit directement à Eugène : « Mon fils, il faut faire cesser le recrutement des Prussiens, et se contenter des troupes du général Bülow comme elles sont. Donnez partout vos ordres en conséquence (2). » Aussi, le 17, Eugène publie-t-il l'ordre du jour suivant : « Son Altesse impériale le prince vice-roi ordonne que le recrutement qui a lieu en ce moment en Prusse cesse dans toute l'étendue du territoire occupé par les armées de Sa Majesté impériale et royale. Messieurs les généraux veilleront à l'exécution du présent ordre dans les arrondissements qu'ils occupent, et en rendront les autorités responsables (3). »

Un tel ordre devait forcément empêcher toutes les levées et arrêter l'exécution des édits du mois de février. Aussi le gouvernement prussien sera-t-il obligé de protester dès qu'il en aura connaissance, et cette protestation ne pourra qu'aggraver le conflit.

(1) Empereur à Bassano, Paris, 10 février. *(Correspondance,* 19565.)
(2) Empereur à Eugène, Paris, 10 février. *(Correspondance,* 19567.)
(3) Ordre du jour, Mersewitz, 17 février. (Arch. Guerre. — Arch. des Aff. étrangères.)

II

Cependant le colonel von dem Knesebeck (1), rentré de Vienne le 3 février s'apprêtait à partir pour le quartier général russe. On lui avait donné dans ce but des instructions assez longues.

Il devait renouer les relations d'amitié entre les deux souverains, assurer que malgré la guerre les sentiments personnels du roi vis-à-vis de l'empereur n'avaient pas changé, et, pour bien affirmer ces sentiments, s'efforcer de conclure un traité « d'amitié et de paix ». Aussi emportait-il avec lui un projet de traité; mais il était autorisé à le modifier selon les vues de la Russie, pourvu que ces modifications ne dussent pas en changer les points principaux, et ne pas être en opposition avec les intérêts de l'Autriche. Il devait par conséquent se mettre en rapport avec le chevalier de Lebzeltern, envoyé d'Autriche, et agir de concert avec lui. Il profiterait de cette circonstance pour s'efforcer d'attirer l'Autriche dans l'alliance, ce qui semblait devoir être assez facile si l'on adoptait son programme de paix.

(1) Le choix de Knesebeck s'explique, d'après Rancke, IV, 305, par ce fait que Knesebeck, revenant d'Autriche, pouvait éclairer « sur la situation des choses dans ce pays ».

Knesebeck devait également ne pas perdre de vue les questions espagnoles, italiennes, rhénanes, hollandaises, et allemandes, parce que ces questions, intimement liées à celle de l'indépendance de l'Europe, devaient se régler en même temps ; il lui était cependant recommandé de ne pas trop s'engager dans ces diverses affaires, principalement dans celles où la Prusse n'avait qu'un intérêt indirect, comme les affaires espagnoles et italiennes, de manière à conserver entière sa liberté d'action.

Au point de vue militaire, Knesebeck se renseignerait aussi exactement que possible sur les forces de la Russie, sur celles qu'elle pourrait mettre sous les armes lors d'une prochaine campagne, sur les points actuellement occupés par son armée, et sur ceux qui le seraient prochainement. Il communiquerait tous ces renseignements à Lebzeltern, de manière à ce que l'Autriche en fût instruite en même temps. Il tâcherait de déterminer les Russes à avancer plus rapidement qu'ils ne le faisaient vers l'Oder ; car de cette marche en avant dépendait la possibilité de la coopération de la Prusse. A ce sujet, Knesebeck pouvait laisser entrevoir les idées de son gouvernement sur les moyens de continuer la campagne.

En ce qui concernait la situation dans la Prusse orientale, Knesebeck devait exposer au tsar l'inconvénient qu'il y avait à favoriser à Kœnigsberg le développement des mesures révolutionnaires : parce qu'elles déliaient les populations de l'obéissance à leur souverain légitime, qu'elles les habituaient à méconnaitre le principe de l'autorité, et qu'elles rendraient peut-être difficile le rétablissement de l'ordre. Il ferait également remarquer au tsar combien était inopportune pour le moment la cession de la Norvège à la Suède, ce qui aliénerait le Danemark au lieu de l'attirer dans la cause commune, ou empêcherait tout au moins d'obtenir sa neutralité.

Enfin les instructions se terminaient par des détails circonstanciés sur la Pologne contenus dans un article 9 ainsi conçu : « Un article très important encore, c'est la conduite à tenir envers la partie du duché de Varsovie ci-devant prussienne. Il semble utile que le roi fasse un appel à ses anciens sujets tant dans ce duché qu'en temps et lieu dans les provinces transalbines, etc., (1) cédées par la paix de Tilsit, et qu'en accordant aux Polonais les avantages dont ils ont toujours été jaloux, la Prusse tire incessamment parti de leurs moyens, établisse une administration prussienne, forme des troupes polonaises, etc. Il s'agira de pressentir les intentions de l'empereur Alexandre sur ce sujet, et, s'il est possible, de convenir avec lui conformément à ce qui a été énoncé; il faudra de plus que le colonel de Knese-

---

(1) Le texte porte transalbines, c'est sans doute transelbines qu'il faudrait lire; car un document allemand traduit ce mot par : « au delà de l'Elbe. »

beck s'applique à apprendre et à approfondir la manière dont les Polonais envisageraient et accueilleraient cette mesure. »

En donnant ces instructions, Hardenberg entend évidemment réoccuper la Pologne; il présente pour le moment le fait de l'occupation comme une mesure provisoire; mais qui sait s'il ne pense pas rendre cette occupation définitive au moment de la signature de la paix? Car il sera facile alors, d'opposer aux puissances le droit de possession, l'*uti possidetis*. Cependant, il est tellement peu sûr de pouvoir arriver à ce résultat, qu'il croit nécessaire de faire à ce sujet des concessions importantes. Alexandre n'avait jamais positivement exprimé d'idées bien arrêtées sur la question polonaise; Hardenberg savait pourtant que le duché de Varsovie pourrait devenir la pierre d'achoppement de toute alliance entre la Russie, l'Autriche et la Prusse. Or, actuellement, au moment de travailler à un rapprochement entre ces trois États, et à la veille de conclure un traité avec la Russie, il pense qu'il faut lui faire croire qu'il n'a que des intentions vagues sur ce sujet, et, dès les premières conversations, il estime inutile de soulever une difficulté, qui peut faire rompre toutes les négociations dès leur début. Il lui semble dès lors plus habile et plus prudent de faire une concession sur laquelle la suite permettra peut-être de revenir. Aussi l'article 9 est-il suivi d'un article 10 : « Au cas que de la part de la

Russie on insistât sur une acquisition à faire sur la partie du duché de Varsovie qui appartenait à la Prusse, le colonel de Knesebeck est autorisé à consentir que cette acquisition soit prise de la nouvelle Prusse orientale, entre l'ancienne Prusse orientale et le Niémen, là où cela a été indiqué audit colonel (1). »

Le texte du projet de traité emporté par Knesebeck comprenait quatorze articles (2). Il prévoyait pour la durée de la guerre une alliance offensive et défensive entre les deux puissances, alliance qui deviendrait défensive après la guerre. Le but de cette alliance était d'obtenir la sûreté des deux États, sûreté qui ne serait pas réelle, tant que la France posséderait des places ou des établissements dans le nord de l'Allemagne. Pour arriver à ce résultat, il fallait rendre à l'Allemagne et à la Hollande leur indépendance, et pour cela, il était utile de demander à l'Autriche, à l'Angleterre et à la Suède leur coopération.

Au sujet de la Prusse, l'article 6 portait : « La sûreté entière et l'indépendance de la Prusse ne pouvant être bien assurées qu'en lui rendant la force qu'elle avait avant la guerre de 1806, c'est-à-dire ses possessions dans la Pologne et dans l'Allemagne, Dantzick y

---

(1) Texte en allemand dans ONCKEN, I, 183. Le texte français est donné pour les articles 9 et 10. En face et en marge du 10ᵉ article, Hardenberg a ajouté de sa main : « Il pourra même, selon les circonstances, offrir une acquisition pareille. »
(2) D'après ONCKEN, les archives d'État de Berlin contiennent le texte du traité corrigé de la main même d'Hardenberg.

compris, ou un équivalent pour ces dernières possessions, et en l'augmentant même s'il se peut par des acquisitions dans la partie septentrionale de l'Allemagne, dont toutefois les anciennes possessions de la maison de Hanovre sont expressément exceptées, la Russie s'engage à ne poser les armes que lorsque ce but sera rempli dans toute son étendue. »

L'article 7 était ainsi conçu : « Comme d'ailleurs il est des intérêts de la Russie aussi bien que de l'Allemagne même, que les affaires politiques et militaires dans la partie septentrionale de la Germanie ressortent d'une puissance directrice, S. M. l'empereur de toutes les Russies s'engage à ne point faire la paix, avant que cette influence décisive n'ait été exclusivement assignée à la Prusse, et en général à ne point négocier en particulier avec l'ennemi commun, mais à ne jamais séparer ses intérêts, et à ne faire aucune paix ou convention autrement que de concert avec S. M. le roi de Prusse. Pour atteindre le but qu'elles se proposent, la Russie et la Prusse s'assisteront de tous leurs moyens sans aucune limitation. Mais la Russie mettra au moins en campagne 150,000 hommes et la Prusse 80,000 hommes, y compris les garnisons des places fortes. Cette dernière puissance s'engage à augmenter plus tard ce nombre dans la mesure que lui permettront ses ressources militaires et financières. »

Le projet de traité prévoyait également un plan d'opérations militaires concerté entre les deux puissances : « Mais comme, pour le moment, rien n'est plus urgent que d'éviter la perte d'un temps précieux, de pousser les troupes russes aussi rapidement que possible vers l'Oder et ensuite vers l'Elbe, de se rendre maître de tout le pays en deçà de ce fleuve, d'y détruire la puissance que les Français y ont encore conservée, d'empêcher qu'elle ne s'y développe, et d'éloigner le théâtre de la guerre, S. M. l'empereur de Russie prendra immédiatement les dispositions nécessaires pour faire marcher son armée vers l'Oder, et pour la faire arriver sur l'Elbe avant le 15 avril. Pendant ce temps, S. M. le roi de Prusse augmentera ses forces autant qu'il le pourra, aussi bien en Prusse qu'en Silésie et en Poméranie, de manière à ce qu'elles puissent aussitôt que possible agir de concert avec les troupes de S. M. l'empereur de toutes les Russies dans le nord de l'Allemagne. » Cet article paraît étrange, car il est en contradiction avec tous les plans antérieurs d'Hardenberg. En décembre, n'avait-il pas dit que la Russie ne devait pas arriver jusqu'au Rhin? N'était-ce pas également l'opinion de Knesebeck et celle de Metternich (1) ? Mais, à mesure que ces projets élaborés dans les cabinets commencent à devenir une réalité, ils se modifient selon les circonstances. Actuellement, Hardenberg n'a plus qu'une idée :

(1) Plan d'Hardenberg du 25 décembre 1812; audience de l'empereur d'Autriche à Knesebeck; conversation de Metternich et de Knesebeck; mémoire de Knesebeck au roi du 6 février.

faire cesser le plus promptement possible l'occupation française en Prusse, de manière à pouvoir armer rapidement. Or, tant que la grande armée manœuvre dans le Brandebourg, que Berlin est occupé, les mouvements militaires ne peuvent s'exécuter que lentement. « Le maréchal Augereau, écrit le ministre von der Goltz, fait difficultés sur difficultés (1). » Pour obtenir la libération du territoire, il faut donc hâter la marche en avant des Russes. Courir au plus pressé, quelles que soient les conséquences qui peuvent en découler pour le moment, quitte à corriger plus tard ce qu'elles auraient d'excessif, semble être la ligne de conduite d'Hardenberg en ces jours difficiles.

Le projet de traité devait rester secret; et il y était spécifié dans l'article suivant — l'article 9 — que « la Prusse engagerait des négociations avec la France pour obtenir l'évacuation des États prussiens, de la ville de Dantzick et des places fortes de l'Oder, et le retrait de ses troupes derrière l'Elbe avant le 15 avril ; tandis que la Prusse inviterait S. M. l'empereur de toutes les Russies à retirer de la même manière avant cette date ses troupes derrière la Vistule, pour faciliter les conversations commencées par l'Autriche au sujet de la paix. Mais ces négociations ne pourraient pas, avant d'avoir complètement abouti, suspendre les mesures militaires arrêtées plus haut (art. 8). » —

---

(1) Goltz à Hardenberg, Berlin, 22 janvier. ONCKEN, I, 178.

C'était le projet d'armistice proposé à Napoléon qui était ainsi incorporé dans le traité, et qui avait pour résultat d'amener l'évacuation complète du territoire de la monarchie. Les conséquences en étaient les mêmes que celles que l'on obtenait par une marche en avant des Russes; mais ce nouveau moyen était moins dangereux que le premier, et par suite beaucoup plus en rapport avec les idées antérieures d'Hardenberg, de Metternich et de Knesebeck. Cette seconde solution était donc préférable à la première.

La Prusse et la Russie s'engageaient en outre à se concerter sur la manière dont elles rendraient public ce traité quand le moment favorable serait venu. Elles devaient agir l'une envers l'autre avec une entière confiance, s'efforcer d'attirer à elles les cours d'Autriche, de Danemark et les princes allemands, et tâcher d'obtenir la coopération de l'Angleterre et celle de la Suède. (Art. 10 et 11.) — La Russie s'engageait également à soutenir toutes les démarches faites par la Prusse en Angleterre pour obtenir de l'argent, des armes et des munitions. (Art. 12.)

Les deux derniers articles avaient trait à des arrangements d'un intérêt plus particulier entre les deux puissances : notamment au sujet des prisonniers qui devaient être armés, équipés et incorporés dans les troupes de la puissance qui les entretenait; et des places de la Vistule et de l'Oder, qui devaient recevoir des garnisons prussiennes dès qu'elles auraient été évacuées par les Français (1).

Il était évident que par ce traité Hardenberg espérait refaire de la Prusse une puissance de premier ordre, et reconquérir ainsi tous les territoires perdus. Cependant, on ne s'explique pas pourquoi il ne réclame que la restitution des provinces perdues depuis 1806, alors que le démembrement de la Prusse commencé en 1805 par la perte du marquisat d'Anspach, de la principauté de Neuenburg, de la forteresse de Wesel et des restes du duché de Clèves (2). Est-ce un oubli? Il semble qu'on doive le croire, car partout ailleurs que dans cette pièce Hardenberg réclame pour la Prusse l'état de 1805 (3). Vraisemblablement, il a repris sans y faire attention et par inadvertance la formule qui s'était trouvée sous la plume du tsar le 6/18 décembre 1812, lorsqu'il avait écrit à Paulucci qu'il ne déposerait les armes que quand il pourrait « obtenir pour la Prusse un agrandissement territorial assez grand pour lui faire reprendre parmi les puis-

(1) D'après Oncken, I, 187, le texte des articles 6 et 7 est seul donné en français.

(2) Traité de Schönbrunn, 1805.

(3) En particulier, dans l'article 7 du traité de Bartenstein avec la Russie, 16 avril 1807 : « Sa Majesté impériale de toutes les Russies fera tous ses efforts pour aider Sa Majesté à se rétablir dans la possession de ses États, maintenant envahis par l'ennemi commun, et pour lui faire recouvrer les provinces qu'elle a perdues depuis l'année 1805, ou lui en faire obtenir l'équivalent. » Dans le Mémoire d'Ancillon du 4 février (V. page 244), on lit : « Les pays au moins qu'elle possédait en 1805, excepté ceux de la maison de Hanovre, et la liberté de commerce sur l'Elbe. »

sances de l'Europe la place qu'elle y occupait avant la guerre de 1806 (1) ». En mettant 1806 au lieu de 1805, le chancelier prussien a commis une faute qui aurait pu avoir les plus graves conséquences.

Muni de ces instructions et porteur d'une lettre du roi à l'empereur, dans laquelle Frédéric-Guillaume exprimait à Alexandre le plaisir qu'il avait à renouer avec lui leurs relations de vieille amitié, et lui faisait savoir qu'il avait donné à Knesebeck les pouvoirs nécessaires pour négocier et conclure un traité « d'amitié et d'alliance (2) », Knesebeck partit le 9 pour le quartier général russe. Il y arriva le 15 et n'y trouva pas, comme il y comptait, l'envoyé autrichien Lebzeltern.

Ce dernier aurait dû partir le 27 janvier. Otto écrit à cette date : « M. de Metternich fera partir demain M. de Lebzeltern pour Vilna. Il ne lui donne d'autre instruction que de parler de paix et d'écouter : il ne lui dit pas un mot des conditions proposées par la France : il veut laisser venir les Russes (3). » Mais Lebzeltern n'est pas parti le 27 janvier : il est peut-être parti le 5 février, ainsi que Metternich l'an-

---

(1) Alexandre à Paulucci, 6/18 décembre 1813. — ONCKEN, I, 192; OSTEN-SACKEN, I, 86; DROYSEN, I, 280. — Pourquoi le tsar a-t-il écrit 1806 alors que la Russie avait accepté l'année 1805 dans le traité de Bartenstein?
(2) Frédéric-Guillaume à Alexandre, Breslau, 8 février 1813. — ONCKEN, I, 195.
(3) Otto à Bassano, Vienne, 26 janvier. (Arch. des Aff. étrangères, Autriche; FAIN, I, 303.)

nonce à Floret (1), bien qu'il n'ait reçu ses instructions que le 8 ; on lit en effet dans la pièce qui les accompagne : « Nous avons arrêté M. de Lebzeltern en route pour laisser aux événements le temps de se développer (2). » Quoi qu'il en soit, il a différé son départ sûrement jusqu'au 5, peut-être jusqu'après le 8.

En outre, une fois parti, il voyage très lentement, sans essayer de regagner le temps perdu. A Konskie, à Cracovie, il s'arrête sous prétexte d'indispositions ; il se fait passer pour malade. Metternich l'écrit à Floret : « A Cracovie, le chevalier de Lebzeltern a été arrêté plusieurs jours par une indisposition qui parut prendre un caractère sérieux (3). » Aux avant-postes autrichiens, il attend « de nouvelles instructions qu'il ne reçoit que le 4 mars (4) ». De sorte qu'il n'arrive à Kalisch que le 5, longtemps après que Knesebeck en est parti, et que le traité entre la Prusse et la Russie est signé. Il écrit le 11 : « On m'attendait depuis longtemps au quartier général de l'empereur Alexandre. Comme motif de mon retard inexplicable, je donnai pour raison mes indispositions à Cracovie, à Konskie, et l'état du chemin. Je coulai

---

(1) Metternich à Floret, 6 février : « M. de Lebzeltern est parti la nuit dernière, pour aller rejoindre l'empereur Alexandre. »
(2) Instructions pour le chevalier von Lebzeltern du 8 février, Vienne, 8 février. ONCKEN, I, 421 (texte français). — Il semble que Lebzeltern se soit mis en route avant d'avoir reçu la note contenant ses instructions.
(3) Metternich à Floret, 28 février.
(4) BIGNON, XI.

à fond le chapitre des accidents ; mais l'empereur resta persuadé que la cause de ce voyage aussi lent était de nature diplomatique (1). »

Pourquoi ces retards?

Metternich, fidèle à sa résolution de ne pas prendre pour le moment une part active à la guerre, veut laisser les événements suivre leur cours. Il sait que, d'après ses conseils, la Prusse va faire partir un envoyé auprès d'Alexandre. Vraisemblablement, pendant la présence de ce Prussien au quartier général russe, des conversations seront échangées, des programmes seront discutés, une alliance va peut-être se former entre les deux souverains. Sans aucun doute, s'il a, lui aussi, un envoyé auprès du tsar en ce moment, cet envoyé sera consulté; il parlera; il parlera peut-être trop ; on le compromettra, ou tout au moins sa présence pourra faire suspecter la neutralité de l'Autriche. Or un médiateur doit se tenir éloigné de tout ce qui pourrait faire croire que, dans le conflit soumis à sa médiation, il ait pu prendre parti. D'ailleurs la présence de l'Autriche à Kalisch pendant les conversations actuellement engagées semblerait être de sa part un acquiescement tacite au plan des coalisés. Cette participation affaiblirait moralement la France d'une manière trop ouverte; c'est ce que Metternich ne veut pas. Il consent à l'affaiblir indi-

(1) Lebzeltern à Metternich, Kalisch, 11 mars. ONCKEN, I, 210.

rectement et en secret, de manière à ce que Napoléon ne puisse en concevoir de soupçon ; mais agir ostensiblement serait s'engager, ce qu'il faut encore éviter : il est trop tôt ; l'Autriche n'est pas prête ; il ne faut pas perdre de vue ce point important. Et puis, connaît-on les intentions du tsar sur les conditions de la paix future? On sait ce que pense Napoléon, mais on n'a que des notions vagues sur la manière dont le tsar envisage la situation. Les idées de Napoléon paraissent des folies, mais François est le beau-père et Napoléon le gendre ; et ces idées ne sont peut-être que les boutades d'un fils insupportable, d'un enfant gâté qui cédera aux raisons de son père!... Tandis que le tsar est un étranger, dont les quelques projets aperçus vaguement dans des correspondances saisies paraissent aussi dangereux pour l'Autriche que ceux de Napoléon! Il faut donc laisser les événements suivre leurs cours, et quand ils auront pris une direction nette, quand l'on saura que l'un des adversaires sera devenu plus fort et l'autre plus faible, alors seulement l'on pourra paraître. N'est-ce pas ce dont convient Metternich lui-même quand il écrit dans les instructions de Lebzeltern : « Nous avons arrêté M. de Lebzeltern en route, pour laisser aux événements le temps de se développer? »

Mais à côté de ces raisons purement diplomatiques, Metternich en avait d'autres. Des documents interceptés venaient de lui tomber entre les mains.

Dans les premiers jours de février, les avant-postes autrichiens arrêtaient à Brody un sieur Klucksewski, porteur d'une lettre du tsar au prince Adam-Georges Czartoryski, en réponse à deux lettres précédemment écrites (1), ainsi que la copie d'une adresse à l'empereur de Russie signée du ministre des finances du grand-duché de Varsovie Matuszevicz, et du ministre de l'intérieur Mostowski. La lecture de ces documents permit à l'Autriche de voir sous un jour nouveau la question polonaise. Ces pièces lui parurent si importantes qu'elle résolut d'en donner communication immédiate à Napoléon (2) : « C'est Czarto-

(1) Lettres du 6 et du 15 décembre.
(2) « L'empereur vous ordonne, en conséquence, monsieur le comte, de demander à approcher de l'empereur Napoléon. Vous direz à Sa Majesté Impériale avoir été chargé par notre Auguste Maître de lui faire lecture des pièces annexées à la présente dépêche, sans en laisser ni en donner copie; vous aurez même à nous renvoyer par la première occasion sûre ces mêmes pièces.

« Elles consistent :

« 1) En une copie figurée des pièces envoyées en original et directement de Varsovie à l'empereur Alexandre, et en copie à une personne nantie de la confiance de ce monarque;

« 2) En une lettre autographe de Sa Majesté Impériale à cette même personne, et dans laquelle se trouvent citées les pièces.

« Le contenu de ces pièces n'a pas besoin de commentaires. Nous répondons de leur authenticité la plus complète. L'empereur m'a ordonné de faire omettre dans les copies les noms des personnages impliqués. Le style des ouvertures faites à l'empereur de Russie prouve la source d'où elles partent, et la réponse de Sa Majesté impériale suffit pour ne pas laisser de doute que ce n'est pas un des nombreux partis qui de tout temps ont divisé la Pologne, qui s'est dans la circonstance critique du moment adressé à la Russie. Il serait difficile de mieux caractériser sans doute l'esprit polonais que par ce que nous voyons arriver aujourd'hui. Cette nation qui prend toujours toutes les couleurs, qui ne respire que manigance et intrigue, qui n'a

ryski! » s'écria l'empereur en interrompant la lecture que lui faisait Bubna ; « je connais son style, ses phrases. » Il se trompait ; ce n'était pas Czartoryski qui était l'auteur du document saisi ; mais, s'il n'avait pas trempé dans la confection de cette adresse, il avait, quelques jours auparavant, écrit au tsar dans le même sens. Or, c'était la réponse du tsar que les Autrichiens venaient de saisir. Mais comme les deux plans polonais tendaient au même but et sensiblement par les mêmes moyens, Napoléon avait pu se tromper sur leur auteur et avait pu continuer : « Alexandre connaît ce plan aussi bien que moi, depuis Austerlitz : nous en avons causé ; l'empereur ne l'adoptera pas (1). »

Le traité de Tilsit avait créé le grand-duché de Varsovie : c'était le premier pas vers le rétablissement de la Pologne ; il avait rendu aux Polonais un peu d'indépendance ; aussi se tournèrent-ils en masse vers Napoléon et lui demandèrent-ils de terminer l'œuvre qu'il avait ainsi ébauchée. Dans tous les cœurs les vieilles aspirations se réveillèrent, et les rêves patriotiques se formèrent à nouveau : « Un Polonais n'est pas obligé de se sacrifier pour un

été polonaise que depuis qu'elle a cessé de l'être, cajole à l'apparence la France ; elle promet à l'approche du danger fidélité et amour à la Russie. De puissants partis adressent à nous pour nous demander à cor et à cri que nous prenions possession de nos provinces cédées en 1809 dans le vain espoir de mettre leurs propriétés à l'abri des dévastations des cosaques. » Metternich à Bubna, Vienne, 6 février. (ONCKEN, 1, 426 ; texte français.)

(1) Bubna à Metternich, 16 et 19 février.

Russe, écrivait en août 1812 le prince Adam-Georges Czartoryski, fils du prince Adam-Casimir, le président de la diète; il serait inexcusable s'il le faisait, car la Russie est la cause principale de tous les maux de sa patrie (1). » Ces sentiments étaient ceux de la nation entière en 1812. Aussi le réveil fut-il terrible, quand elle apprit la retraite de la grande armée, et quand sur la route de Wilna, elle vit défiler les fantômes des anciens corps.

Napoléon vaincu, la Pologne ne pouvait plus s'attacher à sa fortune : d'autant plus qu'il avait refusé de s'expliquer définitivement à son égard. Elle se retourna alors vers le vainqueur.

La même diète, qui pendant les mois de l'été ensoleillé de 1812, avait voté une guerre de destruction contre la Russie, s'adressait au vainqueur pendant les froides journées de novembre de la même année, par l'intermédiaire de Czartoryski; elle demandait non seulement pardon et assistance, mais plus encore l'indépendance et des agrandissements. En transmettant cette adresse, Czartoryski avait fait appel aux sentiments généreux du tsar : « La victoire semble couronner décidément les efforts de Votre Majesté impériale. Si vous entrez en vainqueur en Pologne, reprendrez-vous, sire, vos anciens projets relativement à ce pays? En le subjuguant, aurez-vous encore

(1) *Mémoires du prince A. Czartoryski et Correspondance avec l'empereur Alexandre Ier*, publiés par MAZADE, II, 291.

le désir de subjuguer aussi les cœurs? Aurez-vous aussi le dessein de rendre les liens entre les deux nations indissolubles, en les rendant volontaires, et d'établir un ordre de choses qu'aucune vicissitude ne puisse saper parce qu'il réalisera les vœux et le bonheur de la nation soumise?... Nous touchons peut-être au moment où vos succès militaires vous permettront enfin de procéder à l'exécution de cette œuvre? » — Ces projets, cette œuvre, c'était la réalisation de conversations de jeunesse longuement échangées sur les bords de la Néva et soudain évoquées ; c'étaient les développements des entretiens du grand-duc Alexandre, alors âgé de dix-neuf ans, et du prince Adam-Georges Czartoryski, otage à Saint-Pétersbourg ; c'étaient les confidences d'avril 1796 au prince polonais, lorsque le grand-duc lui avait dit « qu'il ne partageait ni les idées ni les doctrines du cabinet et de la cour; qu'il était loin d'approuver la politique de sa grand'mère; qu'il avait fait des vœux pour la Pologne et sa lutte glorieuse; qu'il avait déploré sa chute; que Kosciusko était à ses yeux un homme grand par ses vertus et par la cause qu'il avait défendue, qui était celle de l'humanité et de la justice; qu'il abhorrait partout le despotisme sous n'importe quelle forme; qu'il aimait la liberté, qu'elle était due également à tous les hommes (1). » C'était donc l'indé-

---

(1) *Mémoires du prince A. Czartoryski et Correspondance,* I, 96.

pendance de la Pologne! En terminant sa lettre, Czartoryski concluait : « Je crains que l'Autriche et la Prusse, par leurs insinuations, ne veuillent vous détourner de votre idée. Cependant vous n'avez plus aucun ménagement à garder, aucune obligation vis-à-vis de ces puisssances, et les mêmes raisons de politique, de gloire, de bonté qui vous ont fait adopter le projet, ne peuvent que vous engager à le mettre en exécution, dès que vous en verrez la possibilité (1). » Le Czartoryski qui écrivait ces lignes était le prince Adam-Georges, l'ami du tsar, l'ancien ministre russe; celui qui au mois d'août avait excité avec passion le peuple contre la Russie, et qui s'était retiré avec éclat du service russe, parce que son père avait été nommé président de la diète polonaise, et qu'à ce titre, il était devenu chef du parti national polonais. Mais s'il rappelait ainsi au tsar ses anciennes confidences, s'il redevenait aussi complètement russe, s'il reniait les déclarations qu'il avait faites quelques mois auparavant, c'était pour sauver l'indépendance de la Pologne. N'allait-il pas jusqu'à accepter la domination d'un souverain russe pourvu que la Pologne restât autonome? N'avait-il pas offert dans une lettre du 27 décembre la couronne de Pologne au grand-duc Michel, de

---

(1) Le prince Adam Czartoryski à l'empereur, 6 décembre 1812. — *Mémoires du prince A. Czartoryski et Correspondance avec l'empereur Alexandre Ier*, II, 297.

manière à éloigner le tsarevitch, l'impopulaire grandduc Constantin? Ne voulait-il pas ainsi empêcher l'absorption de la Pologne, en rendant impossible la réunion sur la même tête, des couronnes polonaise et impériale russe?

La passion pour l'indépendance de la Pologne et la méfiance envers l'Autriche et la Prusse, tels sont donc les deux sentiments qui animent Czartoryski.

Presque en même temps, vers la fin du mois de novembre, deux ministres du grand-duché, Matuszevicz et Mostowski, envoyaient au tsar une adresse, dans laquelle ils se montraient disposés à le reconnaître comme roi de Pologne, pourvu qu'il octroyât à ce royaume une nouvelle constitution, qui aurait pour bases la constitution actuelle et la vieille constitution du 3 mai 1791.

Les aspirations nationales de la Pologne n'étaient donc pas mortes; elles sommeillaient et l'approche d'une armée traversant ses provinces suffisait à les réveiller : « La position des Polonais, jouets depuis plus d'un demi-siècle de la politique et de l'ambition des grandes puissances, était unique dans l'histoire, comme le disait Poniatowski à Bignon; une de leurs calamités était d'avoir été condamnés à se faire, pour ainsi dire, deux consciences (1). »

La réponse du tsar fut qu'il était toujours dans les

---

(1) Bignon, XI, et Oncken, I, 228.

mêmes dispositions vis-à-vis de la Pologne : « Les succès par lesquels la Providence a voulu bénir mes efforts et ma persévérance n'ont nullement changé ni mes sentiments, ni mes vues sur la Pologne. La vengeance est un sentiment que je ne connais pas, et ma plus douce jouissance est de payer le mal par le bien ». Des ordres ont été donnés pour que les troupes russes considèrent les Polonais comme des amis et des frères (1), mais plusieurs difficultés se présentent qui retardent le commencement d'exécution de ses plans : « D'abord, l'opinion en Russie. La manière dont s'est conduite chez nous l'armée polonaise, les sacs de Smolensk, de Moscou, la dévastation de tout le pays, ont de nouveau ravivé la haine. Secondement, dans le moment actuel, une publicité (2) donnée à mes intentions sur la Pologne jetterait complètement l'Autriche et la Prusse dans les bras de la France : résultat qu'il est très essentiel d'empêcher, d'autant plus que ces puissances me témoignent déjà les meilleures dispositions. Ces difficultés, avec de la sagesse et de la prudence, seront vaincues... Ayez quelque confiance en moi, en mon caractère, en mes principes, et vos espérances ne seront plus trompées... Quant aux formes, vous savez

---

(1) « Les Russes font une différence de traitement entre les prisonniers; les Polonais sont ceux qu'ils favorisent le plus. » — Police de l'armée. (Arch. nationales, A. F., IV, 1652.)

(2) Dans son texte, Bignon (*La Pologne : souvenirs d'un diplomate*) dit : « une publicité intempestive. »

que les libérales sont celles que j'ai toujours préférées. Je dois vous avertir cependant que l'idée de mon frère Michel ne peut pas être admise ». La couronne de Pologne ne saurait en effet aller au grand-duc; car la Lithuanie, la Podolie, la Wolhynie sont maintenant des provinces russes, et, à ce titre, ne peuvent être séparées de l'empire; cette couronne ne peut donc appartenir qu'au tsar lui-même. Cependant, « la Pologne et les Polonais n'ont à craindre nulle vengeance de ma part. Mes intentions à leur égard sont toujours les mêmes ». Pour le moment, Alexandre estime que ce qui pourrait le mieux cimenter sa liaison indissoluble avec les Polonais, serait un traité d'alliance conclu après l'occupation du pays, entre le gouvernement du grand-duché et lui. « Dès lors, je me croirais autorisé de la part de l'empire de Russie à prendre un engagement sacré, à ne pas poser les armes tant que les espérances de la Pologne ne se seraient pas réalisées, parce que les Polonais auraient prouvé, à la face de la Russie et de l'Europe, qu'ils ont mis toute leur confiance en moi, et ce n'est jamais en vain qu'on s'en remet à ma loyauté (1) ».

Toutefois, à côté de ces sentiments bienveillants

(1) Alexandre à Czartoryski, Leypuny, 1/13 janvier. *Mémoires du prince A. Czartoryski et Correspondance*, II, 302, et ONCKEN, I, 226. — D'après Oncken, la date qui se trouve sur la minute de Vienne est celle du 15/27.

Les pièces saisies ne comprenaient que l'adresse des ministres polonais et cette réponse du tsar. Metternich ignorait donc le contenu des lettres antérieures de Czartoryski.

que les dépêches saisies avaient fait connaître à Metternich, on se répétait les paroles par lesquelles le tsar avait salué les autorités au moment de son entrée à Vilna, et qu'un officier polonais, prisonnier et évadé, avait rapportées à Eugène : « Vous avez connu les douceurs de mon gouvernement... Je ne veux pas vous punir, mais, pour votre propre bien, je changerai mon système précédent. Désormais, vous serez jugés d'après les lois russes et administrés d'après mes ukases, et toutes vos constitutions et vos privilèges disparaîtront. Les anciennes provinces polonaises sont irrévocablement réunies à mes États » (1).

Quelles étaient donc les intentions du tsar? Au milieu de tous ces documents contradictoires, il était difficile de les démêler. Il semblait cependant résulter de leur examen qu'Alexandre voulait enlever la Pologne à la Saxe et ne pas la partager. Or, ce désir paraissait d'autant plus réalisable que Napoléon était, croyait-on, à la veille de sa ruine, et que dans sa catastrophe il entraînerait avec lui le roi de Saxe, son plus fidèle allié.

Mais que voulait-il en faire? A cette question, on pouvait donner les réponses les plus diverses. Voulait-il l'incorporer à son empire? Peut-être, mais alors c'était un sujet de rupture avec la Prusse, car

---

(1) ONCKEN, I, 228.

l'Autriche savait que la Prusse tenait d'une manière particulière à recouvrer les provinces qu'elle avait perdues du côté de la Pologne. Voulait-il la partager? Peut-être, car il avait écrit à la Prusse, le 13 janvier, « qu'au sujet de la Pologne, il n'avait encore rien résolu, mais qu'il ne prendrait aucun parti sur cette question sans avoir consulté l'Autriche et la Prusse. L'ancien partage de la Pologne entre l'Autriche, la Russie et la Prusse semblait la meilleure solution à prendre (1) ». Voulait-il lui rendre l'indépendance? Peut-être, car il termine sa lettre à Czartoryski par ces paroles : « Les succès ne m'ont pas changé, ni dans mes idées sur votre patrie, ni dans mes principes en général; et vous me trouverez toujours tel que vous m'avez connu ». Ces confidences se succèdent les unes aux autres : chacune d'elles est en opposition formelle avec celle qui la précède; aussi l'Autriche pouvait-elle se demander ce qui allait résulter de toutes ces contradictions.

Évidemment, à Kalisch, entre Knesebeck et Alexandre, des questions importantes vont être débattues. Les audiences seront certainement longues et laborieuses, et la Pologne sera sûrement le principal sujet des discussions, puisque la Prusse exigera comme premier pas vers sa reconstitution la restitution de ses anciennes provinces polonaises, et qu'il semble

(1) Lettre apportée par Natzmer. ONCKEN, I, 194. (Voir chapitre IV, page 212, note 3.)

résulter des correspondances saisies, entre le tsar et les patriotes polonais, que la Russie voudra garder toute la Pologne. Le moment est donc prématuré pour intervenir. Il faut tout d'abord laisser la question russo-prussienne se former et se nouer. On verra ensuite dans quel sens on agira. Voilà pourquoi le chevalier von Lebzeltern ne se rencontra pas à Kalisch avec le colonel von dem Knesebeck.

CHAPITRE V

L'ALLIANCE RUSSE

I. Départ de Knesebeck. — Mission du lieutenant Peterson à Breslau. — Hardenberg cherche à endormir Saint-Marsan. — Opinion des cercles diplomatiques à Berlin. — Hourra des Russes sur Berlin. — Stein à Breslau. — Arrivée de Knesebeck au quartier impérial russe. — Les discussions au sujet des corps de Bülow et d'York. — Opinion du tsar sur l'article 9 et sur la Saxe. — La question polonaise. — Lettre du roi à Knesebeck. — Ordres de Napoléon au sujet des réquisitions. — L'affaire des bœufs de Glogau. — Note d'Hardenberg du 27 février. — La cocarde prussienne. — Les Français sous Berlin. — Lettre pressante d'Hardenberg à Knesebeck. — Arrivée à Breslau de Stein et d'Anstett.

II. Le contre-projet russe. — Changement radical qu'il apporte. — Nouveau contre-projet de Knesebeck. — Knesebeck démasque les plans russes. — Knesebeck apprend la signature du traité. — Composition des forces russes, françaises, prussiennes.

I

Le 9 février, Knesebeck partit pour le quartier général russe. Il fit un long détour pour éviter les troupes françaises, et passa par Leignitz, Bunzlau, Sagan et Crossen. A Zielenzig, il faillit rencontrer la division Grenier, que le vice-roi avait appelée à lui;

il apprit en traversant cette localité qu'il ne trouverait les Russes qu'à Pollitz; il prit donc cette direction, et arriva à leur quartier général le 15.

Ce jour-là, l'empereur Alexandre envoyait à Breslau le lieutenant Peterson porter une lettre dans laquelle il annonçait que le général Witzingerode avait battu à Kalisch le corps de Reynier, qu'il lui avait pris 6 colonels, 36 officiers, 2,000 hommes, 2 drapeaux et 7 pièces de canon (1), que les restes de ce corps se dirigeaient vers Ostrowo pour se reformer à Glogau. Aussi le tsar suppliait-il le roi de Prusse de prendre enfin un parti, et d'occuper Glogau pour empêcher les Français d'échapper, ou tout au moins d'exiger du gouvernement français que cette place lui fût rendue, car « depuis longtemps il avait payé en contributions plus qu'il ne devait (2). »

La conséquence de cette occupation eût été de couper la retraite au corps de Reynier, et de forcer la Prusse à commencer les hostilités contre la France. La Russie eût ainsi entraîné la Prusse dans la guerre, sans être liée avec elle par un traité, et par conséquent sans avoir pris d'engagement positif envers elle; elle voulait la coopération de la Prusse, mais espérait

(1) 1,500 hommes et 6 canons. (OSTEN-SACKEN.) — Le général Nostitz, 3 colonels, 36 officiers, 2,000 hommes, 2 drapeaux saxons, 8 canons. (PLOTHO.) La division Gablentz avait été séparée du reste du corps. Les chiffres d'Osten-Sacken se rapprochent plus que ceux de Plotho des chiffres des Archives de la Guerre.

(2) Alexandre à Frédéric-Guillaume, Klodawa, 3/15 juin. ONCKEN, 1, 235; texte allemand.

l'obtenir sans fixer le prix de cette coopération, sans bourse délier.

Cette démarche fit ouvrir à Breslau les yeux sur les arrière-pensées russes. Il ressortait en effet, en rapprochant les dates, que la lettre du tsar ne pouvait arriver que trop tard. Le combat s'était livré le 13, et la lettre était datée du 15, c'est-à-dire de deux jours après ; il était évident que dans ces conditions les Russes ne pouvaient compter sur l'aide des Prussiens pour cette manœuvre. Car ils savaient au moment du départ de la lettre, et à Breslau on allait savoir, que la situation de Reynier était des plus difficiles (1) ; outre le montant de ses pertes, on avait appris que la division Gablentz (1,500 hommes et 6 canons) avait

---

(1) Corps de Reynier, pendant la retraite de Varsovie à Kalisch :
Corps du général-major von Gablentz : 2 bat. du 1er Rt infanterie légère de Lecoq ; 4 comp. de voltigeurs français ; 12 escadrons (8 de hussards, 4 de chev.-légers de Polenz) ; 1 batt. à cheval (6 pièces).
21e div. d'infanterie (saxonne) : général-lieutenant Lecoq.
Général-major Steindel : 3 bat., 4 canons (bat. de grenadiers de Liebenau ; 2 bat. du Rt du Prince-Clément, 4 canons du même Rt).
Général-major von Nostitz : 2 bat., 4 canons. (Rt du Prince-Antoine.) — 1 batt. à pied (6 pièces).
22e div. d'infanterie (saxonne) : général ...
Général-major Sahr : 5 bat. (bat. de grenadiers d'Eichelberg, d'Anger, de Spiegel ; 2e Rt d'infanterie légère de Sahr) ; 2 escad. de uhlans ; 1 batt. à pied (6 pièces).
32e div. d'infanterie : général de division Durutte :
Généraux de brigade Anthing, Jarry, Maurry : 15 bat. (5 Rts français sans numéros) ; 3 bat. du 4e Rt d'infanterie de Wurtzbourg (4 canons) ; 2 batt. françaises (16 canons) ; soit un total de 8,000 hommes, 20 canons.
Total de 12,000 hommes, 46 canons. (OSTEN-SACKEN, PLOTHO, Arch. Guerre.)

été séparée de lui, et qu'il ne lui restait plus que la division Durutte (8,000 hommes et 20 canons) et seulement 3,000 Saxons avec 14 bouches à feu : soit 11,000 hommes et 34 canons. Dans ces conditions, Reynier ne pouvait que battre précipitamment en retraite, et faire grande diligence pour essayer d'échapper. Aussi, le 18, était-il déjà à Glogau (1), presque à l'instant où la lettre du tsar arrivait à Breslau. Donc si réellement les Russes avaient voulu inquiéter Reynier, pourquoi ne l'avaient-ils poursuivi que jusqu'à Ostrowo (2) ? et pourquoi avaient-ils perdu deux jours avant d'inviter les Prussiens à lui couper la retraite? Cette démarche ne pouvait donc avoir au point de vue militaire aucun résultat pratique, et ne s'expliquait pas. N'était-elle pas simplement une tentative pour les compromettre? D'un autre côté, Knesebeck arrivait : « Au moment où je termine ma lettre, le colonel de Knesebeck arrive, » écrit le tsar en post-scriptum ; or les Russes n'ignoraient pas qu'il apportait avec lui un projet de traité, et qu'il avait les

---

(1) Les étapes de Reynier sont les suivantes : le 14, Raszkow qu'il quitte à sept heures du soir, bien qu'il ne soit pas poursuivi; le 15, à midi, Kobylin; le 16, Rawitsch et Gross-Raudchen ; le 17, il passe les deux ponts de Schlichtingsheim qui auraient pu lui offrir un obstacle sérieux, s'ils avaient été occupés par les Prussiens; le 18, Glogau.

(2) Ostrowo était à trois milles de Kalisch. — « Le corps du général Wintzingerode resta dans la ville de Kalisch, parce qu'après les marches forcées précédentes l'infanterie avait besoin de quelques jours de repos. Une avant-garde de cavalerie, sous le général-major Rönne, de l'état-major, suivit l'ennemi en retraite, mais lentement, vers Haczkowo et Ostrowo. » (PLOTHO, I, 47.)

pleins pouvoirs pour le signer. Il s'ensuivait que cette signature n'était plus qu'une question d'heures, que cette formalité une fois remplie, non seulement un corps d'occupation, mais encore toute l'armée prussienne coopérerait avec l'armée russe, et que la guerre se ferait de concert entre les deux nations. La lettre du tsar ne pouvait donc être qu'un piège. Il était grossier. Hardenberg n'y tomba pas.

Il fit répondre par le roi, fort habilement et par retour du courrier, que Knesebeck qui arrivait exposerait au tsar les plans prussiens; qu'à Berlin on voulait avant tout faire retomber sur Napoléon les responsabilités du changement de système de la Prusse, et que, dans ces conditions, le gouvernement devait manœuvrer de manière à forcer Napoléon à se mettre dans son tort, non seulement aux yeux de l'Europe, mais même aux yeux des Français, et qu'il était par conséquent impossible à la Prusse de prendre pour le moment l'initiative d'un mouvement quelconque. Le lieutenant Peterson, outre cette lettre, emportait avec lui un plan de la Silésie, sur lequel était tracée la ligne de démarcation de la zone neutralisée. Le roi priait donc l'empereur d'interdire à ses troupes l'entrée de cette zone. Cette demande était d'autant plus facile à satisfaire, que l'itinéraire le plus court pour les troupes russes qui devaient marcher sur Glogau la leur faisait éviter. D'ailleurs, en tout état de cause, les troupes prussiennes arriveraient trop tard pour permettre d'utiliser leur collaboration dans cette opération, et pour empêcher les Français de jeter des renforts dans cette place. « Je vais annoncer, continuait le roi, la présence ici de M. Peterson au ministre de France, comme si elle se rapportait à la neutralité en question. Mon impatience à me déclarer, sire, égale la vôtre. Recevez les assurances renouvelées de mon amitié affectueuse (1). »

La Prusse déclinait donc l'offre d'Alexandre, et ne voulait pas encore rompre catégoriquement avec la France. Toutefois, l'aveu de l'arrivée à Breslau d'un envoyé russe pour traiter la question de la Silésie, après celui du départ d'un envoyé prussien pour le quartier général russe, pouvait être gros de conséquences; car on agissait ainsi contre la volonté formelle de l'empereur, qui avait fait écrire à Saint-Marsan à ce sujet : « Sa Majesté ne peut consentir à aucune négociation, à aucun rapprochement contre l'ennemi commun; vous devez vous expliquer de manière à ne pas laisser le moindre doute à cet égard (2). »

En négociant au sujet de la Silésie, le gouvernement prussien sentait fort bien le danger qui le menaçait; aussi, dans ses conversations, Hardenberg revenait-il continuellement sur cette question, et s'efforçait-il de justifier sa conduite en démontrant la

(1) Frédéric-Guillaume à Alexandre. — ONCKEN, I, 236.
(2) Bassano à Saint-Marsan. (Arch. des Aff. étrangères, Prusse, 252.)

nécessité et l'urgence de cette « démarche ». Mais l'impression qu'il faisait sur Saint-Marsan était loin d'être favorable à la cause qu'il défendait, et plus il insistait, plus son insistance éveillait la tardive clairvoyance de ce dernier. Le 18, il prévenait son gouvernement que, si l'on pouvait trouver sous certains côtés des excuses à cette négociation avec les Russes, elle était absolument préjudiciable à la cause française : « Je me permets de résumer ici brièvement, disait-il, les motifs que j'ai déjà énoncés dans mes différentes dépêches, qui me paraissent avoir dicté le parti de la démarche auprès des Russes : 1° la persuasion que l'on n'était pas encore en mesure contre l'armée russe, qu'on repasserait l'Oder et peut-être l'Elbe, et que par là le roi serait obligé d'abandonner ses États; 2° le désir de profiter de la circonstance pour prendre une certaine indépendance ; 3° la crainte fondée que toutes les provinces fussent entraînées dans une révolte ouverte, à l'arrivée de l'ennemi, dirigée contre le roi ; 4° l'espoir d'intervenir d'accord avec l'Autriche pour exercer une sorte de médiation armée, pour amener une paix basée sur une sorte d'équilibre; 5° la méfiance du roi sur les intentions de la France à son égard, excitée par les alentours, augmentée par les dernières déclarations que j'ai faites par ordre de Sa Majesté l'empereur, et qui l'a engagé à ne pas se mettre hors de la possibilité de se rapprocher de la

Russie (1). » Les dernières déclarations qui avaient ainsi « excité la méfiance du roi » étaient, outre la défense formelle de négocier avec la Russie, l'interdiction inattendue et brutalement formulée de continuer les armements et les levées d'hommes, alors qu'auparavant le gouvernement impérial les avait favorisés en réclamant sans cesse et par chaque courrier la reconstitution du corps auxiliaire.

A Berlin, que le gouvernement avait abandonné, on était tenu à moins de réserve qu'à Breslau; ni le roi ni le chancelier ne pouvaient y donner le ton; aussi y causait-on beaucoup plus librement, et les événements y étaient-ils jugés, au fur et à mesure de leur apparition, avec moins de fébrilité et plus de sang-froid. On voyait dans tout ce qui se passait la main de l'Autriche ; on pensait que « la médiation officielle » dont elle s'était chargée n'était « qu'un manteau sous lequel elle pouvait plus commodément voir venir, sans gâter ses affaires ». Cependant on trouvait sa « situation délicate », car elle ne pouvait pas pour le moment prendre parti, « ses moyens n'étant pas encore réunis, » et la France n'étant pas encore « au point de faiblesse où elle l'attendait ». Elle devait donc gagner du temps, ce qui lui permettrait de refaire ses « finances et son armée, tandis que la France et la Russie continueraient à épuiser les leurs ».

(1) Saint-Marsan à Bassano, Breslau, 18 février. (Arch. des Aff. étrangères, Prusse, 252.)

Malgré tout, il semblait cependant qu'elle dût être entraînée, parce qu'une « grande révolution, préparée contre la France en Allemagne, paraissait devoir arriver à maturité », et que, d'un autre côté, « les agrandissements de la Russie au Midi comme à l'Occident menaçaient dans un avenir assez peu éloigné la sécurité de la monarchie autrichienne. » Dans ces conditions, si on estimait la paix nécessaire, on croyait qu'elle ne pouvait être obtenue que par un intermédiaire, qui « tînt un langage ferme ; une médiation qui se bornerait à de simples conseils serait inefficace », car elle serait la preuve que l'intermédiaire — l'Autriche — aurait « une arrière-pensée ». On disait donc à Lefebvre : « Ne vous fiez à l'Autriche qu'autant que vous la trouverez fermement décidée à donner la paix d'après les bases qu'on lui a communiquées... Si vous sortez de là, vos calculs sont faux, vos espérances vaines. » C'est par la manière dont elle va agir dorénavant qu'on pourra juger de ses intentions : jusqu'à présent, sa conduite a été fort habile. « En devenant votre auxiliaire dans la guerre, continuait-on encore, elle a assez fait pour être liée avec vous, mais pas assez pour être mal avec la Russie : elle s'est par là réservé d'agir librement plus tard. » Et alors, qui sait? si les Français arrivent jusqu'à l'Elbe, elle choisira peut-être ce moment « pour rentrer en possession de ce qu'elle a perdu ». L'amitié de l'Autriche est donc nécessaire à la France ; non pas une « amitié perfide, inactive, ou négligente, mais une amitié qui agisse, qui prévoie l'avenir... Le problème à résoudre pour vous serait donc aujourd'hui de parvenir à inspirer des défiances à Vienne contre Saint-Pétersbourg (1) ».

Lefebvre signalait en outre que les esprits étaient dans une grande surexcitation; il écrivait le 15 que, chez le ministre des affaires étrangères, on « parlait ouvertement russe, et que les personnes les plus compromises par leur opposition au système français avaient paru « la veille chez lui (2) ». On ne se donnait même plus la peine de cacher son jeu : l'envoyé suédois, baron de Taube, mettait aussi peu d'empressement à quitter Berlin que l'envoyé prussien Terrach à quitter Stockholm, et cela sur l'invitation même du comte von der Goltz (3).

Ce qui augmenta encore l'état d'excitation fut le

---

(1) Lefebvre à Bassano, Berlin, 24 février. (Arch. des Aff. étrangères, Prusse, 252.)

(2) Lefebvre à Bassano, Berlin, 15 février. (Arch. des Aff. étrangères, Prusse, 252.)

(3) « Je m'empresse de vous prévenir qu'autorisé par le roi, j'ai pu répéter au baron de Taube qu'il n'y a pas de raison qui exige de 7237 l'accélération de son départ de Berlin, et qu'il peut tranquillement finir ses arrangements pour cela; que ce ministre a paru recevoir cette insinuation avec le plus grand plaisir, et qu'il s'y conforme en continuant, néanmoins, l'interruption de ses fonctions officielles. Vous pouvez, monsieur, en faire de même, rester à Stockholm sous prétexte du mauvais état de votre santé, et y attendre des ordres ultérieurs. » Goltz à Terrach, Berlin, 20 février. (Arch. des Aff. étrangères.) — Lettre chiffrée et interceptée, à rapprocher de celle du 12 février au même. (Voir page 253.)

hourra tenté contre Berlin par les cosaques. Les deux corps de Tschernitschew et de Tettenborn, avant-garde de l'armée de Wittgenstein, étaient parvenus à passer l'Oder du côté de Wriczen (1). A cette nouvelle, l'émotion avait été grande à Berlin. Le maréchal Augereau avait envoyé du côté de Werneuchen 1,900 hommes avec le général Poinsot pour leur barrer la route (2). Mais Tschernitschew et Tettenborn, laissant un rideau en face de Poinsot, avaient résolu de tourner ses avant-postes et de marcher sur la capitale. Détachant le colonel Wlassow sur leur droite avec deux régiments de cosaques afin de couper les communications entre Berlin et Charlottenbourg, ils attendaient l'obscurité pour commencer leur mouvement, quand une reconnaissance

---

(1) Corps du général-major et aide de camp Tschernitschew : 6 escad. (2 des dragons de Finlande, 4 des hussards de Isium); 6 R^{ts} de cosaques du Don (Ilowaiski XI, Schurow, Grekow XVIII, Wlassow II, Sysoyew, Iesremow III); 2 canons de la 1re batt. à cheval = 2,000 hommes, 2 canons.

Corps du colonel von Tettenborn : 6 escad. (2 des dragons de Kasan, 4 des hussards de Isium); 5 R^{ts} de cosaques du Don (Kommissarew, Grebzow, Sulima IX, Donissow VII) = 1,500 hommes.

Ces deux corps avaient été remaniés récemment, car le corps de Platow avait été dissous et les régiments de cosaques versés dans les autres corps de l'armée. (OSTEN-SACKEN, PLOTHO.)

(2) Le corps du général Poinsot comprenait 1,800 hommes et était formé de 5 bataillons de marche (compagnies des vaisseaux). On y avait joint 100 cavaliers de la division Lagrange. — Lefebvre dit l'escadron wurtzbourgeois et un bataillon du 112e (Arch. des Aff. étrangères); il doit y avoir une erreur, parce que le 112e faisait partie de la division Grenier qui était sur l'Oder. Le 18, les divisions Grenier et Charpentier étaient autour de Francfort et de Custrin.

de 100 chevaux wurtembergeois — toute la cavalerie d'Augereau (1) — se heurta à leurs troupes. Un régiment de cosaques de Tettenborn ramena les Français jusqu'aux portes de la ville et y pénétra même à leur suite. Tettenborn appuya aussitôt le mouvement avec tout le reste de ses forces, et pénétra jusque sur la place Alexandre, mais ne put enfoncer un carré d'infanterie qui l'occupait avec quatre canons. Trois autres régiments de cosaques envoyés par Tschernitschew au secours de Tettenborn ne furent pas plus heureux, et les Russes furent obligés de se replier. Le coup de main sur Berlin était donc manqué.

La population, très agitée, avait été contenue par les dispositions du maréchal et son énergie. Pendant cette journée du 20, en effet, les notables de la ville avaient fait une démarche pour supplier Augereau « d'épargner la ville de Frédéric II, résidence des rois et monument du goût et des arts ». Le maréchal avait répondu que « Berlin ne souffrirait pas si la ville restait tranquille, mais qu'il mettrait le feu aux quatre coins si la population osait faire un mouvement en faveur des Russes (2). » A Berlin, on se le tint pour dit, car on savait le maréchal homme à mettre sa menace à exécution.

(1) La division Lagrange comptait 200 chevaux wurtembergeois, dont 100 étaient détachés avec Poinsot.
(2) Lefebvre à Bassano, Berlin, 18 et 21 février. (Arch. des Aff. étrangères, Prusse, 252.)

Mais si la présence des troupes maintenait tout le monde dans le devoir, secrètement les habitants faisaient des vœux pour l'ennemi. Les recrues « qu'on levait passaient aux Russes (1), » et à Wriezen on trouvait parmi les morts et les blessés un certain nombre de Prussiens faisant partie des levées en masse (2). A cette date en effet, entre le 19 et le 20, 400 recrues étaient parvenues, en dépistant la surveillance française, à se joindre aux cosaques ; quelques jours plus tard, le 28, le lieutenant von Brée, du régiment des hussards brandebourgeois, était sorti de la ville avec 200 hommes sous prétexte d'exercer son détachement, et avait pris, au lieu de rentrer, la direction des quartiers ennemis.

Tandis que de jour en jour les rapports entre les Français et les Prussiens devenaient de plus en plus tendus, que le roi de Prusse écrivait personnellement à l'empereur Alexandre en l'invitant à faire occuper Glogau par ses troupes, un homme était arrivé à Breslau, que les membres du gouvernement traitaient « d'esprit turbulent », de mauvais sujet qui « embrasait toutes les têtes (3) ». Cet homme était le

(1) Police de l'armée. (Arch. nationales, A. F., IV, 1632.)
(2) Lefebvre à Bassano, Berlin, 19 février (Arch. des Aff. étrangères).
— Eugène à Napoléon, Francfort-sur-Oder, 18 février, au soir (Arch. des Aff. étrangères.) — A Wriezen, un bataillon westphalien avait mis bas les armes devant un parti de cosaques.
(3) Lefebvre à Bassano, Berlin, 29 janvier (Arch. des Aff. étrangères, Prusse, 252). — « Il connaît parfaitement ce pays, m'a dit M. de

baron von Stein. Pourquoi s'était-il rendu ainsi à Breslau? Était-ce pour justifier sa conduite dans la Prusse orientale? Était-ce pour tâcher d'apprendre des membres du gouvernement leurs intentions futures, et mettre au service de leur œuvre l'influence et le crédit dont il jouissait auprès du tsar? Était-ce pour prévenir Hardenberg des dangers qu'il pressentait devoir menacer prochainement la sécurité de sa patrie? On l'ignore : on sait seulement qu'il se trouvait à Breslau dans le plus strict incognito. Sa présence nous est signalée par une lettre datée de cette ville le 17, et adressée au chancelier. Il y dit venir de la région de Glogau, et avoir fait pendant son voyage quelques observations. Les Français, prétend-il, continuent leur retraite au delà de l'Oder, et semblent vouloir se concentrer autour de Leipzick : ils achètent beaucoup de chevaux qu'ils emmènent. La place de Glogau paraît devoir être mise en état de défense, ainsi que le prouvent la livraison de 350 bœufs, l'abatis des arbres de l'allée de Bauschwitz et la destruction de toutes les maisons élevées sur les glacis. Mais, insinue Stein, tous ces préparatifs ne sont peut-être qu'un trompe-l'œil, et la garnison de Glogau se dispose peut-être à suivre l'armée française dans sa retraite ; dans ce cas, il faudrait prendre des mesures pour faire occuper cette place par des

Lottum, c'est un mauvais sujet, qui embrase toutes les têtes et communique partout la haine qu'il porte au nom français. »

troupes poméraniennes, ce qui la conserverait au roi.
« Chaque Prussien, continue-t-il, doit souhaiter que
Glogau, de même que les autres places de l'Oder, soit
occupé par ses nationaux ; car, quelque pures que
soient les intentions de l'empereur Alexandre, il est
entouré d'hommes ambitieux, et est sous leur influence. Il pourrait leur venir à l'idée de se faire
ainsi créer, par l'occupation de cette forteresse, des
obligations de la part de notre patrie, comme cela est
déjà arrivé chez des nations qui sont venues en aide
à d'autres peuples. Pour cette raison une entreprise
sur Glogau paraît désirable (1). » Ces confidences

(1) Stein à Hardenberg, Breslau, 17 février. ONCKEN, I, 239.
L'authenticité de cette lettre a été mise en doute : 1° parce qu'elle
est le seul document qui nous apprenne le voyage de Stein à Breslau
et à Glogau ; 2° qu'il est étonnant que Stein n'ait pas essayé de voir
Hardenberg au lieu de lui écrire ; 3° que le ton de la lettre se concilie
mal avec celui que prend Stein en général ; 4° que le fond de la lettre
indique de la défiance vis-à-vis des Russes ; 5° qu'elle a mis quatre
jours à parvenir au destinataire. — Mais Stein n'a-t-il pas voulu en
quelque sorte rentrer en grâce auprès du gouvernement prussien? Sa
conduite à Kœnigsberg le faisait regarder par le gouvernement comme
suspect ; et, dans ces conditions, pouvait-il espérer que Hardenberg le
recevrait les bras ouverts? Cette manière de voir semble être confirmée
par la façon dont il fut reçu à Breslau, quelques jours plus tard, officiellement avec Anstett. Pendant les négociations, il est relégué au
second plan. Alexandre n'en parle pas dans la première lettre confiée
à Anstett ; ce n'est que dans la seconde qu'il le recommande. (Voyez
page 332.) A ce moment même, alors que le gouvernement prussien
signait une alliance avec les Russes, il semble oublié. ONCKEN prétend
qu'il ne vit pas le roi : BOYEN, PERTZ, DROYSEN affirment le contraire,
mais ces deux derniers d'après une seule communication de Boyen. Le
roi dit dans sa réponse à Alexandre qu'il ne l'a pas vu. Stein, dans son
autobiographie, ne parle pas de cette visite, tandis qu'il mentionne
celle qu'il fit à Hardenberg. Malade à Breslau, Frédéric-Guillaume ne
semble pas avoir fait prendre de ses nouvelles. Hardenberg le tient à

étaient d'autant plus précieuses que celui qui les faisait était au service de la Russie, dans l'intimité du tsar, et par conséquent bien placé pour connaître ses projets. La situation actuelle de Stein, les grandes preuves de dévouement qu'il avait données à sa patrie, ne devaient-elles pas porter Hardenberg à prendre en considération ce qu'il apprenait de lui, et l'amener à modifier ses projets en conséquence?...

Pendant ce temps, le corps du général York avait, lui aussi, commencé son mouvement en avant. Le 23, sous le commandement de Kleist, il se mettait en marche sur Elbing, qui fut atteint le 6 février par Wehlau et Preussisch-Eylau. Ce mouvement était contraire à la convention de Tauroggen, et se faisait sans ordres du roi : « On veut à tout prix nous compromettre, » aurait dit Frédéric-Guillaume en apprenant cette marche (1). Quelques jours plus tard, Kutusow ordonnait à Wittgenstein de s'avancer jusqu'à « Schneidemühl pour observer Custrin et Stettin. Par cette opération, Votre Excellence se placera en liaison intime avec l'armée principale, dont l'objectif est Posen et Glogau ». La même lettre contenait les

---

l'écart, comme ayant eu une action « infiniment exaltée et insurrectionnelle ». (BOYEN, II; PERTZ, III, VI.)

(1) Note du roi à Hardenberg. (DUNCKER, 495.) — Voir plus haut, page 216, la note au sujet de la mission de Thile auprès d'York le 26 janvier. — Le major prussien Schill, avec un escadron de hussards, s'était avancé dès la fin de janvier sur l'Oder, et était le 6 dans les environs de Konitz. (DROYSEN, 422, 433.)

ordres suivants : « Quant au corps prussien du général von York, la volonté de Sa Majesté est qu'il avance lui aussi. En conséquence Votre Excellence lui donnera l'ordre de quitter Elbing, et, après avoir passé la Vistule, de marcher sur la droite de Votre Excellence dans la direction de Neu-Stettin (1) ». Wittgenstein écrivit aussitôt à York, le 12 février, de Stargard : « C'est avec le plus grand plaisir que je communique à Votre Excellence la nouvelle agréable qu'enfin nos troupes sont réunies, et que nous défendrons et protégerons ensemble la bonne cause... Je vous communique les instructions reçues du feld-maréchal prince Kutusow... Elles sont une preuve certaine que S. M. le roi approuve la politique de notre cour Elles n'auraient certainement pas été données dans le cas contraire, attendu que j'avais l'ordre formel, avant la décision de Sa Majesté, de ne faire faire aucun mouvement à votre corps au delà de la Vistule. » Et en post-scriptum : « J'espère qu'il plaira à Votre Excellence de faire marcher immédiatement ses troupes, et d'accélérer sa marche pour arriver aussi vite que possible sur l'Oder, ce qui est, dans les circonstances actuelles, de la plus haute importance (2). »

York continua donc sa marche, et, sans ordre du roi, quitta Elbing le 17 ; il annonça au général von

---

(1) Holleben, I, 79.
(2) Acten der Kriegs-Archivs des K. P. Grossen Generalstabes, cité par Holleben, I, 79, 80.

Bülow que son corps serait au plus tard le 27 dans la région de Schlochau, au général Wittgenstein, qu'il s'avancerait jusqu'auprès de cette ville, mais qu'il ne la dépasserait pas sans ordres du roi. Était-il brusquement pris de scrupules pour avoir agi comme il l'avait fait, contrairement aux termes de la convention de Tauroggen? S'apercevait-il un peu tard que les Russes, en mettant de l'insistance à vouloir faire marcher ses troupes, désiraient comprometttre la Prusse? Le silence qu'on affectait à Breslau lui avait-il montré qu'il n'était pas approuvé même en secret par le roi? Et, avant de s'engager plus à fond, voulait-il être couvert par lui? Quoi qu'il en soit, il écrivit au roi le 13 février, à onze heures du soir, que, les Russes le poussant à marcher sur Neu-Stettin, il avait dû céder à leurs désirs, bien qu'il eût été préférable que son corps restât quelque temps encore au delà de la Vistule. Ses troupes quitteront donc Elbing le 17, passeront le 19 la Vistule à Dirschau et à Marienwerder, et le 27 seront à Schlochau. En attendant la réponse du roi, qu'il espère ne pas devoir tarder à arriver, York se rencontre le 22 à Konitz avec Wittgenstein et Bülow. Les trois généraux arrêtent leurs dispositions pour la marche sur l'Oder : « le général Wittgenstein par Landsberg; le général von York par Soldin; le général von Bülow par Stargard (1). »

(1) Ces diverses lettres sont aux Acten des K. P. Geheimen Staats-

York n'était pas le seul à agir ainsi sans ordres. Dès le 25 février le général Borstell, qui avait été chargé d'organiser les troupes en Poméranie et à Colberg, avait envoyé un aide de camp à Breslau pour être tenu au courant des événements. Étonné de ne pas recevoir de nouvelles, ayant appris que Berlin était occupé par 20,000 Français, et supposant que les courriers qui lui apportaient des ordres avaient été enlevés, il résolut de se rapprocher du théâtre des opérations. Aussi se décida-t-il à se rendre dans la Nouvelle-Marche avec ses troupes disponibles. Le 17, il écrivit donc au roi : « J'apprends à l'instant que le vice-roi est enfermé à Berlin avec plusieurs maréchaux et 20,000 hommes, et que tout semble y annoncer une défense opiniâtre. Les décisions de

---

Archivs, et citées par HOLLEBEN, I, 131. — Il semble qu'à ce moment aucun des généraux prussiens n'ait encore reçu d'ordres de son gouvernement. DROYSEN (II, 8) prétend que Bülow avait déjà reçu l'ordre de Knesebeck (V. page 313); quant à York, il écrit le 23 de Konitz à Stein : « J'attends toujours les instructions précises de S. M. le roi; jusqu'ici j'ai agi d'après mes propres vues... A Breslau, on semble presque m'avoir oublié. » (DROYSEN, II, 9; PERTZ, *Stein*, III, 30.) C'est le 5 mars qu'il reçut les premiers ordres du roi, et le 15 que le ministre de la guerre lui écrivit pour la première fois, en lui communiquant l'état des troisièmes bataillons d'infanterie. (HOLLEBEN, I, 38 en note). Les affaires intéressant la province de Prusse avaient jusqu'alors été adressées à Bülow. (DROYSEN, I, 431.) — Droysen semble également faire entendre que Wittgenstein avait reçu à cette date de Kutusow un plan d'opérations (du 17), qui prescrivait de marcher, les troupes de Wittgenstein, d'York et de Bülow réunies, sur Landsberg et Berlin, pour couper aux Français la retraite sur Madgebourg, tandis que l'armée principale se dirigerait par Crossen sur cette dernière ville. (DROYSEN, II, 7.)

Votre Majesté doivent me parvenir sous peu de jours ; je me mets en marche avec sept bataillons, une batterie à cheval, trois batteries à pied et six escadrons. J'attendrai à Kœnigsberg (N. M.) ses ordres. » Le roi répondit le 4 mars : « Je ne saurais approuver en aucune manière que vous vous soyez avancé sans ordres jusqu'à Kœnigsberg (N. M.). Mais puisque c'est fait, et que par la concentration rapide de mes troupes de campagne autrefois en Poméranie et dans la Prusse orientale, l'évacuation de Berlin peut être hâtée, les choses en resteront là. Désormais vous serez placé sous le commandement du général-lieutenant von York, dont vous aurez à suivre les instructions pour vos mouvements à venir (1). »

Les chefs militaires précipitaient ainsi par leur initiative la rupture. Il fallait donc se hâter de s'entendre avec la Russie, si l'on ne voulait pas se voir acculé à la guerre avant d'avoir signé un traité.

Le 15 février, Knesebeck arriva à Klodawa, au quartier impérial, et le soir même fut reçu en audience par le tsar.

Après avoir exprimé la satisfaction qu'il éprouvait à renouer des rapports de bonne amitié avec le roi, et souhaité le rétablissement de l'ancienne puissance de la Prusse, Alexandre prétendit que, dans les circonstances actuelles, un traité « signé » entre la Prusse et

---

(1) Acten der Kriegs-Archivs des K. P. Grossen Generalstabes, cité par HOLLEBEN, I, 115.

la Russie était une pièce absolument inutile, parce que le rétablissement de la Prusse était de l'intérêt même de la Russie : la Prusse n'avait donc qu'à se déclarer.

Cette manière de voir, rapprochée par Knesebeck de celle exprimée par le tsar dans ses lettres à Paulucci du 6/18 décembre, et au roi du 6 janvier lui fit croire qu'Alexandre avait réellement l'intention de rétablir la Prusse dans ses anciennes possessions. Aussi n'y fit-il à ce moment aucune objection; mais la suite des discussions l'obligea bientôt à revenir sur cette première opinion.

Il avait représenté au tsar combien la présence du corps de Grenier à Francfort-sur-Oder empêchait les armements prussiens : Alexandre était tombé d'accord avec lui sur ce point, aussi avait-il donné immédiatement l'ordre à tous les généraux de hâter leur marche en avant. Knesebeck attirait donc les Russes à Francfort, comme le roi les avait attirés quelques jours auparavant à Glogau. Nesselrode profita de l'occasion pour demander à Knesebeck de donner l'ordre à Bülow de joindre ses troupes à celles de Wittgenstein, et de marcher de concert avec lui contre le corps de Grenier. C'était une seconde tentative faite pour essayer d'attirer la Prusse dans la lutte, et la mettre en état de guerre avant la signature d'un traité, tentative naturellement provoquée par les ouvertures maladroites de Knesebeck; mais cette réponse ouvrit les yeux du Prussien, il vit sa faute,

flaira le piège et s'efforça de l'éviter. Il objecta donc
« qu'avant l'adoption de cette mesure, il fallait parler
de l'alliance. — Le comte de Nesselrode me répliqua
que, pendant que nous nous occuperions de conversations, le corps de Grenier se mettrait en sûreté,
qu'il serait bientôt impossible de l'atteindre, et qu'il
était absolument indispensable de faire marcher M. de
Bülow, pour que le comte Wittgenstein eût un soutien après la débâcle de l'Oder. »

Knesebeck commit en ce moment une nouvelle
faute : au lieu de présenter aux Russes le projet de
traité et de leur dire : « Signons, et dès ce moment
nos troupes appuieront les vôtres, nous sommes
prêts, » il prit un moyen terme. Il écrivit à Bülow
une lettre, dans laquelle il lui prescrivit de marcher
sur l'Oder parallèlement et près des troupes de Wittgenstein, sous le prétexte de couvrir la place de
Stettin, sans toutefois dépasser Schwedt. « Je crois
ainsi sauver les apparences, mandait-il à Hardenberg, et ne pouvoir donner lieu à aucune réclamation de la part de la France. Bien au contraire, le
prétexte de couvrir Stettin justifiera la marche de
Bülow aux yeux de cette puissance ; car si ce général
restait dans son ancienne position sans faire de mouvement, et que, pendant ce temps, les Russes avançassent à grandes journées, la France mettrait cette
inaction de la Prusse sur le compte d'une entente
avec le cabinet russe. » Il priait en même temps le

chancelier de donner directement à Bülow des ordres dans ce sens, pour le cas où ce général ne se serait pas contenté de sa lettre et n'aurait pas commencé son mouvement en avant; mais, en même temps, il lui conseillait de limiter très exactement l'amplitude de ce mouvement, afin d'empêcher Bülow d'être entraîné trop loin par un excès de zèle. Knesebeck ne cachait pas la responsabilité qu'il avait assumée en agissant ainsi avant d'avoir signé quoi que ce soit; mais « j'étais conduit, écrivait-il, par la conviction profonde que j'avais acquise, lors de ma conversation avec le tsar, que son cœur était réellement magnanime et incapable de nous conduire à une démarche qui pourrait nous exposer. Trop de considérations militaires parlaient en faveur de ce que l'on me demandait... J'ai l'honneur de répéter que l'empereur a des vues magnanimes, et que le roi peut compter sur sa sincérité et sur ses sentiments aussi sûrement que sur les siens propres. »

Sur ces entrefaites, le général Diebitsch, venant de l'armée de Wittgenstein, arrivait au grand quartier général. Il annonçait que le général York, malgré l'ordre reçu du général russe de se porter sur Neu-Stettin, ne voulait pas dépasser Schlochau, et prétendait devoir attendre, pour pousser plus loin, des ordres de son souverain. A cette nouvelle, Nesselrode se rendit chez Knesebeck pour lui demander de donner au général prussien l'ordre de marcher sur l'Oder.

Mais Knesebeck s'y refusa. Dans le cas d'York, il n'y avait pas, comme dans celui de Bülow, de prétexte à invoquer pour justifier la marche en avant ; d'autant plus que York annonçait ne devoir être à Schlochau que le 26, que cette date du 26 permettait d'espérer l'arrivée d'instructions du roi (1), et que, de plus, Wittgenstein lui-même n'était de sa personne qu'à Konitz ; ses corps détachés seuls étaient arrivés jusqu'à l'Oder. La nécessité des ordres demandés par les Russes n'était donc pas aussi pressante qu'ils se plaisaient à le dire. « En somme, continue Knesebeck, afin de nous soustraire à l'obligation de commencer la guerre avant d'avoir signé un traité avec la Russie, j'ai cru nécessaire de m'opposer à tout mouvement en avant, à l'exception, toutefois, de celui du général Bülow sur l'Oder. Je suis d'avis que, tant que l'on n'aura pas conclu avec moi, les différents corps restent aux emplacements actuellement occupés par eux sans faire de mouvement, mais que je sois autorisé, sitôt que le traité aura été signé, à faire partir d'ici les ordres de marche pour éloigner toute idée de mauvais vouloir de notre part. J'ai déclaré en même temps, qu'aussitôt le traité signé nous ne manquerions pas, puisque la grande armée avait un besoin urgent de repos, de marcher de l'avant, et que je me hâterais

(1) La conséquence fut que les ordres de Kutusow furent immédiatement modifiés (21 février) : l'armée de Wittgenstein ne devait plus dépasser Driesen, et l'armée principale Kalisch. (DROYSEN, II, 9.)

alors d'écrire au général York pour le pousser sur l'Oder afin d'attendre sur ce fleuve de nouveaux ordres de Votre Majesté. »

« Sa Majesté impériale m'a dit, poursuit Knesebeck en terminant sa lettre, n'avoir rien à objecter au projet de traité que j'ai remis hier au comte de Nesselrode, à l'article 9 près qu'elle juge inutile (1). Dans le cours de la conversation, l'empereur m'offrit la Saxe, en disant que nécessairement la Prusse devait être agrandie. Je lui répondis aussitôt que ces procédés ressemblaient à ceux de la France, à ceux des conquérants. Sa Majesté impériale reprit : — La conduite de la Saxe ne permet pas de la traiter autrement qu'en province conquise. — Je me crois fondé à conclure que cette offre n'est pas complètement désintéressée. On souhaite un agrandissement dans le pays de Bialystock et la Saxe doit nous servir pour cela de compensation. Si je ne reçois pas d'ordres contraires, j'entrerai dans ces vues, en faisant la réserve qu'il ne saurait s'agir par cette combinaison d'un échange contre nos anciennes provinces ; et je suis d'autant plus enclin à agir de la sorte que je n'ai pas trouvé de la part de l'Autriche un grand intérêt pour la Saxe. On dédommagera le roi de Saxe ailleurs, soit en Allemagne, soit en Italie.

« D'après les situations journalières, que l'empe-

(1) Donc le 17, puisque la lettre est datée du 18. — Quant à l'article 9, voir chap. IV, page 274.

reur m'a communiquées, la force totale des troupes russes s'élève à 122,000 hommes. Le plan militaire adopté est d'envoyer en avant des corps détachés jusqu'à concurrence de 50,000 hommes, et de laisser reposer le reste de l'armée entre l'Oder et Posen : ce qui est indispensable (1). »

La Russie avait déclaré ne faire aucune objection au projet de traité et l'accepter sans réserve, sauf l'article 9 qu'elle jugeait inutile. Pourquoi alors différait-elle sa signature, si elle était d'accord avec la Prusse sur les clauses principales, et si elle attachait de l'importance à voir les troupes prussiennes commencer promptement les hostilités? Pourquoi, à quelques jours de distance, par trois fois, avait-elle fait des démarches pour arriver à son but : une première fois auprès d'York, une seconde auprès du roi, une troisième auprès de Knesebeck, si réellement elle ne voulait pas « coûte que coûte compromettre la Prusse» ? N'était-ce pas, en outre, pour la Prusse, si elle cédait aux demandes de la Russie, l'obligation absolue et nécessaire d'en passer par les vues russes? Cette manière d'agir, en tout cas, était étrange, et l'on s'explique mal comment les hommes d'État prussiens n'ont pas été frappés des contradictions évidentes entre la ligne de conduite actuelle de la Russie et ses déclarations antérieures.

(1) Knesebeck à Hardenberg, Pollitz, 18 février. ONCKEN, I, 241 et suiv. (texte allemand). La lettre arriva à Breslau le 20.

Les projets de la Russie sur la Pologne ne semblent pas avoir particulièrement inquiété Knesebeck. La question du pays de Bialystock avait en effet été discutée entre Hardenberg et lui, et quel que fût le désir des Prussiens de recouvrer toutes leurs provinces perdues, il leur semblait difficile de rentrer en possession de cette région actuellement occupée par les Russes depuis le traité de Tilsit. Aussi, dans un premier projet de traité, un article 5 avait-il été rédigé de la manière suivante : « ARTICLE 5. — Cette restitution devra s'étendre particulièrement sur la partie du duché de Varsovie qui appartenait à la Prusse, excepté le district de Bialystock cédé à la Russie à la paix de Tilsit (1). » Cet article 5 ne figure pas dans le texte emporté par Knesebeck à Kalisch; il y est remplacé par un article 6, dans lequel il n'est plus question du district de Bialystock, mais seulement de rendre à la Prusse les possessions qu'elle occupait dans la Pologne avant la guerre de 1806 (2). Pourquoi l'abandon de la rédaction primitive ?

C'est que vraisemblablement la Prusse a jugé peu prudent de faire dès le début des concessions : elle a cru plus sage d'aller aux conférences du traité avec son programme entier : rendre à la Prusse « la force qu'elle avait avant la guerre de 1806 ; c'est-à-dire ses

---

(1) ONCKEN, II, 162. — Texte de l'art. 5 *in extenso* et en français.
(2) Voir plus haut, chap. IV, p. 271.

possessions dans la Pologne et dans l'Allemagne, Dantzick y compris ». Si ce programme ne peut être accepté à ce moment, s'il faut faire des concessions, ce ne sera qu'au fur et à mesure des discussions qu'elles seront faites, de manière à laisser croire qu'elles ont été arrachées : ces concessions porteront sur le district de Bialystock. La Prusse applique la vieille tactique des discussions : demander plus que l'on n'espère pour être sûr d'avoir ce que l'on espère (1).

Entre temps et en attendant le moment d'exposer son programme, Knesebeck se souvient des instructions qu'il a reçues de tâcher de provoquer en Pologne un mouvement favorable à la Prusse. Aussi, dans sa lettre du 18, il dit avoir rencontré un sieur Benecke, qu'il a envoyé à Varsovie, avec la mission « d'employer l'influence qu'il peut avoir sur les Polonais pour les engager à la seule démarche qui leur restât à faire : c'est-à-dire à prier la Russie d'intercéder pour eux auprès de la Prusse, pour qu'ils fussent rendus à cette puissance, en leur représentant qu'alors, et pendant qu'il était temps encore, le roi leur laisserait peut-être une forme de constitution qui répondît à leurs désirs, mais que, s'ils tardaient à le faire, la Pologne courrait le risque de se voir traitée en pays conquis (2) ».

Le 20, sitôt après la réception de cette dépêche,

(1) Voir à ce sujet l'article 10 des instructions de Knesebeck, chap. IV, page 270.
(2) Oncken, I, 233 (texte français).

Hardenberg se rendit chez le roi ; et le lendemain il écrivit à Knesebeck : « Sa Majesté approuve vos observations et vos démarches; vous en trouverez la preuve dans les lettres ci-jointes pour les généraux York, Bülow et Borstell dont vous pourrez faire usage suivant les circonstances (1). » Quant à la non-

(1) Ces lettres étaient les suivantes : 1° à Bülow : « Comme j'ai résolu de faire marcher mes troupes avec les troupes impériales russes sur l'Oder, je vous donne l'ordre de vous mettre en marche avec vos troupes dans la direction de ce fleuve, et de marcher de manière à avoir toujours devant vous des troupes russes. Tant que vous n'aurez pas reçu de nouveaux ordres de moi, le présent ordre ne devra pas être rendu public, et il ne faut pas agir en ennemi contre les Français. Le colonel v. dem Knesebeck, qui se trouve actuellement au quartier général russe, est chargé de vous donner des indications plus précises sur votre marche... Le général York a reçu un ordre semblable... Breslau, 20 février 1813. » (Acten des Kriegs-Archivs des K. P. Grossen Generalstabes, cité par HOLLEBEN, I, 133.) — Knesebeck ne semble pas avoir transmis cet ordre, puisque, le 1ᵉʳ mars, le roi le fait envoyer directement à Bülow avec la lettre suivante : « J'avais confié au colonel v. dem Knesebeck les ordres suivants pour vous les faire parvenir, aussitôt que mes conversations avec l'empereur Alexandre au sujet de notre alliance l'auraient permis. J'apprends maintenant que cela n'a pas encore été fait, et je m'empresse de vous faire savoir que maintenant l'alliance est signée, et que vous devez vous hâter de marcher sur l'Oder. Vous n'ébruiterez pas encore l'alliance... Breslau, 1ᵉʳ mars. »

2° Les ordres du 20 à York étaient identiques à ceux reçus par Bülow. Le 6, il reçoit le nouvel ordre suivant : « J'avais confié au colonel v. dem Knesebeck l'ordre suivant pour vous le faire parvenir, aussitôt que mes conversations avec l'empereur Alexandre au sujet de notre alliance me l'auraient permis. J'apprends maintenant que cela n'a pas encore été fait, et je m'empresse de vous faire savoir que cette alliance est réellement signée, et que vous devez vous hâter de marcher sur l'Oder. Vous ne rendrez pas encore publique la nouvelle de la signature de l'alliance, parce que l'état de mes relations avec la France ne me le permet pas encore; vous vous entendrez d'ailleurs avec le général comte Wittgenstein et le général v. Bülow, que je mets sous vos ordres tant que ses troupes n'auront pas reçu d'autre

acceptation de l'article 9 du traité, cet incident ne semble pas devoir soulever de difficulté, parce que, d'après les dernières nouvelles de Paris, Napoléon ne paraît pas vouloir accepter les propositions qu'il renferme, et que dans ces conditions, il tombe de lui-même. D'ailleurs l'empereur des Français ne répond pas aux demandes justifiées de la Prusse, et par conséquent se met dans son tort envers cette puissance.

« Cependant il est à désirer, avant que nous ne nous déclarions ouvertement, que la réponse à nos propositions puisse nous arriver de Paris, ou que, tout au moins, il s'écoule un temps suffisant pour nous permettre de la recevoir; car, je le répète, il est indispensable de ne donner à Napoléon aucun nouveau prétexte pour exciter les Français. En agissant ainsi, nous ne perdons cependant pas de temps, puisque le général York ne peut pas être sur l'Oder avant le 8 ou le 9 mars. Encore une fois, hâtez-vous de conclure ; de bonnes raisons pour rompre et nous déclarer ne nous manqueront pas. Vous pouvez donner l'assu-

destination. Vous obéirez à ce qui vous sera ordonné par le général v. Scharnhorst et le colonel v. d. Knesebeck, qui sont tous deux au quartier général russe. Des actes d'hostilité contre les Français ne doivent pas être entrepris de la part de mes troupes jusqu'à ce que je me sois déclaré ouvertement, ce dont je vous préviendrai. — Breslau, 1ᵉʳ mars. » *(Id.)* — Le même jour, York recevait la lettre suivante de Scharnhorst : « Je m'empresse de communiquer à Votre Excellence que les intentions de Sa Majesté sont que le corps sous vos ordres marche le plus rapidement possible sur l'Oder, et qu'après le 10, il passe le fleuve, et agisse selon les circonstances. — Kalisch, 3 mars. » (DROYSEN, II, 16.)

rance positive que le roi est en tous cas fermement décidé à s'allier à la Russie. Nous attendons avec la plus grande impatience d'autres nouvelles de vous. » Quant à l'insinuation au sujet de la Saxe, il ne faut pas la repousser : « La Saxe serait sans aucun doute pour la Prusse un agrandissement très important et très convenable. » Les hasards de la guerre et la conduite actuelle du roi de Saxe peuvent faire prendre corps à cette idée ; il est essentiel pour le moment de se préparer à en tirer profit (1).

« Dépêchez-vous de conclure, » avait écrit Hardenberg à Knesebeck. En effet, la rupture avec la France semblait de plus en plus ne devoir être qu'une question d'heures. Napoléon, malgré les nouvelles incomplètes que lui transmettaient ses envoyés trop peu clairvoyants, appréciait la situation mieux qu'eux, et la jugeait tout autrement. Il sentait la Prusse sur le point de se déclarer contre lui : il pensait donc qu'il était désormais inutile de se gêner avec elle ; il voyait les places de l'Oder occupées par des garnisons françaises, son armée battant partout en retraite et à la veille d'évacuer le territoire prussien : il croyait donc ne plus devoir ménager la Prusse, et pouvoir même la traiter en pays ennemi. D'ailleurs le temps pressait, et il fallait se hâter si l'on voulait profiter du répit que laissaient encore les Russes.

(1) Hardenberg à Knesebeck, Breslau, 21 février. (ONCKEN, I, 247.)

Aussi, malgré la promesse faite au prince de Hatzfeld, pendant l'audience impériale du 29 janvier, de ne plus lever de réquisitions en Prusse, l'empereur ordonne le 3 février à Eugène de faire requérir et de faire transporter tous les bois nécessaires à la défense des places de Glogau, Stettin, Custrin, Spandau : « J'entends que cela ne coûte rien. »
— « Ordonnez, écrit-il encore, que le comité de défense présidé par le gouverneur, et composé d'officiers du génie et d'artillerie et du commissaire des guerres, fasse toutes les réquisitions, et prenne toutes les mesures nécessaires sur-le-champ, et sans attendre votre approbation... Vous ferez connaître aux gouverneurs que je n'accepterai aucune excuse et que si, avec des bons reçus, ils ne se procurent pas dans leurs commandements tout ce qui leur est nécessaire, je les en rendrai responsables et les regarderai comme coupables de ne l'avoir pas fait (1). »

Le 15 février, il écrit de nouveau : « Mon fils, je viens de voir avec la plus grande surprise les marchés qu'a passés l'intendant général Dumas. Aurait-il perdu la tête? D'abord, il me fait payer deux millions pour approvisionner les trois places de l'Oder. Je ne peux pas et n'entends pas jeter l'argent de cette manière; il y a de la folie dans ces prix. Les Prussiens doivent continuer à fournir pour leur journalier;

---

(1) Napoléon à Eugène. *Correspondance*, 19535.

s'ils cessaient, il faudrait faire des réquisitions, et alors la Prusse nous mettrait dans le cas de prendre possession du pays (1). » C'est net et précis ; ainsi, la prise de possession du pays est envisagée comme un événement possible.

Le 27 février, il va encore plus loin : « Tous les marchés que passe le général Dumas sont des folies. Il croit apparemment que l'argent n'est que de la boue. Il faut frapper de fortes réquisitions dans le pays, faire des magasins et donner des bons, comme font les ennemis (2). » Il faut donc traiter la Prusse en pays ennemi.

Presque au moment où l'empereur changeait ainsi sa manière d'agir envers la Prusse, un incident d'ordre secondaire venait encore accélérer la crise.

Le 20 janvier, le chancelier prussien avertissait Saint-Marsan que le gouverneur de Glogau avait fait enlever de vive force des bœufs sans les payer, aussi demandait-il des explications à ce sujet. Saint-Marsan répondait quelques jours après, par une note, que ces bœufs, destinés à former l'approvisionnement de siège, avaient été marqués depuis quatre mois, mais laissés chez leurs propriétaires, et qu'en les mettant en lieu sûr, le gouverneur français n'agissait que conformément à son droit et aux conventions (3).

---

(1) Napoléon à Eugène. *Correspondance*, 19586.
(2) *Id.*, 19625.
(3) Note d'Hardenberg à Saint-Marsan. Breslau, 20 février. — Note

Le lendemain, il écrivait à Paris : « Il n'y a plus, selon moi, de doute que la Prusse ne se détache de l'alliance de la France. » En portant lui-même les diverses pièces relatives à cette affaire il avait eu un entretien avec le chancelier : ce dernier « était parti de là pour colorer et excuser tout ce qui se passait, en disant que la Prusse était absolument abandonnée par la France, qu'on n'avait jamais voulu faire droit à la moindre de ses justes réclamations... Si la Prusse, a-t-il dit, venait jamais à changer de système, on ne pourrait nier qu'on ne l'y ait forcée, en la traitant de la manière la plus dure, et en la laissant sans réponse sur un sujet aussi important que celui de ses avances, au moment où, livrée à elle-même, on ne voudrait ni qu'elle y employât ses propres moyens, ni qu'elle cherchât à diminuer ses malheurs. »

A ces récriminations, Saint-Marsan avait répondu par une note dont il envoyait le 27 le résumé à Bassano. « Quant aux approvisionnements des places de l'Oder en bétail, y disait-il, on n'avait point résolu mon objection qui était très fondée ; quant à la défense de recruter où se trouvaient les troupes françaises,

---

de Saint-Marsan à Hardenberg, Breslau, 25 février. (Arch. des Aff. étrangères, Prusse, 252.) — Le gouverneur de Glogau était le général de division Laplane. La garnison comprenait : 1 bat. de marche français, 400 hommes ; 3 bat. (restes du IVe corps), 1,603 hommes ; 1 bat. croate, 1,000 hommes ; 2 bat. du 1er R^t d'inf. badois, 1,032 hommes ; 26 pièces d'artil., 255 hommes ; génie, 11 hommes : soit au total, 4,501 hommes, 102 canons.

le chancelier n'avait aucun droit de la trouver déplacée, puisque l'article 2 du traité (1) portait que, pendant tout le temps que l'armée française resterait sur le territoire prussien ou ennemi, on ne ferait aucune levée que pour l'alliance et de concert; que le recrutement extraordinaire qui s'opérait non seulement n'était pas fait de concert, mais malgré mes représentations et mon opposition; qu'il ne s'effectuait avec facilité que parce qu'on laissait la persuasion aux recrues que l'on déclarerait la guerre contre la France, et qu'enfin les Russes le protégeaient, et laissaient passer les nouveaux soldats, tout comme ils respectaient tout ce qui tenait ou appartenait au gouvernement prussien. En conséquence, je le priais de me dire si un général (quand même il n'aurait pas eu un traité à l'appui) pouvait se dispenser d'empêcher une pareille levée autour de lui... Cette conversation était toute familière et extra-officielle; elle embarrassait beaucoup le chancelier qui s'excusait de son mieux, mais qui cependant m'a laissé voir que je ne me trompais pas sur ses projets... On est ici bien persuadé que l'empereur refusera de donner les millions que l'on demande : on partira de là pour conclure un arrangement avec la Russie, et, si la réponse tarde, on s'appuiera sur le manque de réponse pour faire la même chose... On

(1) Convention du 24 février 1812. Voir chapitre I, page 8.

est persuadé qu'il faudra beaucoup de temps à la France pour remettre une armée formidable sur pied, qu'il y a un grand mécontentement en France même, qu'enfin toute l'Allemagne se soulèvera... J'ai dit au baron d'Hardenberg, que je regrettais beaucoup de le voir tomber dans un piège que lui tendaient ses ennemis; que tandis que, par de fausses nouvelles, on lui faisait illusion sur nos moyens, on la lui faisait aussi sur ceux de la Prusse qu'on exagérait. On est, en effet, parvenu à lui faire croire, ainsi qu'au roi, que l'enthousiasme en Prusse est général, tandis que dans le fait toutes les personnes sensées, et presque tous les propriétaires, quoique nos ennemis, gémissent de l'état des choses et se taisent... (1). »

A sa lettre, Saint-Marsan joignait une note d'Hardenberg; dans cette note, Hardenberg prétendait que les motifs invoqués par Saint-Marsan ne justifiaient nullement l'enlèvement des bœufs; car, d'après l'article 14 de la convention du 24 février, la France s'engageait à entretenir à ses frais la garnison de Glogau, à dater du jour de la signature du traité, et celle des autres places à dater du jour où la Prusse aurait acquitté le montant de ses contributions envers la France. Or, la Prusse avait non seulement rempli les conditions qui lui avaient été imposées, mais

(1) Saint-Marsan à Bassano, Breslau, 27 février. (Arch. des Aff. étrangères, Prusse, 252.)

encore avait fait des « avances du montant de quatre-vingt-quatorze millions ». Quant aux armements, il était évident qu'après la retraite des armées françaises et l'entrée des armées russes en Prusse, le roi devait sentir la nécessité d'augmenter ses troupes; aussi avait-il décidé un armement général, et, en cela, il « n'exerçait que son droit de souveraineté ». L'ordre d'empêcher le recrutement était donc un « mépris de son autorité ». Aussi M. de Krusemark allait-il faire des observations à Paris sur ce sujet, et quant aux dispositions concernant le recrutement, des instructions allaient être expédiées aux autorités prussiennes, en vue de leur prescrire de considérer les dernières mesures prises par les Français comme nulles, parce que les points qu'elles réglementaient étaient en dehors de leur compétence (1).

Il n'y avait donc plus de doute à avoir, comme le disait Saint-Marsan : la Prusse se détachait de l'alliance de la France; « le seul style de ses notes le prouvait. » Il y avait, en effet, loin du ton des notes actuelles, presque agressives, à celui des notes antérieures, pleines de condescendance et de prévenance pour les désirs impériaux!

Bien plus même, le gouvernement prussien ne faisait rien pour aplanir les difficultés; soit volontairement, soit sans intention, toutes les me-

(1) Note d'Hardenberg, Breslau, **27** février. (Arch. des Aff. étrangères, Prusse, 252.)

sures qu'il prenait accéléraient encore la crise.

Le 22 février, le roi rendait l'ordonnance prescrivant le port de la cocarde prussienne blanche et noire, cocarde qui deviendra bientôt un signe de ralliement et se transformera en cocarde d'insurrection, comme on disait à Magdebourg (1).

Cependant, dans sa retraite, l'armée française était arrivée à Berlin, et Eugène y concentrait ses troupes : 1,600 hommes de la division Lagrange, sous le commandement du général Bardet, occupaient Brandenbourg; les 1,700 hommes du général Poinsot étaient à Potsdam; les 14,000 hommes du général Grenier et le reste de la division Lagrange, sous le maréchal Saint-Cyr, à Berlin même; les 15,800 hommes des divisions Roguet, Girard et Charpentier, dans la banlieue sud de la capitale, à Fürstenwald et Müllrose; les 3,100 hommes de la division Gérard, en arrière-garde à Francfort-sur-Oder (2). Le maréchal Augereau avait remis son commandement le 25 au vice-roi, et était parti pour Paris. Tout annonçait que Berlin ne serait bientôt plus qu'une étape de la retraite, aussi, le 24, Lefebvre brûlait-il ses chiffres, et prenait-il ses dispositions pour suivre le quartier

---

(1) « On assure que la cocarde d'insurrection (blanche et noire) est généralement prise dans la Prusse, et que même il suffit de la porter pour passer partout, sans qu'on vous demande aucun papier ou passeport. » Magdebourg. (Police de l'armée. Arch. nationales, A. F., IV, 1652.)

(2) État des forces françaises : 36,200 hommes, 60 canons.

général vers l'Ouest, peut-être jusqu'à l'Oder (1).

Dans ces circonstances, il est aisé de comprendre l'impatience du roi à Breslau.

Le 23, il charge Hardenberg d'écrire à Knesebeck : « L'impatience du roi, que nous partageons tous, de recevoir le traité d'alliance avec votre signature et celle du plénipotentiaire de S. M. l'empereur de Russie, croît à chaque instant, et il devient de plus en plus essentiel de ne pas tarder davantage. D'après votre dernière lettre, nous avions cru que nous serions déjà en possession du traité, ce qui est d'autant plus important que les traités avec l'Angleterre et la Suède doivent être calqués sur celui avec la Russie, et que le roi ne veut pas laisser partir d'envoyé pour ces pays, avant d'être d'accord avec l'empereur Alexandre... Dans ma dernière lettre, je vous ai déjà écrit que l'article 9 du projet tombe de lui-même puisque l'empereur de Russie refuse d'y souscrire. Quel obstacle peut-il encore y avoir qui vous empêche de signer?... Le roi vient de m'ordonner de vous envoyer un courrier pour vous presser, mon cher colonel. » Mais, en même temps, Hardenberg prévient Knesebeck qu'on lui reproche au quartier général russe « de ne pas agir suffisamment ouvertement » et de « finasser trop. Je ne crois pas à ces accusations, mais je vous en préviens. Au reste, je sais bien que

(1) Lefebvre à Bassano, 24 et 25 février. (Arch. des Aff. étrangères, Prusse, 252.)

vous n'avez en vue que l'entière réalisation de nos plans. Ne nous laissez pas plus longtemps dans l'incertitude (1) ».

De jour en jour, d'heure en heure, on attendait des nouvelles de Knesebeck, et l'on n'en recevait pas. On se demandait alors avec angoisse ce qui pouvait arrêter les négociations, on en était réduit aux conjectures, quand, le 25 février, Hardenberg reçut un billet demandant un rendez-vous, portant comme date : « Breslau, au *Sceptre d'or*, 13/25 février, » et signé : « Von Anstett, conseiller d'État russe (2). »

Anstett apportait deux lettres du tsar au roi.

La première, écrite de Zbiersko, 10/22 février, accréditait auprès du roi le conseiller d'État von Anstett, et lui donnait tout pouvoir pour discuter avec la cour de Prusse un projet de traité conforme aux vues de la Russie, et qui serait signé par le feld-maréchal, commandant en chef, prince Kutusow de Smolensk.

La seconde, écrite également de Zbiersko, 12/24 février, était une réponse aux deux lettres du roi du 8 et du 17 février (3). Le tsar y constatait avec regret

(1) Hardenberg à Knesebeck, 23 février. ONCKEN, I, 248 (texte allemand).
(2) Stein s'attribue dans son autobiographie le mérite de cette résolution. « Sur mon conseil, l'empereur Alexandre envoya à Breslau comme plénipotentiaires Anstett et moi. » PERTZ, *Stein*, II. — CAVAIGNAC, II, 347.
(3) La lettre du 8 était celle que Knesebeck avait portée et qui l'accréditait auprès du tsar. Celle du 17 était la lettre portée par le lieutenant Peterson, en réponse à celle du tsar qui demandait aux Prussiens de couper la retraite à Reynier.

les hésitations de la Prusse en face de ses propositions. « Dès que l'ennemi a été détruit, y disait-il, j'ai oublié tout le passé, parce que la pensée de la reconstitution et de l'agrandissement de la Prusse se trouve gravée au plus profond de moi-même. Le temps est arrivé où il faut lui donner une réalité. Il faut savoir le saisir... Vous voulez placer Napoléon dans son tort, vous voulez l'empêcher d'agiter l'opinion, vous voulez éviter d'être taxé de mauvaise foi ; à cela je réponds : devant Dieu et devant les hommes, votre rôle d'allié a cessé lorsque les forces ennemies ont été détruites, car vous étiez l'allié d'une puissance qui devait mettre en campagne contre les Russes 400,000 hommes, et qui réellement les a mis. Ces forces ont été détruites ; où sont maintenant vos devoirs ? » Aussi Alexandre ne comprenait-il pas les scrupules de la Prusse, surtout envers un allié « qui violait de la manière la plus inattendue les articles du traité de Tilsit ». Il envoyait donc, pour hâter les négociations, le conseiller d'État von Anstett avec pleins pouvoirs, et le baron von Stein qui, depuis le temps qu'il était à son service, connaissait tous ses projets, et était en mesure de donner au roi tous les éclaircissements qu'il pourrait désirer (1).

Anstett était arrivé le 25 ; le 26 le traité fut approuvé par le roi, et le 27 signé par Hardenberg. Le jour

(1) Alexandre à Frédéric-Guillaume. ONCKEN, I, 250 (texte allemand).

même, il fut envoyé à la signature de Kutusow. « Le 25 février, tergiversations de Knesebeck pour le traité d'alliance, arrivée d'Anstett; le 26, le traité approuvé par le roi, maladie de Stein, » écrit Hardenberg dans son journal.

« Je n'ai pas voulu laisser ignorer à Votre Majesté, communique Saint-Marsan le 26, que deux commissaires russes sont arrivés hier soir. On en avoue un, le conseiller d'État Anstett. On dit qu'il est venu prendre des arrangements pour la neutralité. Il doit avoir vu le roi ce matin et est reparti de suite. L'autre est le célèbre M. de Stein. Il n'est pas sorti de l'auberge où il est tombé malade. On voudrait cacher sa venue, mais je crois en être sûr. J'ai laissé passer la journée pour voir si M. d'Hardenberg me ferait dire quelque chose. Il ne m'a rien fait savoir (1). »

C'est tout ce que Saint-Marsan avait pu apprendre de cet événement important; il n'est plus dans les confidences d'Hardenberg; il ne reçoit plus de communications, même officieuses; il ne sait que des on-dit; de toute la comédie qui se joue, il ne s'aperçoit pas que l'on est au dernier acte (2).

(1) Saint-Marsan à Bassano, Breslau, 26 février. (Arch. des Aff. étrangères.) — L'accueil fait à Stein fut froid. Il ne paraît pas avoir porté le traité à signer au roi, parce qu'il était alité à l'auberge du *Sceptre d'or*. DROYSEN prétend qu'il s'est présenté au roi dès son arrivée, et que c'est sur ses instances qu'on aurait envoyé Scharnhorst au quartier général impérial russe. Cette assertion aurait besoin d'être confirmée. (Voir note 1, p. 306.)

(2) Par contre l'Autriche a eu immédiatement connaissance du

Cette manière d'agir de la Russie était fort étrange : tandis que le roi de Prusse avait au quartier général russe un plénipotentiaire prussien, muni de pleins pouvoirs et chargé de signer le traité, l'empereur de Russie, après avoir accepté et vérifié les pouvoirs de ce plénipotentiaire, envoyait à son insu un plénipotentiaire russe à Breslau avec pleins pouvoirs. Que s'était-il donc passé?

II

Depuis son entretien avec l'empereur, Knesebeck était plein d'espoir : il pensait que la signature du traité n'était plus qu'une question d'heures. Il avait écrit : « Je puis avoir l'honneur de vous assurer, monsieur le baron, que le roi peut tout attendre de son ancien ami. J'ai trouvé l'empereur disposé en faveur de la Prusse, au delà de ce qu'il nous était permis d'espérer. L'entier rétablissement de l'ancienne splendeur de cette puissance, et même davantage, si les succès répondent aux efforts, tels sont les vœux et

traité; le soir même du 26 le comte Zichy en envoya une copie à son gouvernement. Ce document porte la date du 26 sur la copie des Archives de Vienne. (ONCKEN, I, 252.) — La date du 27 est mise au-dessous du traité par ONCKEN, I, 252, et par MARTENS, *Nouveau recueil de traités*, III, 234.

les expressions de ce souverain. Il me les a énoncés de la manière la plus positive, en me disant que le jour où il verrait le roi réintégré dans ses possessions légitimes serait le plus beau et le plus doux de sa vie. J'ai trouvé les mêmes dispositions dans l'entourage de ce monarque; j'ai les meilleures espérances (1). »

Aussi Knesebeck ne pouvait-il s'expliquer pourquoi on remettait de jour en jour la signature du traité, et n'était-il pas peu surpris du silence du gouvernement russe à ce sujet (2). Sa surprise augmenta encore quand, le 22, il reçut communication d'un contre-projet russe absolument différent du projet prussien.

Knesebeck savait bien que le tsar avait fait des objections à l'article 9, mais il croyait qu'il avait accepté les articles 6 et 7 qui étaient les articles importants du traité au point de vue prussien, ceux qui déterminaient d'une façon précise la manière dont devait se faire la reconstitution de la Prusse, et qui posaient comme base de cette reconstitution la restitution des provinces perdues depuis 1806. Or ces

(1) Knesebeck à Hardenberg, Kalisch, 18 février. — Lettre déjà citée.
(2) Knesebeck vit l'empereur le 17 ou le 18; le gouvernement russe semble avoir employé les journées des 19, 20 et 21 à rédiger son contre-projet; le 22, il a dû être prêt, puisque les pouvoirs d'Anstett sont signés de cette date, et que la décision d'envoyer Anstett à Breslau n'a dû être prise qu'après que Knesebeck ait eu déclaré, au moins verbalement, qu'il ne signerait pas ce contre-projet.

articles étaient pour la Prusse la condition même de l'alliance et sa raison d'être (1).

Le contre-projet russe avait rayé tous les engagements précis contenus dans le projet prussien et les avait remplacés par deux articles secrets et séparés beaucoup plus vagues.

Dans son texte définitif, ce contre-projet portait qu'à dater du jour de la signature, il y aurait paix, amitié et alliance entre le roi de Prusse et l'empereur de Russie (art. 1er) ; que cette alliance était offensive et défensive, et que « son but immédiat était de reconstruire la Prusse dans les proportions qui devaient assurer la tranquillité des deux États et en établir la garantie » (art. 2). En conséquence, les deux parties contractantes s'engageaient, l'empereur de Russie à mettre en campagne 150,000 hommes, le roi de Prusse au moins 80,000 hommes, en plus des garnisons des places (art. 3). On discuterait immédiatement les bases d'un plan de campagne, et, dès le jour de la ratification du traité, les armées alliées coopéreraient ensemble (art. 4 et 5). Les parties contractantes déclaraient en outre qu'elles ne négocieraient pas séparément avec l'ennemi, et se communiqueraient réciproquement et confidentiellement tout ce qui avait trait à leur politique (art. 6 et 7). L'article 8 avait pour objet les dé-

---

(1) Voir le texte des articles, chapitre IV, page 271.

marches à faire par la Prusse auprès de l'Angleterre
afin d'en obtenir des subsides; les articles 9 et 10
visaient les conventions à intervenir au sujet des
approvisionnements.

A ce texte étaient joints deux articles séparés et
secrets :

« Article premier. — La sûreté entière et l'indépendance de la Prusse ne pouvant être solidement établies qu'en lui rendant la force réelle qu'elle avait avant la guerre de 1806, S. M. l'empereur de toutes les Russies, qui avait à cet égard, dans ses déclarations officielles, été au-devant des vœux de S. M. le roi de Prusse, s'engage, par le présent article secret et séparé, à ne pas poser les armes aussi longtemps que la Prusse ne se sera pas reconstituée dans ses proportions statistiques, géographiques et financières, conformes à ce qu'elle était avant l'époque précitée. Pour cet effet, S. M. l'empereur de toutes les Russies promet de la manière la plus solennelle d'appliquer aux équivalents que les circonstances pourront exiger pour l'intérêt même des deux États, et à l'agrandissement de la Prusse toutes les acquisitions qui pourraient être faites par ses armes et les négociations dans la partie septentrionale de l'Allemagne, à l'exception des anciennes possessions de la maison de Hanovre. Dans tous les arrangements, il sera conservé entre les différentes provinces qui doivent entrer sous la domination prussienne l'ensemble et l'arrondissement nécessaires pour constituer un corps d'État indépendant.

« ART. 2. — Pour donner à l'article précédent une précision conforme à la parfaite intelligence qui existe entre les deux hautes parties contractantes, S. M. l'empereur de toutes les Russies garantit à S. M. le roi de Prusse, avec ses possessions actuelles, plus particulièrement la vieille Prusse, à laquelle il sera joint un territoire qui, sous les rapports tant militaires que géographiques, lie cette province à la Silésie (1). »

Il y a donc loin de la rédaction russe à la rédaction prussienne. Ce n'est plus le système des restitutions, mais celui des équivalents. La Russie ne s'engage à rien de précis; elle s'engage seulement à rendre à la Prusse un équivalent de territoire. Mais où le prendre? Vraisemblablement en Saxe, d'après une conversation précédente de l'empereur; sur ce sujet, cependant, pas un mot dans le traité : une bande de territoire pour relier la vieille Prusse à la Silésie forme le seul objet d'un engagement ferme; c'est donc l'éloignement de la Prusse de l'Est, et son refoulement vers l'Ouest; c'est la zone d'influence de la puissance prussienne déplacée en Allemagne; c'est faire de la Prusse, qui se croyait une puissance orientale et septentrionale, une puissance occidentale et méridionale. Il faut la pousser

---

(1) MARTENS, *Nouveau recueil de traités*, III, 236.

contre la France, en faire une barrière, suivant le mot
de Napoléon, mais une barrière contre l'Ouest et non
contre le Nord : dans ce but, il faut l'empêcher de
prendre pied dans le grand-duché de Varsovie. Ce
duché formera un tout indivisible que la Russie gar-
dera : c'est donc le renversement de tous les plans
prussiens; c'est une théorie nouvelle du développement de la Prusse, et une orientation tout autre de
sa politique qu'il faut faire admettre à ses hommes
d'État (1).

On comprend donc les raisons qui ont empêché
Knesebeck de signer ce traité; mais ce que l'on ne
comprend pas, c'est pourquoi il n'a pas prévenu son
gouvernement de ce changement capital. A-t-il cru
pouvoir faire revenir les Russes sur leurs intentions?
A-t-il eu peur, après sa lettre du 18, d'avouer qu'il
s'était grossièrement trompé? S'est-il flatté d'amener
par des discussions le gouvernement russe à consentir
des modifications? Ce silence a été une grosse faute.

Quoi qu'il en soit, sans prévenir personne, sans
demander des instructions nouvelles, il s'est mis à
l'œuvre, et le 23, ou le 24, a soumis au tsar un nouveau contre-projet renfermant un article séparé et
secret conçu dans ces termes :

« ARTICLE SÉPARÉ ET SECRET. — La sûreté entière et

(1) RANCKE prétend (IV, 367) que c'était à cause de l'Angleterre
que la Russie voulait ainsi déplacer la zone d'influence de la Prusse
en Allemagne.

l'indépendance de la Prusse ne pouvant être solidement établies qu'en rendant à cette puissance la force réelle qu'elle avait avant la guerre de 1806, c'est-à-dire en lui assurant ses anciennes provinces de la Prusse orientale, tout ce qu'elle possédait et possède encore entre la Vistule et l'Elbe, Dantzick y compris, ainsi que ses possessions en Pologne et le duché de Varsovie, à l'exception toutefois de ce qu'elle en a déjà cédé à la Russie par le traité de Tilsit, S. M. l'empereur de toutes les Russies s'engage solennellement à garantir à la Prusse, immédiatement après la signature du présent traité, les provinces susnommées, et pour lesquelles, vu la situation géographique de la Prusse, il ne saurait exister d'équivalent. Mais, pour ce qui regarde les provinces que la Prusse possédait au delà de l'Elbe avant la guerre de 1806, les deux hautes parties contractantes sont convenues par le présent traité qu'elles ne s'arrêteraient strictement et exclusivement à ces provinces, mais que la Prusse recevra toutefois à leur place, soit par la voie des armes, soit par celle des négociations, un équivalent en force statistique et financière qui corrigera, s'il est possible, la situation géographique que les susdites provinces avaient auparavant, bien entendu que les anciennes possessions de la maison de Hanovre sont expressément exceptées de ces indemnisations. Dès la signature du présent traité, les provinces ci-dessus mentionnées qui se trouvent occupées par les armées impériales seront remises à l'administration prussienne, ainsi que celles au delà de l'Oder et de l'Elbe, que les armées alliées pourraient occuper par suite des opérations militaires. S. M. l'empereur de Russie qui, dans les communications officielles, avait toujours été au-devant des vœux de S. M. le roi de Prusse, dans tout ce qui regardait les intérêts de sa-dite Majesté, s'engage donc à ne point poser les armes aussi longtemps que la Prusse ne sera pas reconstituée sur les bases ci-dessus énoncées (1). »

C'était donc un système mixte, tenant le milieu entre celui des équivalents et celui des restitutions, que Knesebeck proposait. Système des équivalents pour tout ce qui concernait les provinces perdues au delà de l'Elbe; système des restitutions pour tout ce qui avait fait partie autrefois de la monarchie prussienne, à l'Est et au Nord. Dans la rédaction de cette dernière partie de son contre-projet, Knesebeck avait suivi fidèlement les instructions qu'il avait emportées de Breslau; toutefois, le contre-projet russe lui ayant appris qu'il pouvait être utile de préciser les points indécis, il avait, en reprenant l'article du projet primitif prussien, énuméré les anciennes possessions prussiennes. En formulant ces nouvelles propositions, Knesebeck était donc resté fidèle à ses instructions et à la conception de son gouvernement : faire de

---

(1) Oncken, I, 267 (texte français); *id.*, II, 171.

la Prusse une puissance orientale et septentrionale.

Ainsi donc, le nouveau contre-projet reprenait les lignes principales de l'ancien projet prussien. Sur un seul point, celui des agrandissements, il restait muet; ce n'était certes pas un oubli de Knesebeck, mais plutôt une précaution dictée par sa fausse position du moment. Il avait espéré, en éliminant de sa rédaction tout ce qui ne lui semblait pas vital pour la reconstitution de la Prusse, se rendre favorables ses adversaires, et il pensait ainsi devoir faciliter l'acceptation de ses contre-propositions.

Le 25 février seulement, six jours après sa première lettre à Hardenberg, et trois jours après avoir eu connaissance du contre-projet russe, le lendemain ou le surlendemain du jour où il avait remis au gouvernement russe son contre-projet, il écrit à Berlin. Sa lettre est courte. L'empereur Alexandre l'amuse, en lui faisant de grandes promesses. Stein est peu préoccupé du sort de la Prusse, pourvu qu'elle déclare la guerre; aussi les démarches faites auprès du gouvernement prussien, pour que des ordres soient donnés à Bülow et à York n'ont-elles pas d'autre but que d'entraîner la Prusse dans la guerre, avant la conclusion d'un traité d'alliance. Toutes ces manœuvres proviennent d'une fausse conception que le tsar s'est faite de la situation de la Prusse. « On a cru, et l'on croit encore maintenant, écrit-il, que la Prusse est déjà tellement engagée contre la France qu'elle doit signer à n'importe quel prix, et qu'elle est obligée de se soumettre à tout ce que la Russie exigera de nous. Seulement, on ne veut pas nous demander ces sacrifices pour le moment, mais seulement se réserver la possibilité de nous les demander dans l'avenir. C'est la raison pour laquelle on a évité de prendre des engagements formels sur ce que l'on veut nous donner. Je vois clairement en même temps que l'on a l'intention de prendre la Vistule comme frontière, et je suis persuadé que l'offre de la Saxe ne nous a été faite que pour nous dédommager de la Prusse orientale (1). Telle est la situation, et

(1) « Memel, soit sous le rapport de son commerce, soit sous ceux de sa situation relativement aux frontières de la Russie, est un point très important. Si la politique, d'après ma manière de voir, demande d'une part que Votre Majesté ne décèle pas dans sa conduite le désir d'étendre plus loin ses frontières, cette même politique exige pourtant de profiter de tous les avantages que l'on peut avoir afin de parvenir à les établir tels qu'il convient sous les rapports militaires et commerciaux, à la sûreté et au bonheur de l'empire. La Vistule est certainement la frontière à laquelle s'étendent mes vœux; nonobstant la prudence exige, par toutes les chances qui peuvent encore avoir lieu, de se préparer à une moins avantageuse. C'est d'après ces principes que j'ai cru devoir, par les dispositions que j'ai prises, préparer insensiblement Memel à faire partie de notre frontière, sans cependant effaroucher la cour de Prusse, qui ne peut jusqu'à présent regarder son occupation et la conduite que j'ai tenue que comme une mesure purement militaire. » Paulucci à Alexandre, 8 janvier. — ONCKEN, II, 178, d'après J. ECKARDT. — Voir chap. III, page 155. — Si cette idée de prendre la Vistule comme frontière était généralement admise par les Russes, l'empereur Alexandre ne semble pas l'avoir partagée; car, dans une lettre à Valentini du 27 décembre 1812, Schöler a écrit : « Les Russes considèrent la frontière de la Vistule comme très avantageuse, et aussi comme facile à acquérir, car ils n'ont pas, sur le désavantage que cet enlèvement produirait à la Prusse, d'idées aussi justes que l'empereur Alexandre, qui ne rejette pas seulement complètement cette idée, mais qui, au sujet de la restauration

si l'on m'accuse de finasser, si l'on me rend responsable de ce que le traité n'est pas encore signé, c'est uniquement parce qu'on ne veut pas exposer ses plans de conquête, et ne pas dire encore positivement ce que l'on nous rendra et nous assurera. Aussi, ai-je cru pouvoir me permettre de répudier toute idée d'agrandissement, et adopter un système de justice et de mesure fondé sur l'état de 1806 et du *suum cuique*. » C'est dans cet esprit que les projets doivent être rédigés, et non dans celui du contre-projet russe, écrit bien plus sur le ton d'une puissance qui offre à une autre « la grâce de la vie », que sur celui d'une « puissance qui parle à une autre puissance ». Aussi, en face de telles prétentions, des difficultés se sont-elles élevées entre lui et les Russes, et, pour les trancher, a-t-on pris le parti d'envoyer à Breslau « MM. von Stein et von Anstett, pour voir si Votre Excellence et Sa Majesté ne se contenteraient pas de promesses vagues. Bien que je sois persuadé que cela ne sera pas le cas, je crois de mon devoir de prévenir Votre Excellence de se tenir sur ses gardes, et de conserver, dans la position critique où elle se trouve, une contenance ferme (1) ».

de la Pologne, m'a dit chaque fois que la Prusse orientale et même une partie de la Prusse méridionale (en liaison avec la Silésie) devaient en tout cas en [de la Pologne] être distraits. » — Knesebeck voyait donc juste.

(1) Knesebeck à Hardenberg, Kalisch, 25 février 1813. ONCKEN, I, 257 (texte allemand).

Le même jour, Knesebeck recevait les deux lettres d'Hardenberg du 21 et du 23, qui lui prescrivaient de hâter la signature du traité (1). Il reprit aussitôt la plume, et envoya une seconde lettre qui partit le 26, à six heures du matin :

« Les entretiens avec l'empereur, que j'ai rapportés à Votre Excellence, me donnaient les meilleures espérances; mais depuis l'envoi de ma dernière lettre — 18 février — l'objet de ma mission n'a pas eu le résultat que j'étais en droit d'attendre. » Au projet de traité qu'il avait présenté, l'empereur avait fait répondre par un contre-projet « vague, à expressions ambiguës », qui ne contenait aucun engagement de la part de la Russie, mais qui éclairait singulièrement ses intentions. Il ne fallait pas recommencer la faute de 1806. A cette époque, on avait rompu avec la France avant d'avoir conclu avec l'Angleterre. Il faut donc aujourd'hui, avant de rompre avec la France, signer un traité, « qui nous assure avant tout la Prusse orientale, et l'ancien duché de Varsovie, indispensables pour faire de la Prusse un corps d'État ». Telle est la ligne de conduite qu'il avait suivie, et c'est la raison pour laquelle, continuait-il, « on a cru, ainsi qu'on l'avait fait savoir à Votre Excellence, que je finassais dans mes discussions. Vous verrez que je ne suis pas tombé dans cette faute, mais

(1) Voir plus haut, pages 322 et 331.

j'ai cru devoir employer la plus grande circonspection. On croit ici que la Prusse doit se soumettre à toutes les exigences de la Russie, aussi je présume fort que, quand on nous offre la Saxe comme dédommagement, on se propose de nous enlever la Prusse orientale et le grand-duché de Varsovie, et, en considérant cette dernière province comme séparée du royaume, on se propose de prendre la Vistule comme frontière. C'est pourquoi le contre-projet russe ne contient rien de positif, et c'est pourquoi on n'a pas accepté le mien qui est plus précis. Soyez assuré, monsieur le baron, que mes craintes sont fondées ; je m'aperçois que la Russie désire des agrandissements, et que son but n'est pas de nous affaiblir, mais bien de nous donner de l'autre côté de l'Elbe ce qu'elle nous refuse de ce côté-ci, de manière à avoir une barrière contre la France. Cette combinaison ne peut être de l'intérêt de la Prusse. J'ai demandé le rétablissement entier de cette puissance dans toutes ses possessions de l'époque de 1806, à l'exception du pays de Bialystock que je n'avais pas mis en avant dans mon premier projet, malgré mes instructions, afin de pouvoir m'en servir plus tard en vue d'un échange. Car, dès ma première conversation avec l'empereur, j'avais remarqué que l'on voulait nous affaiblir de ce côté, en nous donnant un équivalent ailleurs : aussi je me suis entêté en demandant qu'on nous garantisse nos anciennes provinces et le grand-duché de Varsovie, et je crois en cela avoir agi et avoir parlé en bon citoyen. »

Tout agrandissement de la Russie du côté prussien est un danger. Prise entre deux colosses qui chercheront à se renverser, la Prusse n'aura pas une minute de repos et de tranquillité : elle n'aura fait que changer de joug. « Aussi, je ne puis prendre sur moi de signer un traité aussi imprécis quant à ses articles, traité qui ne nous donnerait aucune sécurité, et qui nous rassasierait d'espérances, tandis qu'il nous enlèverait tout ce qui a de la valeur. Tout mon être proteste contre cette signature,... bien que je voie clairement que la pénible situation du roi et de Votre Excellence exige une prompte conclusion avec la Russie; aussi je suis prêt à faire tous les sacrifices possibles, à la condition que l'unité et le corps d'État nous restent. »

Dans ses conversations avec Nesselrode, Knesebeck lui avait fait remarquer que d'après le projet russe, la Prusse étant repoussée vers l'Ouest, serait fatalement amenée à s'allier à la France; que l'Autriche ne semblait pas vouloir se déclarer, si elle n'était pas convaincue du désintéressement de la Russie, et que, de plus, elle ne paraissait pas disposée à admettre les agrandissements de cette puissance aux dépens de la Prusse. « Cette assurance, écrit encore Knesebeck, a fait quelque impression et je la renouvellerai si c'est nécessaire. » La présence de Lebzeltern au quartier général russe eût été d'un grand appoint pour la Prusse en la circonstance. Que n'était-il là!

Au moment de terminer sa lettre, Knesebeck apprend d'une manière certaine qu'Anstett et Stein sont partis pour Breslau (1); et, comme ces deux envoyés n'y présenteront pas les événements sous leur jour véritable, il se hâte de faire partir son courrier. « Dans la situation critique où nous nous trouvons, continue-t-il, une conduite ferme peut seule nous sauver, car ici aussi la situation se débrouillera, et je suis persuadé que l'on reviendra de sa manière de voir. Tous les militaires attachent, avec raison, un grand prix à notre alliance, et, si nous tenons ferme, la Russie sera forcée de modifier ses plans agressifs aussitôt que nous serons appuyés par l'Autriche; car la situation de l'armée russe deviendra très critique si cette cour nous force... à lui déclarer la guerre. Pour toutes ces raisons, je suis convaincu que, si nous ne nous hâtons point, on nous accordera tout ce dont nous avons besoin pour former un corps d'État. » Tandis qu'il écrivait cette lettre, Nesselrode lui avait fait demander de différer l'envoi de son courrier, sous le prétexte que S. M. l'empereur voulait encore le voir : « En conséquence j'ai attendu jusqu'au soir,

(1) Dans sa première lettre du 25 il dit : « On a apparemment envoyé MM. de Stein et Anstett directement à Breslau. » Dans sa seconde, cette affirmation devient de la certitude : « J'apprends dans ce moment même, que le baron de Stein est parti d'ici, hier au soir, pour se rendre à Breslau. »

mais l'empereur ne m'a pas fait mander. Je ne puis voir dans cette démarche qu'un moyen de gagner du temps, afin de permettre au baron von Stein de vous exposer ses idées, avant que j'aie pu vous faire parvenir les miennes. Aussi je hâte l'expédition de mon courrier. — *Kalisch, le 26 février 1813, cinq heures du matin* (1). »

La lettre de Knesebeck peut se résumer ainsi : Ne signez rien, n'abandonnez rien de vos prétentions; la Russie a plus besoin de nous, que nous d'elle; elle en passera pas où nous voudrons; Anstett et Stein vous dépeindront l'état de la situation sous des couleurs qui ne sont pas les vraies; attendez. Mais si la situation était pour Knesebeck aussi nette, pourquoi n'a-t-il pas écrit à Breslau entre le 18 et le 26? Pourquoi a-t-il laissé Hardenberg s'engager tellement, que chaque heure de retard apportée à la signature du traité devenait une heure d'angoisse, une heure critique pour la Prusse? Dès qu'il avait eu connaissance du contre-projet russe, le 22 ou le 23, ne devait-il pas en prévenir son gouvernement? L'incertitude et l'impatience à Breslau eussent été ainsi calmées; les esprits du roi et du chancelier ne se fussent pas consumés en attentes vaines, qui les démoralisèrent et leur enlevèrent toute force de résistance. Peut-être alors eussent-ils mieux jugé l'état de la situation, et

---

(1) Knesebeck à Hardenberg. ONCKEN, I, **250** et suiv. (texte allemand).

eussent-ils répondu à Anstett et à Stein ce qu'ils auraient dû leur répondre : — Nous avons un plénipotentiaire à Kalisch muni de pleins pouvoirs, il a des instructions, et notre confiance. En dehors de lui, et sans lui, nous ne pouvons rien conclure. — La responsabilité tout entière de cette conclusion doit être rejetée sur Knesebeck. Par son silence, il a été cause de la signature du traité ; seul il doit donc en être rendu responsable ; et, si les événements l'ont dans la suite justifiée, il n'en est pas moins vrai qu'à ce moment, cette signature a été une faute grave, qui eût pu avoir les plus funestes conséquences, en empêchant pour longtemps le relèvement de la Prusse.

Ce même jour, le 26, Alexandre reçut Knesebeck, et, sans lui parler du départ pour Breslau des deux plénipotentiaires russes, il amusa l'envoyé prussien en reprenant avec lui les dernières discussions.

Il reprocha à Knesebeck d'avoir, dans son contre-projet, aggravé le projet de traité primitif, en spécifiant que les anciennes provinces prussiennes occupées par les armées russes seraient au fur et à mesure de leur occupation remises aux autorités de cette puissance. Knesebeck répondit que, puisque la Russie voulait le rétablissement de la Prusse, il fallait bien que la Prusse tirât parti des ressources de ces provinces, afin qu'elle fût en état de coopérer à l'œuvre commune d'une manière efficace, mais qu'il rayerait cette phrase de son contre-projet si le tsar consentait à répondre d'une manière précise aux questions qu'on lui avait posées sur la reconstitution de la Prusse, et en particulier sur la Prusse orientale et la Prusse méridionale.

Le tsar repartit qu'il n'avait aucunes vues sur l'ancienne Prusse orientale, ni aucune intention de placer sur sa tête la couronne de Pologne, mais qu'il ne pouvait pas pour le moment faire plus pour la Prusse que de l'assurer de sa volonté de lui rendre son ancien éclat, et même s'il était possible de l'agrandir. Knesebeck reprit qu'il espérait bien que l' « ancien ami et allié du roi » donnerait « des ordres, pour que les expressions générales fussent remplacées par des indications positives », dans le projet de traité, au sujet de ce qu'il entendait rendre à la Prusse de ses anciennes possessions sur la Vistule. L'empereur déclara alors que, pour des raisons politiques, il ne pouvait pas s'expliquer positivement sur la Pologne : il fallait en effet laisser aux Polonais l'espérance du rétablissement de leur nation, de manière à les empêcher de se soulever sur ses derrières. Sur ce point, il ne voulait signer aucun article secret, car il savait qu'en matière de clauses secrètes, rien n'était aussi peu secret que les articles d'un traité; la preuve en était, qu'il avait personnellement appris avant l'ambassadeur autrichien à Saint-Pétersbourg les clauses secrètes du traité entre la France et l'Autriche. L'empereur, d'ailleurs, coupa court à cet entretien qui aurait pu devenir embarrassant, et renvoya Knesebeck à Nesselrode. Le ministre devait lui communiquer les modifications apportées au texte primitif du contre-projet russe, et le tranquilliser sur les craintes qu'il avait conçues, lorsqu'il avait vu que la Prusse n'était pas réunie à la Silésie par une bande de territoire.

Nesselrode vint voir Knesebeck quelques heures après, et lui remit d'abord l'article 1er du contre-projet russe dans sa forme définitive; elle était un peu différente de celle qui avait été présentée une première fois à l'envoyé prussien (1). Puis, sur une

(1) Il semble résulter de la lettre de Knesebeck que le texte primitif du contre-projet russe ne comprenait qu'un seul article, l'article 1er, rédigé de la manière suivante : « La sûreté entière et l'indépendance de la Prusse ne pouvant être solidement établies qu'en lui rendant la force réelle qu'elle avait avant la guerre de 1806, l'empereur de toutes les Russies, qui avait à cet égard, dans ses déclarations officielles, été au-devant des vœux de S. M. le roi de Prusse, s'engage par le présent article secret et séparé, à ne pas poser les armes aussi longtemps que la Prusse ne sera pas reconstituée dans ses proportions statistiques et financières, conformes à ce qu'elle était avant l'époque précitée. Pour cet effet, S. M. l'empereur de toutes les Russies promet de la manière la plus solennelle d'appliquer aux équivalents que les circonstances pourraient exiger pour l'intérêt même des deux États, et à l'agrandissement de la Prusse, toutes les acquisitions qui pourraient être faites par ses armes ou ses négociations dans la partie septentrionale de l'Allemagne, à l'exception des anciennes provinces de la maison de Hanovre. » (Comparer ce texte avec le texte définitif. Voir plus haut page 337.)

« Quelques heures après, écrit Knesebeck, M. de Nesselrode me remit d'abord l'article 1er ci-joint en original. Je lui représentai que je n'y voyais d'autre changement que l'addition du mot «géographique» en parlant de notre reconstitution, ce qui en aucune manière ne pouvait me satisfaire, vu surtout par la dernière phrase, que cette amélioration de notre situation géographique s'étendait principalement sur nos provinces dans le nord de l'Allemagne, mais ne renfermait aucune

observation de Knesebeck qu'il ne voyait dans cet article que des promesses sur des acquisitions restant encore à faire au lieu de déclarations précises et distinctes, Nesselrode lui remit l'article 2. « Je l'ai bien pesé, lu et relu, continue Knesebeck; il est vrai qu'on s'y est exprimé, avec plus de précision qu'on ne l'a fait jusqu'ici, sur ce que nous pouvons attendre : on nous donne la certitude que la vieille Prusse ne nous sera pas enlevée. Mais, malgré cela, je n'y vois encore rien d'assez clair pour pouvoir être entièrement sûr que l'ancienne Prusse méridionale nous sera rendue.

assurance positive sur la reconstitution de l'ancienne Prusse méridionale qui seule pouvait nous former un corps d'État de ce côté-ci. »
L'article 1er fut donc modifié. Une minute du projet, déposée aux Archives de Berlin, sans doute envoyée par Knesebeck le 25 ou le 26, contient des corrections au crayon de la main d'Hardenberg. On y trouve le mot « géographique » placé entre entre les mots « statistique et financière », puis le mot « et » à la place de « ou » entre les mots « armes » et « négociations », et enfin la phrase : « Dans tous les arrangements, il sera conservé, entre les différentes provinces qui doivent rentrer sous la domination prussienne, l'ensemble et l'arrondissement nécessaires pour constituer un corps indépendant. » L'article 1er a donc pris ainsi sa forme définitive. (MARTENS, III. — Voir à ce sujet ONCKEN, I, 269; id., II, 176.)
Knesebeck continue ainsi sa lettre : « Le comte de Nesselrode se donna beaucoup de peine pour me représenter que tout ce que je désirais était renfermé dans cet article [article 1er]; mais, lui ayant répondu tout simplement que je n'y voyais que des promesses sur des acquisitions restant encore à faire, au lieu que je m'étais attendu, d'après ma conversation avec l'empereur, à y trouver une déclaration précise et distincte, propre à me tranquilliser entièrement, et que même rien n'y était exprimé sur l'ancienne Prusse orientale, le comte de Nesselrode, après beaucoup de peines et de paroles, me remit l'article ci-joint en original. » (C'était l'article 2 dont le texte a été donné plus haut, p. 338.) — Knesebeck à Hardenberg, citée en fragments par ONCKEN (texte français), II, 176 et suiv.

La manière dont on veut nous dédommager est encore sujette à des interprétations auxquelles on peut donner un tel sens, que précisément ce qu'il nous faut pour former un corps d'État de ce côté-ci, peut nous être enlevé sans empêcher pour cela que la Prusse orientale soit liée sous des rapports tant militaires que géographiques avec la Silésie... Que Votre Excellence ne m'accuse donc pas de tarder dans ma négociation. Je n'ai pu prendre sur moi de signer, nonobstant ces changements faits en notre faveur. Tout au contraire, je ne vois aucune raison valable de ne pas s'expliquer plus clairement, et je ne suis pas sans espoir que, si nous tenons ferme, nous parviendrons à obtenir des assurances plus positives. J'ai fait à M. de Nesselrode la proposition de représenter à l'empereur que si Sa Majesté impériale voulait laisser quelque chose aux événements futurs pour ce qui regardait la Pologne, j'espérais qu'elle m'indiquerait du moins le *minimum* de ce qu'elle voudrait nous rendre de nos provinces dans ce pays, afin que nous puissions voir un peu plus clairement de quelle manière la liaison militaire et géographique promise entre la Prusse orientale et la Silésie pouvait avoir lieu ; que pour les arguments de Sa Majesté de laisser les Polonais dans l'incertitude de leur sort, je croyais qu'on pouvait adopter une marche propre à nous procurer des avantages réels de cette nation, si Sa Majesté leur déclarait que, quoiqu'elle eût le droit de disposer de la Pologne en province conquise, elle ne voulait pas en user, mais avoir pour eux des soins paternels, en les rendant à leur ancien maître, et en s'intéressant pour eux auprès du roi pour qu'il leur accordât une constitution basée sur une représentation nationale; que j'étais persuadé qu'en montrant aux Polonais cet avenir, ils seraient contents, et qu'avec le dépit qu'ils ont conçu contre la France, on pourrait tirer d'eux les plus grands avantages; que si Sa Majesté n'avait pas d'autre raison de s'expliquer catégoriquement sur le sort de la Pologne, cet accommodement projeté remédierait parfaitement aux inconvénients qu'elle voulait éviter, et que, quoique mes instructions ne renfermassent rien sur ce point, je croyais cependant pouvoir prendre sur moi d'y entrer, connaissant les intentions bienveillantes du roi pour tous ses sujets (1) ».

C'est ainsi que Knesebeck manœuvrait, discutant chaque point, et ne voulant céder sur aucune de ses prétentions. A bout d'arguments cependant, et après avoir poussé les concessions jusqu'aux dernières limites, il finissait par demander un *minimum*. Sur ce point, il outrepassait ses pouvoirs, car il était en cela en désaccord avec son gouvernement. Hardenberg devait écrire en marge de sa lettre : « Nous avions les raisons les plus valables de conclure sans nous arrêter à ces déterminations plus précises d'un principe

(1) Knesebeck à Hardenberg, citée en fragments par ONCKEN, II, 170 (texte français).

admis, qui auraient été difficiles à donner. L'établissement d'un minimum aurait même pu nous devenir nuisible, parce que nous aurions eu l'obligation de nous en contenter. Les événements, les succès doivent décider de ces objets, et, ce qu'il y a de bien plus important, de ne point perdre de temps par des discussions (1) ».

Aussi Hardenberg conclut-il sans plus tarder. Le 27, il signe le traité. Il écrit à Knesebeck aussitôt après : « Le traité que M. d'Anstett a apporté a été approuvé hier dans l'après-midi par le roi (2) ; il a été conçu de manière à ce qu'il n'y a eu aucun mot à y changer. Quelques additions au projet qui vous a été communiqué détruisent les hésitations que vous avez eues, et il était de la plus haute nécessité de ne plus prolonger l'incertitude, et de terminer les négociations (3) ».

Ce même jour, Frédéric-Guillaume envoyait au quartier général russe le général Scharnhorst, pour arrêter un plan d'opération commun, et porter à l'empereur une lettre autographe dans laquelle le roi se félicitait de l'union complète qui existait mainte-

---

(1) ONCKEN, II, 181 (texte français).
(2) « Le roi ne consentit qu'une heure avant la signature, et alors même il ne le fit que sous l'intimidation qu'un gouvernement provisoire pourrait bien être établi dans son royaume. » Cette assertion de Robert Wilson, reproduite par FAIN, I, 102, ne semble confirmée par aucun autre document, et est par conséquent sujette à caution.
(3) Hardenberg à Knesebeck, Breslau, 27 février. ONCKEN, I, 270 (texte allemand).

nant entre les deux souverains, depuis qu'il avait pleinement approuvé le traité (1).

Le 28, Knesebeck ayant été reçu par l'empereur, celui-ci l'accueillit par ces paroles : « Eh bien, monsieur! le roi a plus de confiance en moi que vous : il a signé sans changer un mot. — Sire, répondit Knesebeck très en possession de lui, le roi est maître de confier le sort de ma patrie au noble cœur de Votre Majesté impériale. Je souhaite le bonheur de mon roi et de ma patrie. — C'est une aide que la Providence m'envoie », interrompit brusquement l'empereur; puis, se ressaisissant : « Le roi peut être certain que je mourrai plutôt que de l'abandonner ».

Knesebeck quitta aussitôt Kalisch pour Breslau, et dans une lettre au chancelier, où il exprimait le désir de rentrer dans la vie privée, il émettait l'opinion qu'il serait à désirer que le roi eût une entrevue avec l'empereur, de manière à ce que, disait-il, « notre agrandissement ne repose pas sur de simples paroles, et ne reste pas assigné à des conquêtes fort douteuses (2) ».

L'aide, comme avait dit le tsar, que la Providence

---

(1) Frédéric-Guillaume à Alexandre, Breslau, 27 février. ONCKEN, I. 252 (texte allemand).

Le traité porte :

Fait à Kalisch, le 16/28 février, l'an de grâce 1813.
Signé : Michel, prince KUTUSOW DE SMOLENSK.

Fait à Breslau, le 26 février, l'an de grâce 1813.
Signé : Charles-Auguste, baron D'HARDENBERG.

(2) Cité par ONCKEN, I, 272, d'après Aegidi, 293 (texte français).

envoyait aux Russes n'était pas négligeable, car leur situation était loin d'être aussi brillante qu'ils se plaisaient à le dire.

« C'était pour la Russie un événement particulièrement heureux, écrit Wilson dans son journal; nous étions complètement épuisés ». — Lebzeltern, enfin arrivé au quartier général russe, s'exprime ainsi :
« On avait ici les plus grandes craintes qu'Anstett ne pût réussir. L'empereur était plein d'impatience et de souci. Sa joie éclata d'autant plus vivement qu'il apprit que pas une virgule n'avait été changée au projet. La libre acceptation de la Prusse était devenue, au point de vue de l'opinion publique comme à celui des opérations militaires, une nécessité si impérieuse que, si le roi avait senti sa position et la valeur du moment, quoique ses États fussent occupés aux deux tiers par les troupes russes, je n'hésite pas à croire que les articles secrets eussent été conçus avec moins de vague. Il est possible, au reste, que les deux souverains soient convenus plus explicitement entre eux de leurs relations et de leurs intérêts (1). »

(1) Par sa lettre Lebzeltern éclaire d'un jour singulier la négociation. Il y écrit que, si les Russes n'avaient pas voulu donner des garanties plus précises à la Prusse, c'était « pour ne point parler prématurément d'intérêts particuliers et de détails qui, transpirant, alarmeraient les uns et mécontenteraient les autres, et afin de ne point s'imposer aussi des obligations qui pourraient par la suite devenir gênantes ; tandis que le principe général énoncé dans le premier article secret était propre à rassurer tout à fait la Prusse, et à éviter en même temps ces écueils ». Il écrit également que, d'après Nesselrode, Knesebeck avait eu « tant de roideur et de mauvais vouloir » que l'on pouvait se

Knesebeck avait donc eu raison d'écrire à Breslau :
« Attendez, et ne signez pas. »

« La force des armées russes s'élève à cent vingt-deux mille hommes », avait dit le tsar à Knesebeck. Ce nombre, sur lequel les Prussiens comptaient, était-il exact?

Au commencement de mars, étaient en première ligne : le corps de Wittgenstein, fort de 12,300 hommes, 6,000 cosaques et 95 bouches à feu; le corps de Wintzingerode, comptant 10,395 hommes, 3,383 cosaques et 72 canons; le corps de Miloradowitsch, comprenant 11,700 hommes, 2,900 cosaques et 96 pièces d'artillerie; le corps de Tormassow, s'élevant à 17,350 hommes et 176 bouches à feu; soit un total de 51,745 hommes, 12,283 cosaques et 439 canons. Les renforts qui pouvaient arriver pendant les mois de mars et d'avril ne s'élevaient pas à plus de 12,674 hommes, 2,307 cosaques et 48 bouches à feu. De sorte que les Russes ne pouvaient pas avoir en première ligne plus de 64,419 hommes, 14,580 cosaques et 486 canons (1).

demander si sa manière d'agir n'était pas plutôt de la « gaucherie que de la mauvaise intention pour la bonne cause ». Son contre-projet avait été jugé « si volumineux et si absurde » qu'il avait été absolument impossible d'y souscrire. A la fin, le ton de Knesebeck était devenu tel que l'empereur avait décidé d'envoyer Anstett à Breslau. Le départ précipité de Knesebeck sans prendre congé avait été de la dernière des maladresses. (Lebzeltern à Metternich, 6 avril. ONCKEN, I, 275.)

(1) OSTEN-SACKEN, I, 448. Parmi les renforts est compris le corps de Worontzow, qui, à partir de la date du 14 avril, rejoignit l'armée de première ligne.

Les troupes de seconde ligne formaient trois groupes : l'un sur l'Oder comprenait les corps d'investissement des trois places de Stettin, Custrin et Glogau. Il comptait 2,280 hommes, 1,570 cosaques et 16 canons (1). Le second groupe, sur la Vistule, était formé des troupes devant Thorn et devant Dantzick. Ces troupes s'élevaient à 21,289 hommes, 3,687 cosaques et 155 pièces d'artillerie (2). Le troisième groupe se trouvait en Pologne et comptait les corps d'investissement des places de Modlin, Zamosc, la garnison de Varsovie et le corps d'Osten-Sacken opposé à celui de Poniatowski (3); soit 27,115 hommes, 4,725 cosaques et 148 canons. Les Russes avaient ainsi en seconde ligne, mais opposés aux garnisons françaises des places, 56,776 hommes, 9,989 cosaques et 319 canons.

(1) Devant Stettin, 250 cosaques; devant Custrin, le général-lieutenant Kapzewitsch avec 1,750 hommes, 400 cosaques, 12 canons; devant Glogau, le colonel Augustow avec 530 hommes, 920 cosaques, 4 canons.

(2) Devant Thorn, le général d'infanterie Barclay de Tolly avait remplacé l'amiral Tschitschagow, avec 12,200 hommes, 1,000 cosaques et 96 canons; devant Dantzick, le général de cavalerie duc Alexandre de Wurtemberg avait remplacé le général-lieutenant von Lewis avec 9,089 hommes, 2,687 cosaques, 59 canons.

(3) Devant Modlin, le général-major Paskiewitsch avec 5,261 hommes, 1,733 cosaques, 48 canons; devant Zamosc, le général-lieutenant von Ratt avec 4,113 hommes, 600 cosaques, 16 canons; à Varsovie, le général comte Pahlen avec 4,000 hommes, 24 canons. Ces trois corps étaient sous le commandement supérieur du général d'infanterie Dochturow. — Le corps d'Osten-Sacken comptait 7,774 hommes, 1,342 cosaques, 48 canons. — Les renforts consistèrent en 2,467 hommes, 250 cosaques et 12 canons.

Enfin, en troisième ligne, se trouvaient des troupes de remplacement dont l'organisation n'était pas complètement achevée : la seconde année de réserve, soit 48,100 hommes (1).

Les Russes n'avaient donc d'immédiatement disponible, pour la campagne qui allait s'ouvrir, que leur armée de première ligne ; et ses effectifs étaient loin d'atteindre le chiffre déclaré par eux. Aussi, le 2 avril, lors de la visite à Kalisch du roi Frédéric-Guillaume au tsar, Stein avait-il écrit : « Le roi de Prusse a été peu satisfait du nombre des troupes russes. » Mais le traité était signé : il était trop tard !

A ces troupes les Français opposaient : les garnisons des places fortes Stettin, Custrin, Spandau, Glogau, Thorn, Dantzick, Modlin, Zamosc, Czenstochau, Magdebourg, Wittenberg, Torgau, soit 69,250 hommes (2) ; puis les troupes en campagne

(1) Au mois de mai, 10,600 hommes renforcèrent les troupes d'investissement de Modlin et de Dantzick ; les autres troupes ne furent prêtes que beaucoup plus tard.

(2) A Stettin, le général de division Grandeau avec 7,715 hommes, 148 canons ; à Custrin, le général de brigade Fournier d'Albe avec 3,372 hommes ; à Spandau, le général de brigade Bruny avec 2,026 hommes ; à Glogau, le général de brigade Laplane avec 4,501 hommes ; à Thorn, le général de brigade Poitevin de Morellhon avec 3,908 hommes ; à Dantzick, le général de division Rapp avec 27,328 hommes ; à Modlin, le général de division Daendels avec 4,300 hommes ; à Zamosc, le général de division Haucke, avec 4,000 hommes ; à Czenstochau, 1,200 hommes ; à Magdebourg, le général de division Haxo avec 5,000 hommes (?) (un rapport des Arch. nationales donne 15,261 hommes, mais ce nombre renferme les deuxièmes bataillons réorganisés des Ier et IIe corps) ; à Wittenberg, le général de division Lapoye avec 3,000 hommes ; à Torgau, 2,000 Saxons ; soit 69,250 hommes.

sous le commandement direct du vice-roi (1), soit 44,110 hommes et 81 canons. A ces troupes allaient se joindre : le corps de Lauriston dont la formation était suffisamment avancée pour qu'il pût entrer en ligne, et qui comptait alors trois divisions fortes de 22,900 hommes et 34 bouches à feu (2) ; les premières divisions des Ier et IIe corps (bataillons d'Erfurt), sous Davout et Victor, 17,033 hommes et 24 bouches à feu (3) ; les 1er et 2e corps de cavalerie renfermant 3,373 sabres (4) ; 500 gendarmes. — Sur la ligne de l'Elbe se trouvaient encore les troupes des généraux Morand et Carra Saint-Cyr, soit 6,000 hommes, 14 canons, et les 20,000 hommes, 32 canons du général Vandamme (5), qui arrivaient. Les Français allaient donc avoir dans la première quinzaine de mars en contact avec l'ennemi : 193,166 hommes, dont 113,360 et 185 bouches à feu étaient déjà en présence des Russes.

(1) XIe corps, 25,128 hommes, 46 canons; garde, 4,227 hommes, 9 canons; corps de Reynier (Saxons), la division Durutte, les Bavarois, les Polonais, 14,755 hommes, 26 canons. (Archiv. nationales, A. F., IV, 1651. Situation du 13 mars.)

(2) La 4e division (division Rochambeau), forte de 7,000 hommes, n'était pas encore, dans la première quinzaine de mars, en état d'entrer en campagne.

(3) Ier corps, divisions Philippon et Pouchelon, 10,567 hommes; IIe corps, division Dubreton, 6,466 hommes. (Arch. nationales; Arch. Guerre.)

(4) 1er corps, Latour-Maubourg, 1,481 hommes ; 2e corps, Sebastiani, 1,892 hommes; (Arch. nationales; Arch. Guerre.)

(5) Surtout formées des divisions Dumonceau et Dufour, constituées par les quatrièmes bataillons des anciens Ier, IIe, IIIe corps de la grande armée.

En arrière et en seconde ligne se trouvaient les troupes en formation : la 4ᵉ division de Lauriston (la division Rochambeau), forte de 7,900 hommes; puis l'armée du Main nouvellement organisée par l'empereur, et composée du IIIᵉ corps (5 divisions), sous Ney; du IVᵉ corps (3 divisions), sous Bertrand; du VIᵉ corps (3 divisions), sous Marmont; du XIIᵉ corps (3 divisions), sous Oudinot; du reste de la garde (la vieille et la jeune) sous Mortier. Toutes ces troupes formaient une masse de 142,905 hommes et 320 bouches à feu (1).

Telles étaient les forces en face desquelles les troupes russes allaient se trouver en présence. Quand les organisations allaient être complètement terminées, 169,295 Russes, 24,562 cosaques et 305 bouches à feu allaient avoir à lutter contre 336,071 Français et 505 canons. On comprend donc combien l'armée prussienne devait former pour les Russes un précieux appoint.

D'après le traité du 8 octobre 1808, la force de l'armée prussienne avait été fixée par Napoléon à 42,000 hommes. Une partie des troupes alors sous les armes fut licenciée, et les soldats, sous le nom de krumpers, rentrèrent dans leurs foyers.

(1) Division Rochambeau, 7,900 hommes; IIIᵉ corps, 48,605 hommes, 108 canons; IVᵉ corps, 24,400 hommes, 46 canons; VIᵉ corps, 23,000 hommes, 62 canons; XIIᵉ corps, 24,000 hommes, 52 canons; garde, 15,000 hommes, 52 canons (non comptée la division Barrois, 8,000 hommes, 38 canons).

En 1812, malgré les termes formels du traité, cette armée comptait 56,360 hommes (1) dont 44,694 pouvaient être immédiatement utilisés. En déduisant de ces chiffres le corps auxiliaire, les troupes restées sur le territoire prussien ne s'étaient pas élevées à plus de 34,000 hommes, pendant la durée de la campagne de Russie.

Le 1ᵉʳ mai 1813, c'est-à-dire un mois après la signature du traité d'alliance, cette armée avait crû dans une proportion formidable.

En première ligne, les corps de Blücher, d'York, de Bülow et de Borstell (2) comptaient 56,638 hommes

---

(1) Corps auxiliaire, 22,360 hommes, 60 canons; troupes dans la Prusse orientale, 3,850 hommes; à Graudenz, 4,200 hommes; en Poméranie, 5,850 hommes; en Brandebourg, 4,200 hommes; en Silésie, 15,900 hommes; domestiques et artisans, 4,277. (OSTEN-SACKEN.)

(2) Corps de Blücher, 27,600 hommes, 84 canons; corps d'York, 16,000 hommes, 68 canons; corps de Bülow, 7,400 hommes, 36 canons; corps de Borstell, 4,000 hommes, 16 canons; renforts, 1,629 hommes; soit un total de 56,638 hommes, 204 canons, dont 10,000 cavaliers.

En 1807, Scharnhorst avait demandé à ce que l'on ne perdit pas de vue la possibilité de former des réserves: il prévoyait un appel annuel des recrues, compensé par des licenciements correspondants. Ces mesures furent approuvées le 6 août 1808. Mais ce n'est qu'en 1812 que ce système fut complètement appliqué, parce que les régiments étaient opposés à cette innovation; ils trouvaient plus commode d'appeler les recrues à titre définitif. En 1812, l'on ne comptait pas plus de 30,800 krumpers plus ou moins exercés. Les ressources en hommes étaient donc insuffisantes. C'est ce qui explique le petit effectif de l'armée prussienne de première ligne; ce n'était, à proprement parler, que l'armée régulière renforcée à l'effectif de guerre. (CAVAIGNAC, d'après WILLISON.) — Les hommes complètement inexercés, les krumpers et quelques anciens soldats constituèrent les formations nouvelles (bataillons de réserve, etc.). « Il fallait leur apprendre à marcher et à tirer, »

et 204 bouches à feu. — Les troupes de seconde ligne, destinées à renforcer les troupes de première ligne et à former des corps d'investissement, s'élevaient à 47,750 hommes et 60 canons (1). — Enfin les troupes de troisième ligne, affectées au service de l'intérieur, comprenaient 30,280 hommes (2).

Le total de l'armée prussienne était donc, en mai 1813, de 134,668 hommes, 264 bouches à feu (3).

écrivait York. (Hollenen.) Au bout de six semaines, on s'aperçut que les recrues neuves valaient les krumpers. Les nouvelles unités, dites unités de réserve, formèrent l'armée de deuxième ligne. Quelques-unes de ces nouvelles unités allèrent pourtant au feu dès le début; ainsi Blücher avait avec lui 5 bataillons de cette formation. Nous connaissons exactement la composition de ces troupes de réserve qui se trouvaient avec Bülow. L'unité la plus favorisée au point de vue des anciens soldats comptait 276 anciens soldats, 320 krumpers, 196 recrues; la moins favorisée n'avait que 11 anciens soldats, 180 krumpers et 595 recrues. (Plottwitz, *Beiträge*.) Ces hommes, il est vrai, étaient solidement encadrés : les officiers provenaient pour la plus grande partie des anciens officiers rendus disponibles après Tilsit. (*Id.*)

Les troupes de landwehr ne prirent pas part à la campagne de printemps, elles étaient en formation.

(1) Corps d'investissement de Stettin, 10,000 hommes, 16 canons; corps d'investissement de Glogau, 4,600 hommes, 8 canons; troupes en formation, 22,350 hommes, 36 canons; corps francs et formations diverses, 9,000 hommes.

(2) Surtout formées de dépôts. La landwehr organisée plus tard n'est pas comprise dans ces chiffres; elle s'éleva à 120,504 hommes.

(3) Ces chiffres sont ceux d'Osten-Sacken. Plotho donne : 1re ligne, 57,161 hommes; 2e ligne, 43,800 hommes; 3e ligne, 27,610 hommes; soit 128,571 hommes.

Schœnhonst donne : 1re ligne, 65,675 hommes; 2e ligne, 5,990 hommes; 3e ligne, 30,083 hommes; total, 131,748 hommes.

En adoptant les chiffres d'Osten-Sacken, on peut remarquer que la réunion des armées russes et prussiennes formait un ensemble de 303,963 hommes, 24,562 cosaques et 769 canons, contre lequel l'armée française allait avoir à lutter.

Un tel secours était donc loin d'être négligeable.

Ni Hardenberg, ni Napoléon n'avaient cru de prime abord possible de mettre sur pied tant de troupes, en si peu de temps, alors que la moitié du territoire était occupée par des armées ennemies. Il en était résulté que l'un et l'autre avaient commis une grosse faute : Hardenberg en ayant évalué, dans son projet de traité, l'effectif de l'armée prussienne à un chiffre trop inférieur (1), ce qui avait autorisé les Russes à croire les Prussiens absolument forcés de s'unir à eux; aussi en avaient-ils profité pour leur imposer des conditions auxquelles la Prusse, si elle avait eu conscience de sa force, n'aurait jamais dû souscrire; Napoléon, en ayant cru la Prusse incapable d'armer aussi rapidement et en l'ayant par conséquent traitée avec autant de légèreté. Les Russes seuls s'étaient fait une idée juste de la situation : ils avaient vu qu'il se préparait en Prusse un mouvement analogue à celui qui, en France, avait poussé aux frontières envahies les volontaires de 1792, un soulèvement du peuple; ils avaient senti que les masses se remueraient lorsque dans leurs proclamations ils prêcheraient la guerre sainte contre l'étranger : c'était donc à elles qu'ils s'étaient adres-

---

(1) Hardenberg ne croyait pas pouvoir mettre en ligne plus de 80,000 hommes, ainsi qu'il ressort de l'article 7 du projet de traité (page 272). Les Russes ont repris cette clause dans le traité définitif, article 3 du traité (page 336).

sés : « La victoire est l'œuvre de Dieu. » — « Nous n'avançons pas comme des ennemis, nous n'avons pas la guerre avec vous ; nous venons délivrer l'Allemagne du joug tyrannique des Français, et, si Dieu le veut, nos drapeaux flotteront avec gloire pour votre salut... (1) »

Ces paroles devaient être entendues, et la Prusse entière devait se soulever à l'appel des étrangers d'abord, à celui de son souverain ensuite, quand il aurait eu compris l'importance du moment et la force du sentiment national.

(1) Proclamations russes. (Arch. nationales, A. F., IV, 1651 ; 1652.)

CHAPITRE VI

LA RUPTURE

I. Avis pessimistes de Saint-Marsan sur la situation. — Note de Bassano du 6 mars. — Comptes prussiens, comptes français. — Entrées de Wittgenstein à Berlin, d'Alexandre à Breslau. — Déclaration de guerre remise à Saint-Marsan. — Réponse de Saint-Marsan. — Nouvelles instructions de Bassano. — Publication de la déclaration de guerre. — A mon peuple. — A mon armée. — Création de la Croix de fer. — Création de la landwehr et de la landsturm. — Réhabilitation du général York : son entrée à Berlin. — Enthousiasme en Prusse.

II. Convention de Breslau. — Proclamation de Breslau : son inutilité, son danger, son excuse. — Plan de campagne. — Organisation de l'armée en Silésie. — Départ de Saint-Marsan. — Déclaration de guerre remise à Bassano. — Protestation de Bassano. — Rapport de Bassano à l'empereur. — Réponse de Bassano. — Départ de la mission prussienne.

I

Saint-Marsan n'a rien deviné des derniers événements; il sait seulement qu'Anstett et Stein sont à Berlin (1), mais il croit que c'est pour traiter la question de la neutralité; rien de ce qui s'est passé n'a

(1) Saint-Marsan à Bassano : voy. p. 333. — Lettre du 26 février. (Arch. des Aff. étrangères, Prusse, 252.)

donc transpiré. Depuis l'arrivée des envoyés russes, il reconnaît, il est vrai, que la Prusse se détache de la France, mais il lui semble que ce n'est qu'à regret; il pense que, si on la satisfaisait sur quelques-unes de ses demandes, elle reprendrait de nouveau la ligne de conduite qu'elle avait suivie jusqu'à ce moment (1). Cet « homme aimable », à « opinion modérée », à « ton de la meilleure compagnie », à « douceur parfaite », n'est pas l'homme des heures difficiles. A cette date du 2 mars, alors que depuis trois jours le traité est signé, il se laisse encore berner.

Il fait même entendre dans sa correspondance qu'il est presque de l'avis d'Hardenberg, et que si, dans les circonstances actuelles, un des gouvernements commet une faute, c'est le sien, « en traitant la Prusse de la manière la plus dure, et en la laissant sans réponse sur un sujet aussi important que celui des avances (2) ». Il excuse presque le roi qui, « quelle que soit sa bonne volonté, se voit paralysé dans toutes ses mesures, et exposé à être entraîné par la force des circonstances (3). »

Cependant la nouvelle de la mise en activité du général Blücher et de sa nomination au commandement d'un corps de troupes, lui paraît d'un mauvais au-

---

(1) Saint-Marsan à Bassano, Breslau, 2 mars. (Arch. des Aff. étrangères, Prusse, 252.)
(2) Saint-Marsan à Bassano, Breslau, 27 février. *(Id.)*
(3) Krusemark à Saint-Marsan, Paris, 2 mars. *(Id.)*

gure : « Je viens de recevoir des avis, écrit-il en postscriptum à sa lettre du 2, qui font croire que la Prusse s'est décidée, et que les menaces et les promesses des Russes ont produit leur effet. J'apprends que le général Blücker (Blücher) vient d'être mis en activité, et qu'il commandera un corps. On croit qu'incessamment il y aura un mouvement de troupes (1). »

Il vient enfin d'apprendre la vérité ; mais elle le surprend si péniblement, qu'il a peine à y croire !

Bientôt, cependant, il n'y a plus de doute ; les événements donnent raison aux avis reçus. Bien qu'officiellement la Prusse ne se soit pas déclarée, la déclaration semble prochaine. « Il paraît qu'on attend, pour faire quelque déclaration, que l'armée française ait repassé l'Elbe, soit pour éviter la tache d'une trahison, soit pour dire que le roi abandonné de son allié, et se trouvant à la merci de l'ennemi, a dû prendre des mesures énergiques d'un côté, et adopter de l'autre un système conforme aux circonstances. » Malgré ce retard, il est pourtant évident que l'on sent « la volonté efficace de se mettre en mesure », mais cette impression est encore si peu nette, que l'on ne

---

(1) Saint-Marsan à Bassano, Breslau, 2 mars. (Arch. des Aff. étrangères, Prusse, 252.) — Le 28 février, le roi de Prusse écrit à Blücher : « J'ai résolu de vous donner le commandement des premières troupes qui entreront en campagne... La mission importante que je vous confie vous montrera la confiance que j'ai en vos talents militaires et en votre patriotisme, et je suis assuré que vous y répondrez, et que vous me donnerez l'occasion, ainsi qu'à votre patrie, de vous en témoigner toute notre reconnaissance. (HOLLEBEN, I, 161.)

peut « préjuger contre qui ». Seules « la voix publique qui annonce un changement de système et les négociations secrètes avec la Russie, ainsi que la nomination du général Blücher au premier corps qui sera rendu mobile », donnent du poids à cette hypothèse. Tout ceci ne confirme-t-il pas les pressentiments que Saint-Marsan a depuis quelques jours? La même dépêche contient l'annonce de l'enlèvement de Lefebvre par un parti de cosaques aux environs de Potsdam (1).

Ce jour-là, il a encore une entrevue avec Hardenberg, qui est « un peu exalté », et qui lui dit : « Personne moins que moi ne doute de tout ce que la France peut faire et fera : que n'a-t-elle fait la moindre chose pour nous! » Est-ce un aveu? Saint-Marsan semble le croire, car le chancelier lui paraît « frappé de toutes les conséquences, qui sont à prévoir de l'état des choses actuel ». En tout cas, il est presque convaincu à la sortie de l'entretien, « que la Prusse a pris des engagements positifs avec la Russie (2) ».

Le 11, il ne doute plus qu'il y ait des engagements pris; il ignore seulement la nature exacte de ces engagements : « Il paraît que la Russie presse beaucoup pour que l'on se décide, et qu'ici on temporise, soit parce qu'on ne voudrait pas se déclarer avant

---

(1) Saint-Marsan à Bassano, Breslau, 4 mars. (Arch. des Aff. étrangères, Prusse, 252.)
(2) Saint-Marsan à Bassano. — Post-scriptum de la lettre du 4.

que l'armée ait repassé l'Elbe, et soit enfin parce qu'on doit avoir au moins l'air d'attendre, si S. M. l'empereur fait quelque réponse au courrier expédié le 15 février au prince de Hatzfeld et à M. de Krusemark (1) ; mais, au reste, on est trop avancé pour reculer, et l'opinion publique est trop influente sur les opérations du cabinet, pour qu'on puisse songer à modérer même le nouveau système adopté. » Malgré cette situation, on « ne change rien aux égards et aux formes vis-à-vis de lui. » (2) Comment d'ailleurs pourrait-on rompre brusquement avec un ministre aux manières si courtoises?

Si, à Berlin, on attendait une réponse aux propositions d'armistice contenues dans la note d'Hardenberg du 15, à Paris, ces propositions semblaient tellement extraordinaires et tellement déplacées, qu'on ne les prenait même pas en considération. Aussi, on affectait de ne pas avoir eu connaissance, et on n'y répondait pas ; on contentait d'envoyer à Saint-Marsan des instructions sur la question des approvisionnements des places fortes. On se décidait pourtant à examiner les comptes de la Prusse.

Bassano rappelait, dans une note datée du 6 mars que la Prusse s'était engagée à fournir « des voitures, charrois, munitions de guerre, dont le prix serait

---

(1) Voir plus haut la note d'Hardenberg du 15, page 255.
(2) Saint-Marsan à Bassano, Breslau, 11 février. (Arch. des Aff. étrangères, Prusse, 252.)

imputé sur les contributions, ou payé à la fin de la campagne ». Ces versements et livraisons devaient être effectués « en totalité, avant que le compte général de leur quantité et valeur, ainsi que celui du capital et des intérêts des contributions, fût arrêté. Il devait alors être pris de nouveaux arrangements entre les hautes parties contractantes pour l'acquittement du solde qui résulterait des comptes à charge de l'une ou de l'autre (1) ». La France n'était donc tenue à remplir ses obligations qu'à deux époques : « à la fin de la campagne, ou au moment où, les versements et livraisons ayant été effectués en totalité, de nouveaux arrangements seraient pris. » Or actuellement la campagne n'était pas encore terminée, puisque les « hostilités n'avait été suspendues, ni de droit par un armistice, ni de fait, qu'elles avaient continué, et continuaient encore ». Quant aux versements et aux livraisons, la Prusse était en retard : non seulement ils n'avaient pas été « effectués en totalité aux époques convenues, mais même il était douteux qu'ils le fussent à ce moment-ci ». La France pouvait donc ne pas « remplir ses engagements, » car l'époque où ils auraient du être remplis n'était pas encore arrivée. Cependant l'empereur consentait à titre gracieux, eu égard aux charges de la Prusse, et de manière à ce qu'on ne puisse pas le lui reprocher plus tard, à don-

(1) Voir dans DE CLERCQ le texte de la convention du 14 février 1812 (art. 9, 10, 13).

ner l'ordre à ses agents « de former un aperçu général, et, à cet effet, de rassembler les documents qu'il eût été de l'intérêt de la Prusse de fournir elle-même. En attendant ces résultats, Sa Majesté, péniblement affectée de la situation dans laquelle les événements et la guerre avaient placé son allié,... avait ordonné que tous les approvisionnements nécessaires à son armée fussent, sur le territoire de la Prusse, faits à ses propres frais » . Tels étaient, en effet, les ordres donnés; et si l'empereur avait dû pour les places de l'Oder suspendre cette mesure, c'était à cause de leur situation difficile. L'empereur allait encore plus loin : il était même prêt « à nommer dès à présent une commission, pour procéder avec les commissaires qui seraient nommés par la Prusse aux liquidations et décomptes à faire » . Bien plus même, il « ne voulait pas attendre le résultat définitif du travail de la commission : lorsque la situation respective aurait été établie simplement par aperçu, Sa Majesté serait prête à commencer les payements qui seraient à sa charge, dès que la Prusse aurait fourni le contingent qu'elle devait donner, et que depuis longtemps elle promettait » . En outre, il avait été stipulé le 24 février 1812 que, comme sûreté du payement de la dette de la Prusse, « les États des provinces prussiennes » fourniraient des actes de garantie, « qui seraient remis au roi contre une obligation de même valeur. Cette obligation n'avait point été fournie par la Prusse, et l'échange restait à consommer. Sa Majesté désirant, autant qu'il lui était possible, aller au-devant de ce qui pouvait être utile à son allié, offrait de lui remettre purement et simplement et sans échange les actes de garantie, si la Prusse pouvait en faire des moyens de ressource et de crédit, et si elle le désirait (1) ».

Napoléon se serait-il aperçu de la faute qu'il a commise? et veut-il la réparer par des concessions tardives — bien tardives — à la Prusse? Ou bien, prévoyant qu'il est réellement trop tard pour négocier efficacement, et craignant de voir la Prusse se déclarer trop tôt, veut-il l'amuser et gagner du temps? Ou bien encore, veut-il avoir l'air de pousser les concessions jusqu'à leur extrême limite, de manière à pouvoir accuser dans la suite son adversaire de mauvais vouloir?

Il semble que ce soit cette dernière manière de voir qui soit la sienne, car Bassano recommande à Saint-Marsan « de faire valoir toutes ces considérations, mais avec ménagement et douceur, mais par des publications verbales, sans laisser et remettre un écrit ni confidentiel, ni officiel (2). Vous devez éviter tout ce qui peut blesser et précipiter des mesures qu'il faut mettre tous vos soins, toute votre habileté à

---

(1) Bassano à Saint-Marsan, 6 mars. (Arch. des Aff. étrangères, Prusse, 32.)
(2) La phrase est soulignée dans la minute des Affaires étrangères.

éloigner; au moins placer les affaires dans une telle position que, si le système du roi peut alors être encore actuel, les conseils et la prudence se feront entendre d'une manière plus assurée... Jusque-là, dissimulez, et ne cherchez qu'à gagner du temps (1) ».

Comme complément à ces instructions, et pour leur donner un commencement d'exécution, l'empereur fait examiner les comptes de la Prusse. C'est à 94,628,574 fr. 75 que s'élève la dette de la France, d'après Beguelin. Cette dette se décompose de la manière suivante : « 44,255,125 fr. 83 pour fournitures en suite des conventions, et 76,375,448 fr. 92 pour fournitures en sus des conventions. » Le total donne 120,628,574 fr. 75. Mais il faut en déduire le reste de la contribution de guerre due par la Prusse, soit 34,000,000, dont il faut retrancher 8,000,000 de francs, « comme bonification d'après la convention du 8 décembre 1808. » La somme totale à déduire se réduit donc à 26,000,000 de francs. Il en résulte que, d'après le compte prussien, la France doit 94,628,574 fr. 75 (2).

D'après le Trésor français, on était loin de ces chiffres : ses comptes établissaient « que la Prusse

(1) La minute des Affaires étrangères est très raturée, et la dernière phrase se trouve surchargée; aussi, ne garantissons-nous pas l'exactitude de notre lecture. — Bassano à Saint-Marsan, Paris, 6 mars, deuxième note. (Arch. des Aff. étrangères, Prusse, 252.)

(2) Mémoire présenté par Beguelin, 28 février. (Arch. des Aff. étrangères, Prusse, 252.)

devait pour solde de compte, tant sur les intérêts que sur les capitaux à l'époque du 1er avril 1812, 48,128,176 fr. 86. Dans ce débit se trouvaient compris 3,700,000 francs en obligations de la Marche littorale qui avaient été données en payement de la contribution de guerre, et dont le payement avait toujours été contesté, mais l'on n'en avait jamais réclamé l'intérêt. De plus, les intérêts courus depuis le 1er avril 1812 jusqu'au 31 mars 1813 à raison de 5 pour 100 : soit 2,221,408 fr. 80 (1). » Le total s'élevait donc à 50,349,585 fr. 66.

Les comptes français n'étaient donc nullement d'accord avec les comptes prussiens : il y avait entre eux 24,349,585 fr. 74 d'écart. Mais qu'était-ce que cette différence, puisque, suivant la volonté de l'empereur fermement arrêtée, le règlement n'aurait pas lieu et que tous ces relevés n'étaient que des trompe-l'œil?

Sur ces entrefaites, Wittgenstein avait fait le 11 une entrée triomphale à Berlin. Le prince Henri de Prusse, qui était allé au-devant de lui, était à ses côtés. Le cortège, formé par la garde bourgeoise, des dragons, de l'infanterie et des cosaques, s'avançait au

---

(1) Note ni signée, ni datée, mais accolée à celle de Beguelin. (Arch. des Aff. étrangères.)

L'article 1er de la convention du 24 février 1812 portait : « Pendant le temps que les troupes françaises se trouvent sur le territoire de S. M. le roi de Prusse, et pendant toute la durée de la guerre avec la Russie, si elle vient à avoir lieu, le payement en argent des contributions restant dues par S. M. le roi de Prusse sera suspendu, les intérêts courront à la charge de Sa Majesté. » — DE CLERCQ.

milieu d'une haie de peuple qui acclamait le général russe et l'empereur Alexandre. Les cris de : « Vive l'empereur Alexandre ! » auxquels répondaient ceux de : « Vive le roi Frédéric-Guillaume ! » excitaient l'enthousiasme. La ville était illuminée. Le soir, il y avait eu un diner chez le prince Henri. Les membres de la famille royale affichaient ainsi ostensiblement leurs préférences russes. Il en était de même des hauts fonctionnaires du gouvernement, car, le lendemain 12, il y avait eu un second diner chez le ministre von der Goltz. La cocarde prussienne était portée par les Russes, et la cocarde russe par les Prussiens. Personne ne songeait donc plus à cacher l'entente qui existait entre les deux peuples, bien qu'aucune communication officielle n'eût encore autorisé cette manière d'agir (1).

Trois jours plus tard, c'était Alexandre qui arrivait à Breslau. Le roi, accompagné de ses fils, du prince Auguste de Prusse, et suivi d'une maison nombreuse, était allé au-devant de l'empereur jusqu'à Oels. « L'entrée dans la ville avait eu lieu, à quatre heures du soir, au milieu des hourras interminables des soldats et du peuple. » — « La garnison était sous les armes ; elle occupait toutes les rues, depuis les portes de la ville jusqu'au palais du roi, où l'empereur était logé. » La ville était illuminée ; le roi pourtant n'avait donné aucune

---

(1) Lettre du conseiller de Raabe à M. Haenlein. (Arch. nationales, A. F., IV, 1690.) — *Journal de Berlin*, 13 mars. (Arch. nationales, A. F., IV, 1652.)

fête : « On suppose que c'est la présence des ministres étrangers qui en est cause, puisqu'ils se trouvent tous appartenir à des puissances qui sont en guerre avec la Russie, savoir : la France, l'Autriche, la Bavière, la Saxe. » Les réjouissances officielles se bornent donc à des bals donnés par le vieux maréchal de Kalkreuth, le chancelier, et un établissement public nommé *la Ressource* (1).

Le dernier vœu formé par Knesebeck avant son départ du quartier général russe se trouvait ainsi réalisé : l'empereur de Russie venait faire une visite à son allié, pour dissiper les inquiétudes nées un peu tard à la suite de la signature précipitée du traité. « On nous donne toutes sortes d'assurances, mais extrêmement générales, et il me paraît qu'on doit des explications formelles sur ce qui est relatif à la Pologne » (2), avait dit Hardenberg. Cette confidence est précieuse : les hésitations, les objections de Knesebeck ont donc ébranlé la superbe assurance du chancelier. Le traité est signé, il est vrai, mais sa signature est une faute, qu'il convient d'atténuer : il faudra le modifier, et le compléter par de nouveaux arrangements. Dans sa forme actuelle, c'est une œuvre imparfaite : il ne saurait donc être considéré

---

(1) Rapport au prince vice-roi. (Arch. nationales, A. F., IV, 1652.) — Saint-Marsan à Bassano, Breslau, 17 mars. (Arch. des Aff. étrangères, Prusse, 252.)

(2) Lebzeltern à Metternich, 8 avril : ONCKEN, I, 279.

comme le pacte définitif de l'alliance ; aussi la diplomatie prussienne va-t-elle se mettre à l'œuvre pour reconquérir, et recouvrer ce qu'elle a abandonné d'une manière si inopportune.

Après ces démonstrations éclatantes en faveur de la Russie, il semble difficile de ne pas rompre ouvertement avec la France : la situation de la Prusse vis-à-vis du gouvernement impérial est trop fausse. Aussi le 16, le chancelier remet-il à Saint-Marsan une note, que ce dernier transmet aussitôt.

Fort sèchement, Hardenberg y expose que le roi n'avait eu depuis le traité de Tilsit d'autre but, que de « rendre à ses peuples un état de tranquillité qui leur permît de se relever successivement des malheurs et des pertes sans nombre qu'ils venaient d'éprouver ». A cet effet, il avait « rempli avec exactitude les engagements qu'il avait été forcé de contracter par cette paix ». C'est alors qu'une nouvelle guerre avait éclaté, et qu'il ne lui avait pas été possible de conserver la neutralité, étant données la position géographique de ses États, « et la perspective de certaines mesures destructives qui les attendaient de la part de la France, s'il se fût refusé à ce que l'on exigeait de lui ». Aussi s'était-il résigné à souscrire des engagements souverainement onéreux et à signer le traité d'alliance du 24 février, et les conventions qui l'accompagnaient, « dans l'espérance d'avoir obtenu pour la Prusse l'appui solide, et, en cas de besoin, le secours efficace dont, après tant de revers, il sentait davantage la nécessité ».

Il avait espéré que le gouvernement français « accomplirait de son côté, avec la même exactitude, les engagements qu'il avait contractés envers lui ». Or, tandis que les troupes prussiennes versaient leur sang pour la France, que le pays était écrasé par des charges multiples, « la France ne remplissait à aucun égard les obligations contractées... Il était stipulé que la garnison de Glogau serait approvisionnée aux frais de la France à compter de la date du traité, et celles de Custrin et de Stettin depuis l'entier acquittement de la contribution : celle-ci était soldée et même au delà, dès le mois de mai de l'année dernière, par les livraisons auxquelles on avait pourvu. Cependant la Prusse resta chargée de l'approvisionnement de ces trois garnisons, sans qu'aucunes représentations eussent pu effectuer ce que la justice et la lettre du traité réclamaient. On s'était flatté du moins que, suivant la promesse récente de S. M. l'empereur, le pays autour de ces places, comme le territoire prussien, seraient désormais à l'abri de toutes réquisitions forcées ; mais, au même instant où on devait se livrer à cette espérance, les commandants reçurent l'autorisation formelle de prendre à dix lieues autour de la forteresse tout ce dont ils croiraient avoir besoin, ce qui s'exécuta avec toute la violence qui était à prévoir. On était convenu que les comptes des avances de la Prusse, pour livraisons de tout genre, seraient réglés de trois mois en trois mois, et le solde payé comptant à la fin de la campagne. Mais on n'obtint pas même que ces comptes fussent examinés, et lorsque le solde s'élevait à des sommes très fortes, dont à chaque moment on était prêt à fournir les preuves, lorsque à la fin de l'année, il montait à 94 millions de francs, les plus vives instances ne purent effectuer seulement le payement d'un acompte, bien que le roi eût momentanément borné sa demande à une somme au-dessous de la moitié, et que le besoin urgent et absolument indispensable qu'on en avait eût été démontré avec la dernière évidence. La clause du traité d'alliance qui assurait la neutralité à une partie de la Silésie ne pouvait, dans les circonstances survenues depuis, avoir son effet, à moins que la Russie n'y acquiesçât de son côté, et cet acquiescement supposait, de toute nécessité, qu'on traitât de cet objet. Cependant l'empereur fit déclarer qu'il ne pouvait consentir à ce que le roi envoyât quelqu'un dans ce but à l'empereur Alexandre, et, en rendant ainsi la stipulation entièrement illusoire, il la retira et l'annula dans le fait. De nouvelles atteintes furent portées encore aux droits les plus incontestables du roi par la disposition arbitraire qu'on crut pouvoir se permettre à l'égard du corps de troupes prussiennes qui était occupé à se former en Poméranie sous le général Bülow, en l'appelant à se joindre à la division du duc de Bellune et en le mettant sans aveu préalable de Sa Majesté sous les ordres de ce maréchal, ainsi que par la défense de tout recrutement quelconque dans les États prussiens occupés par les troupes françaises, qui fut publiée par ordre de S. A. I. le prince vice-roi d'Italie, sans en prévenir Sa Majesté. Jamais sans doute la souveraineté d'un prince ami ne fut attaquée d'une manière plus terrible. »

Aussi « le gouvernement français, en ne tenant aucun compte des stipulations principales du traité d'alliance en faveur de la Prusse qui cependant en formaient autant de conditions essentielles, et sans lesquelles cette dernière n'aurait jamais pu, quelles qu'en eussent dû être les suites, souscrire aux engagements qu'on lui imposait, l'a dégagée lui-même des obligations réciproques de son contenu ».

Dans ces conditions, la Prusse, « abandonnée à elle-même, sans espoir d'un secours efficace de la part d'une puissance à laquelle elle était liée, et dont elle n'obtenait pas même les objets de la plus stricte justice, qu'il ne tenait qu'à celle-ci de lui accorder, voyant les deux tiers de ses provinces épuisées, et leurs habitants réduits au désespoir, » a pris « conseil d'elle-même pour se relever et se soutenir ». Le roi a donc cherché à sortir de la situation dans laquelle il se trouvait, de manière à « rendre à sa monarchie l'indépendance, qui seule peut assurer sa prospérité future ». C'est pourquoi, « Sa Majesté vient de prendre les mesures que d'aussi graves circonstances exigeaient, et vient de s'unir par une alliance étroite à S. M. l'empereur de toutes les Russies (1) ».

Tels sont les griefs de la Prusse. Désormais, il n'y a plus de doute. Ils sont énoncés en termes nets et précis. Saint-Marsan même ne peut s'y tromper : « Je reçois la note ci-jointe qui est une déclaration de guerre en forme. On m'a en même temps demandé un passeport pour un courrier à expédier à Paris. Je réponds dans la journée à la note du baron d'Hardenberg par le peu de mots que je joins également ici. J'ai cru ne devoir rien articuler dans cette réponse de relatif à l'objet auquel elle se rapporte, n'étant muni d'aucune instruction. La note était accompagnée d'un billet amical du chancelier, rempli de compliments personnels et qui se termine en disant : — J'espère vous voir encore avant de nous séparer. — Je me presserai le moins possible de partir, mais il sera difficile que je puisse attendre la réponse à mon courrier... Dès que j'aurai quitté Breslau, c'est à Prague, comme l'endroit le plus proche, que j'attendrai les ordres de S. M. l'empereur (2). »

Le coup était si inattendu pour Saint-Marsan qu'il

---

(1) Note d'Hardenberg à Saint-Marsan, Breslau, 16 mars. (Arch. des Aff. étrangères, Prusse, 252.) FAIN, I, 143 et suiv.

(2) Saint-Marsan à Bassano, Breslau, 17 mars. (Arch. des Aff. étrangères.)

était pris au dépourvu et se trouvait par suite, sans instructions; n'ayant pas prévu un tel dénouement, il ne sait que répondre : « Le soussigné, envoyé extraordinaire et ministre plénipotentiaire de S. M. l'empereur des Français, roi d'Italie, auprès de S. M. le roi de Prusse, a reçu la note que S. E. monsieur le baron d'Hardenberg, chancelier d'État, lui a fait l'honneur de lui adresser aujourd'hui, relative aux circonstances politiques de la Prusse. Il s'est empressé de la transmettre à son gouvernement par un courrier (1). » Tel est son accusé de réception : c'est correct, mais c'est insuffisant pour une réponse à une déclaration de guerre. C'est la réponse d'un homme embarrassé et décontenancé, surpris par une nouvelle imprévue, et non celle d'un ambassadeur avisé qui voit venir de loin les événements. Aussi, en la recevant, Hardenberg a-t-il dû se féliciter d'avoir aussi bien su endormir la vigilance de l'envoyé de France.

Le lendemain, Saint-Marsan voit Hardenberg; il apprend par lui, que si le roi n'a donné aucune instruction à son sujet, il a ordonné à Krusemark et à Hatzfeld de demander leurs passeports. Il restera donc à Breslau aussi longtemps qu'il le pourra (2).

Le jour même où Saint-Marsan reçoit la déclaration de guerre, Bassano discute encore avec Krusemark

---

(1) Saint-Marsan à Hardenberg, Breslau, 17 mars. (Arch. des Aff. étrangères.)
(2) Saint-Marsan à Bassano, Breslau, 18 mars. (*Id.*)

les dernières réclamations du gouvernement prussien, et s'efforce de lui démontrer que les griefs invoqués contre la France sont peu fondés. Pour ce qui est des places fortes, on a suivi « le cours ordinaire des choses tant que le théâtre de la guerre est resté éloigné de l'Oder » ; mais dès que, « par la suite des événements, ces forteresses se sont trouvées en état de siège, les généraux français ont dû prendre toutes les mesures nécessaires pour assurer aux places, dont la défense leur était confiée, les moyens de faire une longue et vigoureuse résistance. » Pour ce qui est des armements, l'article 2 de la convention du 24 février est très précis : aucune levée ne peut être faite tant que l'armée française se trouve sur le territoire prussien, si ce n'est de concert avec la France. Or « quoique les levées ne se fissent pas de concert, les généraux français n'y ont mis aucun obstacle, jusqu'au moment où la jeunesse appelée aux armes, dirigée et entraînée par un mauvais esprit, se joignit aux ennemis, comme le constatent les procès-verbaux qui ont été dressés lorsque, après les engagements qui ont eu lieu aux environs de Berlin avec la cavalerie légère russe, on a relevé les corps des hommes tués dans ces engagements, et parmi lesquels s'est trouvé, entre autres, celui du comte Schwerin (1) ».

A la suite de ces entretiens, Bassano rédige pour

(1) Bassano à Krusemark, Paris, 18 mars. (Arch. des Aff. étrangères, Prusse, 252.) Il s'agit du hourra sur Berlin.

Saint-Marsan de nouvelles instructions. Napoléon fait encore des concessions. Il sent que l'instant est critique, et peut-être maintenant a-t-il conscience de la faute commise! Il voit peut-être déjà l'Europe coalisée, la Prusse et la Russie se joignant à l'Autriche; car, depuis les raisons peu valables données pour justifier le retrait du corps auxiliaire autrichien du théâtre de la guerre, il s'aperçoit que cette puissance se détache de l'alliance; il se demande si, dans l'orbite où se meuvent la Russie, la Prusse et l'Autriche, les autres puissances de l'Europe ne seront pas infailliblement entraînées : la Suède, la Saxe, la Bavière et tous les peuples de l'Allemagne, et si par derrière on ne trouve pas l'Angleterre en quête d'une proie.

A cette coalition de peuples, que pourra-t-il opposer? — Son étoile. — Mais cette étoile, depuis les campagnes d'Espagne et de Russie, semble pâlir. Il n'a jamais été battu, il est vrai, mais une victoire est toujours incertaine; et, s'il est battu, l'édifice élevé péniblement, le grand empire, s'écroulera comme une construction dont les fondations ont été sapées, et, de même que les victoires ont jalonné les étapes de sa marche en avant, les défaites jalonneront les étapes de sa retraite. Et il se demande avec angoisse jusqu'où la coalition le poussera : quelles seront les nouvelles victoires qu'il faudra ajouter à Wagram, Eylau, Friedland, Iéna, Auerstædt, Austerlitz, Ulm, Marengo, Arcole, Rivoli, Castiglione; car si le résultat de toutes ces batailles est perdu, ce sera à nouveau l'invasion, ce seront les alliés sur le Rhin. S'il repasse ce fleuve, l'Europe le repassera derrière lui ; et alors il faudra revivre les journées d'angoisse de Valmy, de Jemmapes. Ce sera la fin. Or, tant qu'il se croit encore maître des événements, qu'il n'est pas encore saisi par les dents irrésistibles de leur engrenage, il est peut-être sage de faire des concessions. Pourvu qu'il ne soit pas trop tard !

Bassano écrit donc à Saint-Marsan : « Persister dans l'alliance, en faire une avec l'ennemi, ou embrasser la neutralité sont les trois partis qui se présentent » aux Prussiens. « Il convient donc, monsieur le comte, que, vous expliquant avec les ministres plus ouvertement que vous n'avez été jusqu'à présent dans le cas de le faire, vous appeliez leur plus sérieuse attention sur la conséquence de chacun de ces trois partis. Celui de s'allier à l'ennemi doit répugner à la droiture du roi. Il ne doit pas moins répugner à sa prudence... Sortir de l'état d'allié pour passer à l'état de guerre contre son allié serait un procédé après lequel toute réconciliation serait impossible, toute amitié pour jamais éteinte... Tout porte à croire que, malgré les difficultés de sa position, le roi est maître encore de persister dans son alliance. — [Il n'en est plus ainsi malheureusement, puisque le traité est déjà signé.] — Sa Majesté désire qu'il le fasse, et qu'il fournisse le contingent, qu'il doit donner en exécution des traités. Dans ce cas, Sa Majesté ne ferait aucune difficulté d'entrer immédiatement en règlement des comptes qui ne devait être fait qu'après la campagne, et de payer à la Prusse les sommes dont elle aurait besoin pour l'entretien du corps prussien. Jusque-là, il y aurait plus que de la simplicité à donner de l'argent à une puissance qui fait des armements, dont le motif et l'objet sont douteux... Toutefois, Sa Majesté ne demande point l'impossible : si la situation des esprits en Prusse et la position personnelle du roi sont telles, qu'il ne puisse être sûr de diriger son peuple et son armée dans le sens de l'alliance, Sa Majesté consentira à ce que la Prusse y renonce, ne fournisse point de troupes, et reste neutre, en maintenant sa neutralité en Silésie, comme elle paraît s'en être assurée... L'alliance finirait, mais elle ne serait pas violée. Un traité changerait ce qu'un traité précédent a fait. Sa Majesté serait déchargée de l'obligation éventuelle qu'elle a contractée, par la convention spéciale du 24 février, de procurer des agrandissements à la Prusse, mais elle consentirait à garantir son territoire actuel par le nouveau traité... Quant aux intérêts pécuniaires, ils seraient réglés à la fin de la campagne. Vous voyez, monsieur le comte, que Sa Majesté donne tout ce qu'elle peut donner à ses sentiments personnels pour le roi, et à la position où paraît se trouver ce prince, lequel semble dans l'impossibilité de faire prévaloir sa volonté dans les conseils, et son autorité dans ses États... Si la Prusse balance, vous ferez tous vos efforts pour présenter toutes les conditions de l'avenir et du moment pour la décider (1). »

Ces concessions sont importantes; jamais encore Napoléon n'en a fait d'aussi fortes. Il admet que, dans la lutte actuelle, la Prusse reste neutre! Un mois plus tôt, elles l'auraient peut-être empêchée de se tourner vers la Russie; aujourd'hui, il est trop tard; il y a huit jours que le traité est signé, et la déclaration de guerre est en route pour Paris.

Cependant, malgré l'état de tension de la situation, à Paris on ne désespère pas encore de gagner du temps; Bassano recommande à Saint-Marsan d'agir avec tous les ménagements possibles : « Vous userez de tous les ménagements nécessaires pour ne pas précipiter un éclat. » Il lui faut éviter de mettre de la chaleur dans les conversations, car il semble qu'il en ait mis : « Sa Majesté désire que vous fassiez effort pour vous maintenir dans le calme qui convient à la vraie dignité, et qui ne la compromet jamais. » En résumé, « ce que vous avez fait, ce que vous devez continuer à faire, c'est d'arrêter les déterminations de la Prusse, si elles doivent être en faveur de l'ennemi. C'est le but auquel vous devez tendre par tous les moyens. Tout ce que vous ferez dans ce sens con-

(1) Bassano à Saint-Marsan, Paris, 18 mars. (Arch. des Aff. étrangères, Prusse, 252.)

courra aux vues de Sa Majesté... Vous connaissez le but, et vous êtes plus à portée que nous, de juger les moyens qui peuvent y conduire (1). »

Le lendemain du jour où, à Paris, Bassano écrivait ces lignes, on lisait dans la *Gazette de Silésie :* « S. M. le roi a signé avec S. M. l'empereur de toutes les Russies une alliance offensive et défensive (2). » Le roi annonçait ainsi à son peuple le grand fait accompli ; il venait enfin de prendre parti : la rupture avec la France était donc non seulement consommée, mais encore rendue publique. Aussitôt, les mesures indispensables sont prises pour parer aux premiers incidents que cette situation nouvelle peut provoquer instantanément en Prusse.

A la suite de cette grave nouvelle paraissent dans le même journal deux proclamations du roi, l'une à son peuple, l'autre à son armée, et datées toutes deux de Breslau le 17 mars.

A son peuple, Frédéric-Guillaume ne veut pas exposer la « justification des motifs de la guerre qui va commencer ; l'Europe éclairée les connaît parfaitement. Nous succombâmes sous la force colossale de la France. La paix, qui m'ôta la moitié de mes sujets, ne répandit sur nous aucun bienfait ; au contraire, elle nous porta des plaies plus profondes que la guerre

(1) Bassano à Saint-Marsan, Paris, 19 mars. (Arch. des Aff. étrangères, Prusse, 252.)
(2) *Schlesische Privilegirte Zeitung* du 20 mars.

même. On suça le pays jusqu'au sang. Les principales forteresses restèrent occupées par l'ennemi. L'agriculture, l'industrie même si célèbre de nos villes furent paralysées; la liberté du commerce ayant cessé, toute notre opulence s'évanouit. Le pays fut en proie à la plus horrible misère. En remplissant avec la plus grande exactitude toutes les obligations auxquelles je m'étais prêté, j'espérais procurer à mon peuple des soulagements..., mais mes desseins les plus purs furent éludés par l'arrogance et l'infidélité... Le moment est venu où toute illusion sur notre situation cesse. Habitants de la Prusse, du Brandebourg, de la Silésie, de la Poméranie, vous savez combien il vous a fallu souffrir depuis sept ans; vous connaissez le triste sort qui vous attend dans le cas où cette guerre ne finirait pas avec honneur et avec gloire. Pensez à vos ancêtres, au grand électeur, au grand Frédéric... Quelques sacrifices qui soient demandés à des particuliers, ils ne l'emporteront pas sur les devoirs sacrés auxquels nous les vouons, et pour lesquels nous avons combattu et vaincu. Si nous ne voulons pas cesser d'être Prussiens et Allemands, c'est le dernier combat décisif pour notre existence (1). »

Ce manifeste avait été écrit par le conseiller d'État Hippel. Hardenberg s'était d'abord adressé à Ancillon. Ce premier choix paraît étrange, car il était

---

(1) Police de l'armée (Archives nationales, A. F., IV, 1652).

évident que l'auteur du plan qui considérait la rupture complète avec la France comme un acte peu opportun (1), ne pourrait avoir pour rédiger une pièce aussi importante, non seulement aux yeux des Allemands, mais même aux yeux de l'Europe, aucune énergie dans la pensée, aucune force dans l'expression, et par conséquent qu'il ne pourrait faire impression sur les masses. Aussi, son manifeste n'était-il qu'un long mémoire, excellent peut-être au point de vue diplomatique et historique, mais nullement propre à produire l'effet qu'on en attendait (2). Il fut rejeté après délibération par un petit comité qui s'était réuni le 12 chez le chancelier : « Il avait été trouvé trop long et trop diffus (3). » Gneisenau l'avait jugé un tissu de phrases au lieu d'un tissu de sentiments, or, à l'heure actuelle, il fallait des sentiments. « Ce sont les sentiments, les sentiments longtemps contenus qui doivent parler (4) », disait-il. Le manifeste de Hippel parut mieux convenir au but que l'on se proposait. En l'adoptant, on ne se trompait pas.

Son effet fut énorme. Le roi venait enfin de se décider ; pour la première fois depuis de longs mois, il consentait à parler ; il proclamait la guerre et rendait le peuple juge de sa nécessité. Le

---

(1) 4 février. Voir chapitre IV, p. 243.
(2) Voir à ce sujet ONCKEN, I, 285 et suiv.
(3) OMPTEDA.
(4) PERTZ, *Gneisenau*, II, 50.

peuple, à cet appel, pouvait-il ne pas répondre ?

A son armée, Frédéric-Guillaume déclare que le moment est venu de combattre « pour la liberté et l'indépendance de la patrie : il n'est pas un Prussien qui ne soit pénétré de ces sentiments ». Aussi les jeunes gens et les hommes faits accourent-ils de partout pour prendre volontairement les armes ; et cet exemple trace à l'armée son devoir ; l'armée pourra-t-elle dans ces conditions ne pas répondre à ce qu'exige d'elle la patrie ? « Pénétrez-vous donc des obligations sacrées que vous avez à remplir ! Rappelez-vous-en aux jours où il faudra combattre, et à ceux où vous éprouverez de grandes privations. Exercez-vous à la discipline la plus austère. Que l'ambition d'un seul, qu'il ait le premier ou le dernier grade dans l'armée, disparaisse pour faire place à la solide gloire de remplir tous vos devoirs. Celui qui sait mourir pour le salut de sa patrie ne songe pas à lui. Que le mépris tombe sur l'égoïste qui ne sait pas tout sacrifier au bien commun. La victoire est donnée par Dieu. Rendez-vous dignes de sa toute puissante protection par l'obéissance et l'exercice de vos devoirs. Que le courage, la persévérance, la fidélité et une discipline sévère fassent votre gloire. Suivez l'exemple de vos ancêtres ; rendez-vous dignes d'eux, et pensez à vos enfants. Celui qui se distinguera sera pleinement récompensé, mais la honte la plus avilissante tombera sur le lâche et sur le traître. Votre roi restera constamment au milieu de vous, ainsi que le prince héritier et les princes de sa maison. Ils combattront avec vous. Eux et la nation entière seront dans vos rangs, et nous serons soutenus par un peuple courageux venu à notre secours, à celui de l'Allemagne. Ce peuple a acquis son indépendance par de grandes actions. Il avait confiance en son souverain, en ses généraux, en sa cause, en sa force, et Dieu était avec lui. Il en sera de même pour vous, car vous aurez à conquérir l'indépendance de la patrie. Votre mot sera : confiance en Dieu et persévérance (1). »

N'est-ce pas la guerre sainte que Frédéric-Guillaume prêche ainsi à son armée? Une armée à laquelle son devoir est ainsi tracé, ne doit-elle pas nécessairement se montrer à la hauteur de sa tâche et se sacrifier pour rendre l'indépendance à la patrie qu'elle défend?

A la suite de cette seconde proclamation paraissait l'ordonnance créant la Croix de fer. Pour cette époque de fer, il fallait une récompense en harmonie avec la dureté des heures vécues : cette récompense sera une croix en fer. On pourra l'attacher sur la poitrine des généraux comme sur celle des simples soldats, de tous ceux qui s'en seront montrés dignes sans distinction de rang; elle ne leur rappellera pas seulement les souffrances de l'année 1813, mais encore la lutte

---

(1) Prusse, Archives nationales, A. F., IV, 1690.

pour l'indépendance, et, si Dieu vient en aide, le triomphe final ; elle devra donc être pour tous un objet d'envie. Aussi la distribution des autres récompenses sera-t-elle complètement suspendue pendant toute la durée de la guerre qui va commencer. Cette ordonnance était datée de Breslau le 10 mars. Cette date était celle de l'anniversaire de la naissance de la reine Louise. Sous les auspices de ce « bon ange », comme avaient dit les poètes, la décoration ferait faire des prodiges pour « la bonne cause (1) ».

Venaient ensuite deux autres édits : l'un organisant la landwehr, l'autre la landsturm. Comme celles de Kœnigsberg, ces créations étaient inspirées des projets de Scharnhorst. Par la première de ces ordonnances, le roi établissait qu'une union intime devait désormais exister entre l'armée et le peuple ; dans ces conditions, il était nécessaire « qu'un armement général ait lieu de suite » (landwehr). Seront incorporés dans cette landwehr ou milice tout homme de dix-sept à quarante ans qui en aura fait la demande, et, si le contingent n'est pas au complet, tous ceux que le sort aura désignés. Cette milice consistera en corps d'infanterie et de cavalerie ; les officiers en seront proposés par un comité établi dans chaque cercle, et formé de deux députés des propriétaires nobles, mais les nominations seront faites

---

(1) Prusse, Arch. nationales, A. F., IV, 1690.

par le roi. Le choix de l'habillement sera laissé à la convenance des États dans lesquels s'effectuera la levée. Le gouvernement recommande cependant un surtout lithuanien de drap bleu ou noir, avec les revers de couleur différente selon les provinces. Cette troupe sera destinée à combattre sur trois rangs : le premier armé de piques, le second et le troisième de fusils. L'armement de la cavalerie sera la pique, le sabre et le pistolet. Toutes ces mesures, vu leur urgence, ne pourront être discutées avec les États des provinces, mais « la bonne volonté de chaque particulier se montrera en cette occasion; j'y mets toute ma confiance », disait le roi. Et l'ordonnance se terminait par cette phrase : « Ma cause est celle de mon peuple, et de tous les hommes braves de l'Europe (1) ».

(1) En somme les dispositions principales de la landwehr prussienne étaient sensiblement les mêmes que celles édictées par les États des provinces de Prusse et de Lithuanie réunis à Kœnigsberg. (Arch. nationales A. F., IV, 1690; Arch. des Aff. étrangères, Prusse, 252; OSTEN-SACKEN, I, 435; PLOTHO; LEHMANN.) — Le même jour, le roi avait signé la pièce suivante : « Je reconnais la fidélité de mes États de la Prusse et de la Lithuanie, à la manière dont ils se sont volontairement soulevés pour la défense de la province, et à ce qu'ils n'ont épargné aucun sacrifice pour arriver à ce but. Aussi pour ne pas troubler les mesures qu'ils ont prises, je veux ignorer qu'elles sont en contradiction avec celles qui ont été arrêtées pour les autres provinces. Je confirme donc la commission générale élue pour l'organisation de cette landwehr. Petit à petit cependant la landwehr recevra en Prusse la même organisation que dans les autres provinces; la commission générale doit préparer cette transition; il ne faut pas que la landwehr de ces provinces ait un caractère différent de celle des autres parties du royaume. » (Cité par HOLLEBEN, I, 165, d'après les

La seconde ordonnance faisait prévoir l'organisation d'une landsturm. « Tous les hommes en état de porter les armes qui n'auront pas été appelés à la milice (landwehr), appartiennent à la levée en masse (landsturm), destinée à attendre l'ennemi lorsqu'il se présentera sur le territoire... La lutte pour laquelle la landsturm est appelée est une lutte de nécessité qui sanctifie tous les moyens. Les plus énergiques sont les meilleurs. Le rôle de la landsturm est de tenir l'ennemi continuellement en haleine, de le détruire isolé ou en troupe ». Pour l'aider dans sa tâche, il ne lui est donné aucun uniforme, parce qu'un uniforme la ferait reconnaître. « A l'approche de l'ennemi, les habitants doivent évacuer les villages, se réfugier dans les bois, emporter les farines, faire couler les tonneaux, brûler les moulins et les bateaux, combler les sources, couper les ponts, parce qu'il en coûte moins de rebâtir un village que de nourrir l'ennemi » (1).

Archives prussiennes.) Ce texte suffit à expliquer sans commentaires les retards apportés par le roi à l'approbation des mesures prises par les États de Kœnigsberg. Frédéric-Guillaume voulait donner à toutes les provinces de son royaume une organisation analogue; le caractère nettement provincial, la faculté de remplacement qui distinguaient la landwehr créée à Kœnigsberg étaient des points délicats qui heurtaient les vues des conseillers de Breslau, et particulièrement de Scharnhorst. Il fallait les faire disparaître sans blesser les provinces. (BOYEN, LEHMANN, RANCKE.) — En attendant l'approbation du roi, York avait pris sur lui de provoquer sa formation. (DROYSEN.)

(1) OSTEN-SACKEN, I, 436; FAIN, I, 108; Arch. nationales, A. F., IV, 1690.

La landsturm n'a été définitivement organisée que le 21 avril, cette

Le général York était en même temps réhabilité. Malgré le désaveu du roi et les mesures prises contre lui, York n'avait jamais abandonné le commandement. Le 28 janvier, la *Gazette de Kœnigsberg* avait publié la note suivante : « *Déclaration du général York.* — On lit dans la *Gazette de Berlin* du 19 de ce mois, que le major et aide de camp, M. de Natzmer, a été envoyé au major général de Kleist, avec l'ordre de m'ôter le commandement en chef du corps d'armée du roi qui est en Prusse, et de le prendre à ma place. M. de Natzmer n'est pourtant venu ni chez le général de Kleist, ni chez moi, et je continuerai avec d'autant moins d'hésitation à commander en chef, qu'il est notoire qu'aucune gazette prussienne n'est officielle et que, jusqu'à présent, aucun général n'a encore reçu d'ordres par la voie des gazettes (1) ».

York avait donc continué à commander le corps prussien comme par le passé. Mais, malgré l'importance considérable de la convention de Tauroggen, les militaires trouvaient que cette capitulation en rase campagne, et devant un ennemi inférieur en nombre, était une faute si grave, qu'ils estimaient nécessaire, au point de vue de la discipline, la comparution du

---

organisation a été modifiée le 17 juillet. Le décret du 17 mars est resté dans le domaine théorique. « C'est, prétend Cavaignac, le résultat d'un entraînement fanatique des premières semaines ; et, malgré les protestations des patriotes, les premiers décrets sur la landsturm furent remplacés par une législation plus modérée. » (II, 396.)

(1) Bulletins de police. (Arch. nationales, A. F., IV, 1526.)

général York devant un conseil de guerre. Un jugement rendu par ses pairs pouvait seul rendre à l'officier l'honneur qu'il avait perdu. Le roi Frédéric-Guillaume était lui aussi du même avis. Mais il avait à côté de cette raison d'ordre purement moral, une autre d'ordre politique pour souhaiter cette mesure. En février la rupture avec la France n'était pas encore consommée, et depuis le commencement du mois de janvier, il avait promis à Napoléon de mettre York en jugement : l'empereur le poussait maintenant à exécuter sa promesse. Aussi donna-t-il l'ordre de commencer l'instruction (1). Mais, continuant sa politique à double face, en même temps qu'il prenait cette résolution, il signa la levée de l'interdit qui pesait sur le corps d'armée d'York, (12 février) et envoya Thile « prévenir York que ce conseil de guerre n'avait pas d'autre but que de le réhabiliter au point de vue militaire (2) ».

Thile arriva le 22 à Konitz; il y trouva réunis Wittgenstein, Bülow et York. Bien qu'York lui-même eût certifié à Wittgenstein que le jugement du conseil

---

(1) Saint-Marsan à Bassano, 22 janvier. (Arch. des Aff. étrangères, Prusse, 252.)

(2) Il est à remarquer que la mission de Thile est purement officieuse. Le roi laisse York complètement privé d'ordres; il ne profite pas de cet envoyé pour lui faire part des mesures prises dans les autres corps d'armée pour leur réorganisation. York ne les apprend que ce jour-là, le 22, par Bülow, ainsi qu'il résulte d'une lettre qu'il écrit le 27 à Massenbach (HOLLEBEN, I, 138.) — Voir à ce sujet la note page 310.

de guerre n'était qu'une simple formalité, les Russes furent étonnés de cette mesure. Wittgenstein écrivit aussitôt au tsar à ce sujet. « Je ne puis pas croire, répondit le tsar le 27 février, qu'au moment où les négociations entre la Prusse et nous sont aussi avancées, le roi donne suite à une résolution qui a été prise évidemment quand il était nécessaire qu'il ménageât encore la France. Aussi, je donne au général York le conseil de ne pas se rendre pour le moment à Breslau, et de ne pas abandonner le commandement de son valeureux corps, quand sa présence y est aussi nécessaire. En tout cas, il peut compter sur mon intercession auprès du roi, et sur mes démarches. J'en charge expressément le conseiller d'État von Anstett que j'envoie à Breslau, et le baron von Stein qui l'accompagnera dans ce voyage (1) ».

Sur ces entrefaites, le traité de Breslau-Kalisch ayant été signé, le roi se résolut à donner à la réhabilitation du général York une forme différente : le 11, il approuvait la pièce suivante, qui paraissait le 17 dans la *Gazette de Silésie* : « *Ordre général*. — La justification du général-lieutenant von York au sujet de la convention signée avec le général Diebitsch à Tauroggen, et le jugement de la commission d'enquête nommée à cet effet, et composée du général-lieutenant von Diericke et des généraux-majors von Schuler et

---

(1) DROYSEN, II, 13 et suiv.

von Sanitz, m'ont complètement convaincu que le général-lieutenant von York était en tous points exempt de reproche, et que l'acceptation de cette convention n'avait été déterminée que par les circonstances, la retraite tardive du X° corps depuis Riga, la dissolution du X° corps d'armée lui-même, et les conditions très avantageuses qui lui étaient faites par la convention dans la situation critique où il se trouvait. Je le fais connaître à l'armée par le présent ordre, en ajoutant que non seulement je confirme le général-lieutenant von York dans le commandement du corps d'armée sous ses ordres, mais que je lui accorde encore le commandement supérieur des troupes du général-major von Bülow comme preuve de ma satisfaction et de ma confiance inaltérables (1) ».

Aux yeux même des plus difficiles, l'incident de Tauroggen était donc officiellement clos. Le roi reconnaissait publiquement la convention; il couvrait son lieutenant, tout en lui tenant cependant rigueur d'avoir agi sans son ordre; il se solidarisait avec lui; il faisait acte de souverain, en revendiquant une part de responsabilité dans les événements accomplis malgré sa volonté.

En même temps que le roi réhabilitait ainsi officiellement et publiquement York, la population de Berlin l'absolvait avec éclat. En ce même jour du 17,

(1) Archives de la Guerre; DROYSEN, II, 21; SEYDLITZ, II, 313.

York salué par les acclamations de la foule faisait une entrée triomphale dans la capitale. La ville était en fête. Un bal splendide était offert au général et aux officiers supérieurs du corps prussien. Parmi les personnes présentes, on remarquait les princes et les princesses de la famille royale et tout ce que Berlin comptait de hauts dignitaires, de généraux, de personnages aristocratiques : le prince héritier de Mecklembourg-Strelitz, les généraux et officiers russes, à la tête desquels se trouvaient le comte Wittgenstein et le prince Repnin. « On dansa, de huit heures du soir à cinq heures du matin, la danse des castagnettes, la gavotte et plusieurs quadrilles ; l'enthousiasme ressemblait à du délire (1). »

Cet enthousiasme est général ; il soulève la Prusse, la Poméranie, la Silésie, le Brandebourg ; il est la manifestation du réveil de l'esprit national. Grisée par l'éclat du règne du grand Frédéric, la Prusse s'était endormie sur les souvenirs glorieux de la guerre de Sept ans, quand elle avait été subitement réveillée par les journées sanglantes d'Iéna et d'Auerstædt. Après tous les succès, elle avait connu toutes les humiliations, tous les affronts, tous les mépris. Entre son ancienne situation laborieusement acquise par des victoires, et sa situation actuelle telle qu'elle résultait des armes et de la politique de Napoléon, il y avait

(1) Lettre de Berlin du 20 mars. (Arch. nationales, A. F., IV, 1690.)

trop de différence pour que la comparaison ne se fît pas dans les esprits ; elle s'imposa, brutale, logique, indéniable, opposant l'humiliation à la gloire, le revers au succès. Dès ce moment, un mouvement s'accentua vers la tradition nationale ; son culte se développa avec une vigueur nouvelle, il prit de jour en jour plus de corps, et donna à l'idée de patrie à la fois plus de précision et plus de force.

La toute-puissance des événements, les bouleversements de la conquête, la communauté dans le malheur amenèrent les hommes les plus opposés en apparence à s'unir entre eux, pour chercher un remède aux maux présents. Le sentiment de la révolte contre les humiliations subies s'infiltra à travers toutes les classes de la société : aristocratie, bourgeoisie, peuple ; il envahit en même temps l'administration et l'armée. On se réunit, on parla, on conspira, timidement d'abord, plus hardiment ensuite. Des sociétés secrètes, fondées dans le but de rendre l'Allemagne aux Allemands, se formèrent et s'organisèrent. Les échanges d'idées entre leurs membres stimulèrent le zèle de leurs adhérents : de jour en jour leurs agents devinrent plus entreprenants, leur propagande se fit plus active ; insensiblement leur sphère d'influence s'accrut ; elles conduisirent bientôt l'opinion, et prirent dans la vie sociale prussienne un rôle prépondérant, hors de proportion même avec le nombre de leurs associés, car le fameux Tugendbund ne semble jamais avoir compté plus de trois à quatre cents membres (1).

C'est ce débordement d'enthousiasme pour la nationalité et pour les traditions prussiennes, c'est cette passion pour l'idée de patrie qui ont produit l'effort nécessaire pour secouer le joug. De tels sentiments ont fait affluer les dons et accourir les volontaires ; ils ont créé l'armée de 1813, inspiré, provoqué et conduit la guerre de l'indépendance contre l'étranger.

Des journaux russo-allemands se fondent, et excitent le peuple à prendre les armes contre la nation qui veut lui enlever sa liberté nationale : « Ainsi donc, point d'esclavage. » Dans les églises, les pasteurs prêchent l'appel au combat et le dévouement à la Patrie ; ils annoncent en pleine chaire, pendant l'office, qu'aussitôt le service terminé, ils quitteront leurs paroissiens et iront s'enrôler : et ils s'enrôlent, entraînant par leur exemple un grand nombre de leurs auditeurs. Les nobles fournissent des chevaux équipés et du fourrage : le baron Rothkirch donne cinq che-

(1) PERTZ, BOYEN, ONCKEN, CAVAIGNAC. — Le Tugendbund avait été à l'origine une société fondée le 16 avril 1808 à Kœnigsberg pour protéger le commerce local et les tendances patriotiques. Il fut dissous le 31 décembre 1809. — Sous ce nom on désigna par la suite « la raison sociale de l'action antinapoléonienne ». Boyen et Grolmann, parmi les personnages marquants, semblent en avoir fait partie; Stein s'en est tenu à l'écart, bien qu'il ait connu son existence, et qu'il ait été en rapport avec ses membres, car après Wagram, il proposa à l'Autriche d'utiliser ses rapports avec l'Angleterre et les préparatifs insurrectionnels de 1808, voire même le Tugendbund, pour former une nouvelle confédération. (PERTZ, LEHMANN.)

vaux, 300 boisseaux de grains, et s'engage de plus à nourrir dix chevaux pendant la durée de la guerre ; le comte Sandreski donne son haras ; le conseiller d'État Eckhart renonce à son traitement ; les jeunes filles pauvres offrent leurs cheveux, les mineurs de la Silésie, quelques journées de paye ; tous rivalisent de dévouement et de sacrifice.

A Berlin, se forme une association de femmes dont le but est d'être utile à la patrie en venant en aide aux hommes qui combattent pour elle, et en leur fournissant des habillements et des armes. A la tête de cette association on trouve les plus grands noms prussiens : la princesse Marianne de Prusse, la princesse Guillaume d'Orange, la princesse électorale de Hesse, la princesse douairière Guillaume d'Orange, la princesse Ferdinand de Prusse, Louise Radzivill princesse de Prusse, etc. On invite les femmes à déposer les anneaux d'or de leur mariage, à les faire fondre, et à les offrir à l'État ; à leur place, elles porteront des anneaux de fer avec cette inscription : « *J'ai donné l'or pour le fer, 1813.* »

Toutes ces initiatives privées produisent des merveilles. « La seule ville de Berlin fournit 9,000 volontaires en trois fois vingt-quatre heures. Le roi, pour placer tous ceux qui veulent s'enrôler, donne son consentement à l'établissement d'un corps franc qui sera principalement composé d'étrangers, et auquel l'État ne fournit que les armes. L'uniforme est noir. »

C'est le corps des chasseurs noirs de Lützow : « le corps noir, le corps de la vengeance. » Sur une population de 222,000 hommes, la province de Prusse arme 43,000 hommes; la Silésie, sur 1,840,000 habitants, donne 93,000 soldats et 14 millions d'argent!... (1)

« La liberté ou la mort, » avait dit Frédéric-Guillaume; et le peuple, répondant à son souverain, s'armait pour la liberté ou pour la mort.

II

La question prussienne était tellement liée aux questions polonaise et allemande que l'on ne pouvait songer à chercher une solution à l'une, sans être obligé en même temps de résoudre les deux autres : aussi Hardenberg était-il pour le moment dans un grand embarras, car le traité du 26 février n'avait ni tranché, ni éclairci un seul de ces trois points. La question polonaise y était restée entière, et, malgré ses efforts, le chancelier n'avait pu savoir quelles étaient les vues des Russes sur ce sujet. D'un autre côté, la substitution du système des compensa-

(1) Lettres de Berlin. Extraits de journaux. (Arch. nationales, A. F., IV, Prusse, 1690.) — Bulletins de police (*id*., 1526.) — Osten-Sacken, I, 438.

tions qui avaient été promises à la Prusse, à celui des restitutions qui semblaient lui être dues, avait singulièrement compliqué la question allemande : car il était évident que ces compensations ne pouvaient être accordées qu'aux dépens d'un État qu'on s'aliénerait ainsi fatalement. Or l'Allemagne entière, soulevée et rajeunie par le sentiment du patriotisme, pouvait être d'un appoint précieux aux alliés ; et, si la Prusse régnait à l'Est, tout l'Ouest échappait à son action, se trouvant placé sous l'influence française, à la suite de la création par Napoléon d'un groupement d'États, auquel il avait donné le nom de Confédération du Rhin.

Pourquoi ne pas briser cette Confédération, et ne pas essayer de transformer en alliés les peuples qui la formaient? On pourrait trouver dans les États qui refuseraient de se détacher de l'alliance française les compensations dues à la Prusse et promises par le traité de Breslau-Kalisch. La question du rétablissement de la Prusse aurait ainsi fait un pas en avant, et, du domaine théorique, aurait commencé à passer dans le domaine pratique. Ces considérations politiques jointes à des considérations militaires telles que le renforcement des troupes prussiennes, le soulèvement des peuples sur les communications de l'armée française, nécessitaient de la part des alliés un appel aux princes allemands. Aussi, le 19 mars, à Breslau, Hardenberg et Scharnhorst d'une part, Nesselrode et Stein de l'autre, signèrent-ils une convention qui devait être pour les alliés le programme de leur action en Allemagne.

Les puissances contractantes s'engageaient à publier une proclamation par laquelle elles annonceraient que leur unique but était de « soustraire l'Allemagne à l'influence et à la domination de la France, et à inviter les princes et les peuples à concourir à l'affranchissement de leur patrie. Tout prince allemand qui ne repondrait pas à cet appel dans un délai fixé serait menacé de la perte de ses États. » Dans les pays ainsi occupés, « il serait établi un conseil central d'administration muni de pouvoirs illimités. Les puissances alliées nommeraient chacune un membre à ce conseil. » Ce conseil serait chargé de l'administration et de la surveillance des territoires, qui seraient partagés en cinq sections : « la Saxe et les duchés; le royaume de Westphalie, à l'exception du Hanovre et des anciennes provinces prussiennes; les duchés de Berg, de Westphalie et de Nassau; les départements de la Lippe; les départements des Bouches de l'Elbe et le Mecklembourg. » — Chacune de ces sections aurait à sa tête deux gouverneurs : l'un civil, l'autre militaire. On y organiserait une armée de ligne, une landwehr, une landsturm; « on donnerait l'assurance formelle à ces troupes que, dans aucun cas, elles ne serviraient à un autre but qu'à celui de défendre l'Allemagne contre l'usurpation de la France (1). » Stein était placé à la tête de cette nouvelle organisation.

La proclamation annoncée et signée, Kutusow parut peu après, le 25 mars. Un projet avait été préparé par les Prussiens ; les Russes le modifièrent d'une manière peu heureuse. Hardenberg trouva avec raison le nouveau document « trop poétique et trop peu clair ». Il fit aux alliés plus de tort que de bien.

Dans cette proclamation, les souverains appellent à l'indépendance les princes et les peuples ; ils demandent aux princes de « les aider », et ils « se plaisent à supposer qu'aucun d'eux ne sera transfuge à la cause allemande » ; ils espèrent qu'il ne s'en trouvera aucun parmi eux, qui veuille disparaître sous la poussée « de l'opinion publique et de la puissance des armes. La Confédération du Rhin, cette chaîne trompeuse que celui qui a tout divisé a jetée autour de l'Allemagne, à laquelle il a même ôté son nom ; cette Confédération, qui doit son existence à la violence étrangère, ne pourra être tolérée plus longtemps. Leurs Majestés croient, au contraire, aller au-devant du vœu des peuples en déclarant que sa dissolution est un de leurs buts les plus fermement résolus. » L'empereur de Russie n'a pas d'autre intention dans la lutte actuelle, que d'être le protecteur d'un mouvement qui délivrera l'Allemagne. « Que la France belle et forte

---

(1) Martens, *Nouveau recueil de traités*, I, 504.

par elle-même s'occupe pour l'avenir de soigner son bonheur intérieur ; aucune force étrangère ne voudrait l'en empêcher ; aucune expédition ennemie ne sera dirigée contre ses frontières légitimes ; mais que la France sache que les autres puissances cherchent à conquérir pour les peuples une tranquillité continuelle, et qu'elles ne déposeront pas les armes avant que le fondement de l'indépendance de tous les États de l'Europe ne soit fixé et assuré. » Donc, « que tout Allemand, qu'il soit prince, noble, ou né dans la classe qui forme la grande majorité de la nation, seconde nos plans libérateurs (1). »

Cette pièce était inutile. Ou les alliés avaient besoin des princes allemands, et alors les menaces qu'elle renfermait n'étaient pas faites pour les attirer ; ou ils n'en avaient pas besoin, et alors, sans cette proclamation, ils pouvaient les traiter selon les droits de la guerre. Elle était plutôt nuisible, car elle annonçait des remaniements de la carte d'Allemagne, et désormais tous les princes allemands sauront qu'à la paix, la possession actuelle de leurs États pourra être discutée. Aussi cette proclamation devait-elle faire naître des inquiétudes, et était-elle plus propre à éloigner les souverains allemands de l'alliance russe et prussienne qu'à les y attirer. Elle était de plus,

(1) Texte français (Arch. nationales, A. F., IV, 1527); texte allemand *(Id.)*; Fain, I. 106; Sorel, *l'Europe et la Révolution française*, VIII, 68.

comme le disait Hardenberg, peu claire. La Confédération du Rhin était explicitement visée, mais dans quelles conditions les princes qui n'auraient pas souscrit à l'alliance se verraient-ils dépouillés de leurs États? Quand ce dépouillement aurait-il lieu? Le texte de la convention portait : « un délai fixé ; » or, quel était le terme de ce délai? Ni la Prusse, ni la Russie ne l'avaient déterminé. Ainsi cette proclamation inutile, nuisible, et peu claire, devenait dangereuse, car elle laissait le champ ouvert à toutes les suppositions, et ne précisait rien. Comment d'ailleurs aurait-elle pu être précise, puisque les puissances signataires n'étaient elles-mêmes pas d'accord entre elles sur le point principal : le remaniement de l'Allemagne? Bien plus même, la proclamation ne vise pas l'Allemagne du Sud que les alliés abandonnent à l'influence autrichienne. Or, les États de l'Allemagne du Sud se croient eux aussi menacés; de là des froissements, des hésitations, des craintes, et finalement, comme dans le cas de la Bavière qui reste l'alliée de la France, des résultats contraires à ceux qu'ils attendaient (1).

La seule excuse de cette pièce était la hâte d'agir qu'avaient les deux gouvernements. Après une aussi longue attente, après d'aussi cruelles hésitations, il

---

(1) La Prusse consentait cependant à faire des sacrifices en sa faveur, elle la tranquillisait sur la possession des anciennes possessions prussiennes de Bayreuth et d'Anspach. (Voir ONCKEN, 334.)

fallait donner le change, il fallait persuader que tout ce temps n'avait pas été perdu à discuter en vain ; il fallait faire croire à la France que depuis longtemps l'entente était conclue, puisque les mesures les plus graves étaient arrêtées contre elle, lui cacher ainsi la hâte avec laquelle le traité avait été signé, et les profonds désaccords qui existaient entre les deux alliés. Pour le moment, l'alliance n'était qu'une simple alliance de façade ; il restait à en faire une alliance réelle et véritable : c'était ce malentendu qu'il fallait dissimuler.

Aussi, le 19, l'empereur de Russie, encore à Breslau, partait-il pour son quartier général, et le 22, le roi de Prusse rentrait-il dans sa capitale (1).

Cependant, un plan général des opérations avait été discuté à Kalisch, aussitôt après la signature du traité. De nombreuses conférences avaient eu lieu à ce sujet entre les généraux russes et prussiens. Les Russes auraient voulu forcer Eugène à battre en retraite par des manœuvres savantes, et n'engager immédiatement que des corps détachés ; les Prussiens au contraire prétendaient qu'il fallait frapper dès le début de grands coups pour en imposer aux Français. Scharnhorst conseillait d'envoyer sur l'Elbe inférieur un corps nombreux de cavalerie qui soulèverait le pays, tandis que l'on marcherait sur l'Elbe supérieur

(1) Le 21, d'après la *Gazette de Breslau*; le 22, d'après Saint-Marsan.

avec les forces principales ; Eugène serait ainsi contraint de regagner précipitamment ce fleuve. Pour Knesebeck, on devait se contenter de faire observer l'Elbe supérieur par un corps détaché, et marcher avec toutes les forces concentriquement sur Berlin où se trouvait encore Eugène. Entre ces deux plans, on adopta un plan mixte : Wittgenstein, sous les ordres duquel viendraient se ranger York, Bülow, Borstell, marcherait sur Berlin ; Blücher et Wintzingerode se dirigeraient par la Saxe sur l'Elbe supérieur, tandis que Tormassow et Miloradovitsch formeraient une réserve prête à appuyer celle des deux armées qui en aurait besoin. En conséquence, les ordres de marche suivants furent expédiés.

« Wittgenstein entrera le 10 à Berlin, et enverra ses avant-gardes, renforcées par les corps de Tschernitschew, Benckendorff, Tettenborn, poursuivre l'ennemi dans la direction de Wittenberg. Blücher commencera son mouvement le 10, de Breslau sur Dresde. L'armée principale, destinée à renforcer les armées de Blücher et de Wittgenstein, restera encore quelque temps autour de Kalisch ; elle enverra son avant-garde sous Miloradowitsch contre Glogau, pour commencer l'investissement de cette forteresse, ce corps restera devant cette place jusqu'à ce qu'il soit relevé par des troupes prussiennes ; il se dirigera alors sur Sagan et s'y arrêtera. »

Mais, le 10 mars, l'armée prussienne était encore

loin d'être prête à marcher en avant. Aussi le commencement de ces mouvements fut-il retardé. Kutusow, d'ailleurs, n'en était pas fâché : l'offensive l'effrayait. « Je sais, écrivait-il à Wintzingerode le 24 mars, qu'en Allemagne tout le monde murmure contre notre lenteur ; mais, moi qui ai tout à prévoir, je dois songer à l'éloignement qui séparera nos réserves de l'Elbe, et aux forces que l'ennemi pourra nous opposer. Si nous obtenons des avantages sur quelques corps ennemis isolés, ces derniers se replieront sur les forces principales, et au fur et à mesure de leur retraite grossiront comme une boule de neige. Soyez persuadé que la destruction d'un seul de nos corps dissipera l'opinion favorable que l'on a sur nous en Allemagne » C'était ce que Kutusow écrivait au lendemain de l'évacuation de Berlin !

Des entretiens de Breslau, il résulta que les plans de Kalisch seraient conservés, mais que leur exécution serait différée pour permettre à l'armée prussienne d'entrer en ligne (1).

Ce n'est que le 18 que l'armée de Silésie commença son mouvement. Le quartier général fut porté à Neumark (2). Son chef, le général de cavalerie von Blücher, soutenu par l'enthousiasme de tous, avait fait des prodiges pour la mettre sur pied. Il l'avait formée des restes de la brigade de Brandebourg qui n'était

(1) OSTEN-SACKEN, 415 et suiv.
(2) PLOTHO, I, 37.

pas avec York, et des deux brigades de la Silésie.
C'était un ensemble de 27,000 hommes qui avait été
armé et équipé en quelques jours (1). « Ces jours,
prétend Plotho, furent des jours de fête pour tout le
pays; les régiments et bataillons à la tête desquels
on voyait marcher la fleur de la jeunesse, qui s'était
armée volontairement pour la défense de la patrie,
étaient bénis en plein air par les pasteurs; une foule
innombrable de peuple, de parents ou d'amis, priaient
pour eux. C'est ainsi que l'armée de la patrie, accompagnée du carillon de fête de toutes les cloches et des
vœux de tous, prit le chemin de la guerre (2). »

Cependant Saint-Marsan est encore à Breslau. Soit
qu'Hardenberg ait voulu le rendre témoin de l'enthousiasme général pour la guerre, soit qu'il l'ait
considéré comme un spectateur peu dangereux dont
l'éloignement semble inutile, il ne l'a pas encore
invité à faire ses préparatifs de départ. Bien étrange
est vraiment la situation de l'envoyé de France au

---

(1) Commandant en chef, général de cavalerie von Blücher; chef
de l'état-major, général-lieutenant von Scharnhorst; général quartier-
maître, général-major v. Gneisenau. — Brigade de Brandebourg,
général-major v. Röder, 9 bat., 7,006 hommes; 8 escad., 954 hommes;
2 batt., 482 hommes. — Brigade de la basse Silésie, colonel comte
v. Klüx, 6 bat., 5,446 hommes; 6 escad., 664 hommes; 2 batt.,
467 hommes. — Brigade de la haute Silésie, général-major v. Ziethen,
7 bat., 6,096 hommes; 6 escad., 725 hommes; 3 batt., 474 hommes.
— Réserve de cavalerie, colonel v. Dolffs, 23 escad., 3,373 hommes;
2 batt., 308 hommes. — Réserve d'artillerie lieutenant-colonel
v. Braun, 1 batt. 1/2, 1 colonne de parc; 6 compagnies du génie,
714 hommes. — Total, 27,000 hommes, 84 canons. — (OSTEN-SACKEN.)

(2) PLOTHO, I, 36.

milieu de ce peuple en délire, qui fait tant de sacrifices pour la guerre contre la France! Toutefois, maintenant que les mouvements militaires sont commencés, il devient nécessaire de l'éloigner. Le 26 au soir, Hardenberg lui écrit pour l'inviter à demander ses passeports; le 27, ils arrivent et portent un itinéraire de retour par Vienne, alors que l'envoyé français a demandé à rentrer en France par Prague. Il sera donc forcé de passer par Vienne pour aller à Prague, s'il veut continuer à envoyer son courrier. En rendant compte de cet incident, il annonce à Bassano les dernières nouvelles de Prusse : la visite à Kalisch du roi Frédéric-Guillaume, son départ pour l'armée, et celui des princesses de la famille royale pour Kœnigsberg, loin du théâtre de la guerre (1).

Le jour où, à Breslau, Saint-Marsan recevait ses passeports, à Paris Krusemark demandait les siens. Il accompagnait cette demande d'une longue lettre dans laquelle il retraçait à nouveau les griefs de la Prusse, de la même manière qu'Hardenberg les avait exposés quelques jours plus tôt à Saint-Marsan.

D'un côté, y disait-il, la Russie fait des offres à la Prusse en lui promettant « l'appui de sa puissance et les bienfaits de son amitié », et d'un autre côté la France « persiste à repousser une alliée qui s'est sacrifiée pour sa cause... Depuis longtemps la France

(1) Saint-Marsan à Bassano, Breslau, 27 mars. (Arch. des Aff. étrangères, Prusse, 252.)

avait violé dans tous les points les traités qui l'unissaient à la Prusse; elle l'avait par là même libérée de ses engagements ». La Prusse avait été considérée comme un pays conquis : les armées françaises y étaient restées malgré le texte des traités; le commerce avait été ruiné par l'adoption forcée du système continental; des garnisons avaient été mises dans les places de l'Oder, « et le pays avait été obligé de pourvoir aux frais de leur approvisionnement... Dans cet état de choses, la paix était devenue un bienfait plus qu'illusoire ». Malgré tout le roi voulait, dans le but d'empêcher de plus grands maux de fondre sur ses peuples, « remplir scrupuleusement ses engagements envers la France. » La Prusse était ainsi parvenue à acquitter plus des deux tiers de la contribution, « et se disposait à payer le reste, lorsque des nuages se formèrent entre la Russie et la France ». Dans cette situation, le roi, voulant « à tout prix sauver l'existence nationale, jugeant de l'avenir par le passé, sentit qu'il devait tout attendre de la France. Il sacrifia ses affections, et conclut avec elle un traité d'alliance ». Mais comme en même temps les troupes françaises s'avançaient dans la Poméranie et la Marche électorale, les agents prussiens, effrayés, signèrent à Paris des conventions, « qui renfermaient des conditions extrêmement onéreuses, relativement à l'approvisionnement et aux besoins de la grande armée ».

La Prusse exécuta scrupuleusement ses engagements, tandis que « la France ne répondit à ce dévouement que par des prétentions toujours nouvelles et crut pouvoir se dispenser de remplir de son côté les stipulations du traité qui tombaient à sa charge. Elle refusa constamment de vérifier la comptabilité des fournitures, bien qu'elle eût pris l'engagement formel d'arrêter les comptes chaque trimestre ». Elle mit des garnisons à Glogau, Stettin, Custrin, et émit la prétention de faire entretenir l'approvisionnement de ces places par la Prusse, malgré les termes des traités. Elle occupa même sans droits Pillau et Spandau. « Pendant qu'on augmentait à l'infini le poids des dépenses de la Prusse, pendant qu'elle prouvait qu'après avoir acquitté sa contribution, ses avances montaient déjà à des sommes énormes, on persistait à lui refuser toute espèce de secours ; on répondait à toutes ses réclamations par un silence méprisant ; et, demandant sans cesse de nouveaux sacrifices, on semblait ne compter pour rien les efforts inconcevables d'une nation accablée. A la fin de l'année précédente, les avances de la Prusse montaient à quatre-vingt-quatorze millions de francs. » Devant le refus constant du gouvernement français de vérifier les comptes, « le roi se bornait à demander pour le moment un acompte sur ses avances, et déclarait avec franchise ne pas pouvoir répondre des événements dans le cas d'un refus. » Mais il n'avait encore rien pu obtenir. Bien plus même, le roi, « voyant une partie de ses provinces envahie, et l'autre menacée, sans pouvoir compter sur les secours des armées françaises... avait adressé un appel aux jeunes Prussiens qui voudraient se ranger sous ses drapeaux. » Or, le prince vice-roi avait ordonné de faire cesser tout recrutement dans les provinces occupées par les troupes françaises dans des termes tels, que cette mesure pouvait être considérée comme une atteinte directe portée aux droits de la souveraineté. L'empereur avait en outre formellement déclaré, « dans une audience accordée au prince de Hatzfeld, qu'il avait interdit aux autorités françaises toute espèce de réquisitions dans les États du roi. » Or, malgré cette déclaration, des réquisitions avaient été exécutées dans un rayon de dix lieues autour des places de l'Oder. « Cet ordre arbitraire et injuste, dont non plus on n'avait pas pris la peine d'avertir le roi, avait été exécuté dans toute son étendue, au mépris du titre sacré des propriétés et avec des détails de violence qu'il serait difficile de dépeindre. Malgré toutes les raisons qu'il avait de rompre avec la France, le roi voulait encore essayer la voie des négociations. Il avertit l'empereur Napoléon qu'il enverrait un homme de confiance à l'empereur de Russie, afin de l'engager à reconnaître la neutralité de la partie de la Silésie que la France avait reconnue... L'empereur se prononça hautement contre cette démarche. » Dans un pareil état de choses, « le roi ne saurait balancer. Fidèle à ses principes et à ses devoirs, il joint ses armes à celles de l'empereur Alexandre. »

Tels étaient les faits que Krusemark avait ordre d'exposer à Paris, en même temps qu'il demanderait les passeports nécessaires pour tout le personnel de la mission prussienne (1).

Soit que le gouvernement impérial ait déjà eu entre les mains, par l'intermédiaire de Saint-Marsan, la note d'Hardenberg, soit qu'il se fût attendu à la rupture, la pièce rédigée par Krusemark ne fit que peu d'impression sur lui. En possession de ce nouveau document, il s'efforça de démontrer aux provinces de l'empire que, dans toutes les négociations, il s'était conduit avec la plus rigoureuse correction, et que, s'il y avait eu de la mauvaise foi, c'était du côté de la Prusse.

La note de Krusemark fut donc annotée et réfutée point par point, de manière à pouvoir être insérée au *Moniteur de l'Empire*. A propos de l'amitié personnelle qui, d'après Krusemark, avait uni de tout temps le roi de Prusse à l'empereur de Russie, la note française se demandait pourquoi, au moment de la déclaration de guerre, le roi de Prusse avait réclamé des agrandissements aux dépens de la Russie (2), et se flattait

---

(1) Krusemark à Bassano, Paris, 27 mars (Arch. des Aff. étrangères, Prusse, 292), et *in extenso* dans FAIN, I, 249 et suiv.

(2) « Dans le cas d'une heureuse issue de la guerre contre la Russie, si, malgré les vœux et les espérances des hautes parties contractantes, elle venait à avoir lieu, Sa Majesté impériale s'engage à procurer à S. M. le roi de Prusse une indemnité en territoire pour compenser

de lui enlever la Livonie et la Courlande. Donc, « l'amitié du roi de Prusse ne s'était réveillée que lorsque, contre toute attente, les troupes russes étaient arrivées dans ses États ! » Le gouvernement français faisait également ressortir que la France, ayant conquis la Prusse après la campagne de 1806, avait le droit de la traiter en pays conquis, et que si elle ne l'avait pas rayée de la carte de l'Europe, c'était uniquement par une mesure bienveillante de sa part. La Prusse, qui devait le rétablissement de son existence au traité de Tilsit, était donc mal venue à se plaindre de cette paix « aussi dure qu'humiliante », prétendait-elle. Suivait ensuite l'énoncé des divers articles des traités et des conventions de Tilsit et de Kœnigsberg, qui se rapportaient à l'évacuation des provinces prussiennes, à l'entretien des garnisons dans les places de l'Oder, au payement des contributions, au système continental, et qui servaient de base à la réfutation point par point des violations arbitraires dont la France se serait rendue coupable, au dire du gouvernement prussien.

Quant aux griefs précis que formulait la Prusse, et qui provoquaient la crise, le gouvernement impérial répondait, comme il l'avait déjà fait précédemment, que jamais il n'avait refusé de vérifier les comptes, mais que pendant la durée de la campagne cette

---

les sacrifices et charges que Sa Majesté aura supportés pendant la guerre. » Art. 13. Convention du 24 février 1812.

vérification avait été rendue difficile, attendu que l'intendant général était à Moscou, tandis que le comte de Lottum (1) était à Kœnigsberg ; que, d'un autre côté, « la compensation des créances réciproques et le payement de l'excédent ne devaient se faire qu'après une liquidation générale, et les payements ne devaient s'effectuer pour les réquisitions qu'à la fin de la campagne ; or, la campagne était-elle finie au mois de décembre, lorsque la trahison du général York avait signalé la défection de la Prusse ? La liquidation générale pour la formation des magasins devait avoir lieu aussitôt que les versements et livraisons à faire auraient été effectués en totalité. Il devait alors être pris de nouveaux arrangements pour l'acquittement du solde de compte qui resterait à la charge de l'une ou de l'autre partie contractante... Or, la Prusse non seulement n'avait pas prouvé que les versements et livraisons à faire eussent été effectués en totalité, mais il résultait des seuls états communiqués par ses agents qu'ils ne l'avaient pas été. Ces agents avaient même déclaré par écrit qu'ils ne pouvaient pas l'être. La condition eût-elle été remplie, ni l'une ni l'autre puissance ne devait rien, jusqu'à ce que l'époque et le mode d'acquittement du solde eussent été réglés par de nouveaux arrangements. »

(1) Chargé par le gouvernement prussien de vérifier les comptes.

Au sujet des places de l'Oder, la France établissait que depuis le 24 février l'approvisionnement de Glogau n'avait plus été à la charge de la Prusse, et que « les fournitures qui seraient faites pour cette forteresse », ainsi que pour celle de Spandau, « entreraient en compensation de la dette prussienne ». Quant à l'occupation des places de Pillau et de Spandau, « la convention ne stipulait rien sur ces forteresses..., mais il avait été convenu que la France pourrait occuper ces places sans qu'il y eût à cet égard une disposition formelle dans le traité. On les eût certainement nommées parmi les places qu'on exceptait, si elles avaient dû être exceptées. »

Il n'y avait pas également eu d'atteinte portée à la souveraineté du roi lors de la défense faite à la Prusse de continuer ses armements : « Le roi s'était en effet engagé fermement à ne faire aucune levée, aucun mouvement militaire, pendant que l'armée française occuperait son territoire, si ce n'était pour l'avantage de l'alliance, et de concert entre les deux puissances. Les levées ne se faisaient pas pour l'avantage de l'alliance, puisque, à peine réunis, les hommes levés marchaient contre elle. Elles ne se faisaient pas de concert, puisque le ministre de Sa Majesté avait protesté, à Breslau, contre les édits qui les ordonnaient. Elles ne devaient pas se faire, puisque les traités disaient formellement qu'elles ne se feraient pas. — Il n'y avait pas eu d'atteinte portée à la souveraineté du roi si un général français avait pris des mesures de police que les circonstances exigeaient, lorsque, par un traité formel, la police, le maintien de l'ordre et la sûreté de l'armée avaient été déférés aux commandants français. Quelle que fût notre illusion sur les sentiments du roi et sur la confiance que pouvait mériter son gouvernement, elle ne devait pas aller jusqu'à nous empêcher de prendre les mesures nécessaires pour nous mettre, en Prusse, à l'abri des événements. Si les commandants français avaient encouru quelque reproche, c'était celui de n'avoir pas arrêté plus tôt ces recrutements, qui, à peine commencés, avaient fourni des auxiliaires aux Russes. Les premières troupes légères ennemies qui s'étaient approchées de Berlin étaient conduites et renforcées par des jeunes gens de la capitale, dont plusieurs avaient été tués dans les escarmouches qui avaient eu lieu près des faubourgs. »

Quant aux griefs contre les réquisitions opérées alors que l'empereur avait déclaré vouloir les faire cesser, des ordres avaient été donnés en conséquence, et des marchés avaient été passés ; « mais l'administration française avait été si peu secondée par l'administration prussienne, et les marchés avaient été tellement onéreux qu'on fut obligé de les casser. » Or, c'était précisément au moment où le général Bülow, en battant en retraite, livrait le passage de l'Oder. Dans ces conditions, « les commandants avaient fait ce qu'ils devaient, ce qui se faisait partout : ils avaient complété leur approvisionnement pour assurer la défense des forteresses qui leur avaient été confiées; c'était le droit de la guerre. Si la Prusse était l'alliée de la France, il était important pour elle que les places fussent défendues; si elle était l'ennemie de la France, il n'était que plus pressant pour nous de mettre les places en état de défense. D'ailleurs, qu'était-il arrivé? L'approvisionnement avait été complété aux dépens du pays; or, aux termes de la convention du 8 septembre 1808, l'approvisionnement de siège devait être fait par la Prusse. »

Au sujet de la neutralité de la Silésie, la France prétendait que l'exemption de passage de troupes accordée à la haute Silésie et au comté de Glatz ne suffisait pas pour constituer un territoire neutralisé. D'ailleurs, si la France voulait empêcher la Prusse de communiquer avec l'ennemi, c'était parce qu'elle ne « devait le faire que de concert avec son alliée, et parce qu'on prévoyait le résultat de ces communications. La conduite de ses généraux autorisait cette prévoyance trop bien justifiée par l'événement ».

On ne saurait également reprocher à la France de n'avoir pas répondu aux propositions d'armistice, attendu qu'à ce moment même, « la Prusse était en pleine négociation avec l'ennemi... La bonne foi, l'opportunité et la convenance qui avaient dicté cette proposition se trouvaient par le fait même complètement jugées (1) ».

Telle était dans son ensemble la réplique en défense du gouvernement français aux accusations de la Prusse.

Sans doute, en agissant comme elle avait agi, la France avait respecté la lettre des traités. Mais elle ne s'était pas rendu compte que, dans la situation actuelle de la Prusse, ces traités étaient inapplicables. Écrasée par les charges trop lourdes du traité de Tilsit, la Prusse se débattait contre les obligations qui lui avaient été imposées au moment de sa signature, sans pouvoir arriver à les remplir. Et s'il était évident que Napoléon avait, à un moment donné, conçu la pensée de détruire ce royaume, il était ensuite revenu sur cette première conception; mais alors, s'il l'autorisait à vivre, pourquoi ne lui en avait-il pas donné le moyen? En agissant ainsi, il avait commis une faute grave de logique. Dans ces conditions la domination française avait paru très dure, et avait fait naître, en même temps qu'un violent mécontentement, l'espérance de secouer bientôt le joug. Dès lors, il était évident que l'état de malaise dans lequel la Prusse se débattait, ne pouvait durer longtemps, et qu'il allait être suivi d'une réaction. Or, Napoléon n'était plus, dans les premiers mois de l'année 1813,

---

(1) Note de Krusemark annotée par Bassano. (Arch. des Aff. étrangères, Prusse, 252.) — Fain, I, 243 et suiv.

l'homme de Tilsit. L'échec de la campagne de 1812, la retraite précipitée de l'armée française, l'entrée en Prusse de l'armée russe venant comme une libératrice avaient considérablement diminué son prestige, et devaient fatalement conduire la Prusse à se détacher de son alliance, si elle ne trouvait pas dans ce système des garanties et des compensations, qui lui auraient permis d'atténuer la rigueur de l'heure présente. Napoléon ne jugea pas ainsi la situation. Vainqueur, sa manière de voir eût pu être soutenable : vaincu, elle devait fatalement amener la rupture.

Bassano, en transmettant à l'empereur la note de Krusemark, y joignait un rapport dans lequel il faisait ressortir la double faute commise une première fois à Tilsit en maintenant le roi de Prusse sur son trône, puis une seconde à Paris en n'ayant pas déclaré la guerre à la Prusse en même temps qu'à la Russie. « On aurait dû, disait-il, profiter des prétextes nombreux qu'elle avait donnés pour une rupture, et s'emparer des États prussiens, avant que les hostilités n'eussent forcé Votre Majesté à porter ses armées sur le Niémen. » Au lieu d'agir ainsi, on accorda à la Prusse l'alliance, qu'elle avait demandée. « Tant que Votre Majesté, continuait le rapport, fut maîtresse des événements, et elle le fut tant qu'ils purent être maîtrisés par le génie et le courage, la Prusse garda les mêmes dispositions, ou les mêmes apparences; mais aussitôt que l'armée, aux prises avec les éléments contre lesquels le courage et le génie ne peuvent rien, revint sur le Niémen, soit que la Prusse, comme le prouvent toutes les pages de son histoire, ait pour principe et pour habitude de subordonner les affections et les calculs aux premiers caprices de la fortune, soit que son naturel quelque temps contraint reprit son empire, sa fidélité devint chancelante et sa défection imminente. » Le général York trahit alors la cause commune, sans provoquer pour cet acte l'indignation du gouvernement prussien; les mesures qu'il prit à ce sujet furent hésitantes; le nouveau contingent ne fut pas fourni; le général Bülow suivit l'exemple du général York; le peuple fut appelé aux armes; les ennemis de la France revinrent siéger dans les conseils. Dans ces conditions, il devenait évident qu'une rupture devait être prochaine. Or, maintenant cette rupture était un fait accompli, puisque Hardenberg l'avait annoncée à Saint-Marsan le 17, et que Krusemark l'apprenait le 27 à lui-même Bassano. On se trouvait donc depuis lors en état de guerre avec la Prusse (1).

Le 1er avril, il répondit à Krusemark : « La Prusse a sollicité et conclu une alliance avec la France en 1812 parce que les armées françaises étaient plus rapprochées des États prussiens que les armées russes. La Prusse déclare en 1813 qu'elle viole ses traités, parce

(1) Rapport de Bassano à l'empereur, Paris. (Arch. des Aff. étrangères, Prusse, 252.)

que les armées russes sont plus rapprochées de ses États que les armées françaises. La postérité jugera si une pareille conduite est loyale, digne d'un grand prince et conforme à l'équité et à la saine politique. » Si depuis 1792 on étudie la politique de la Prusse, on constate qu'elle change sans cesse de système selon les circonstances : elle s'allie tour à tour aux ennemis de la France et à la France, suivant qu'elle croit y trouver son avantage. L'alliance de 1812 n'a pas d'autre cause, puisque « tant que les chances de la guerre nous furent favorables, votre cour se montra fidèle ; mais à peine les rigueurs prématurées de l'hiver eurent-elles ramené nos armées sur le Niémen, que la défection du général York réveilla des défiances trop légitimes ». La Prusse commença alors à changer de système. Les signes précurseurs de ce changement se montrèrent bientôt : conduite équivoque de la cour, départ du roi pour Breslau, trahison du général Bülow qui ouvrit à l'ennemi les passages du bas Oder, ordonnances publiées pour appeler aux armes, réunion à Breslau des instigateurs de la guerre de 1806, communications journalières avec la Russie. Aussi la note du 27 mars « n'a-t-elle causé aucune surprise ». Le changement actuel n'est qu'une conséquence de cette politique. Mais dans cette politique de fluctuations, qu'a gagné la Prusse ? et qu'aurait-elle gagné, si elle avait confié ses intérêts à « un homme d'État éclairé et ami de son pays..., qui eût voulu la conduire d'après les principes d'une politique saine et morale » ? Elle aurait été agrandie par la France, et la France l'aurait agrandie dans l'intérêt de son système, pour la paix et le repos du monde, parce qu'elle aurait trouvé une puissance « dont la sincérité aurait été mise à l'épreuve ». Malheureusement il n'en est pas ainsi. La Prusse « n'a rien fait pour l'Europe, elle n'a rien fait pour son ancienne alliée; elle ne fera rien pour la paix. Une puissance dont les traités ne sont que conditionnels ne saurait être un intermédiaire utile : elle ne garantit rien; elle n'est qu'un sujet de discussion; elle n'est point une barrière (1) ».

En même temps que cette lettre, Krusemark recevait les passeports de tout le personnel de la mission (2), sauf celui de M. de Teschke, secrétaire, que le gouvernement français voulait garder comme otage aussi longtemps que Lefebvre, qui était tombé entre les mains des Russes, n'aurait pas été remis en liberté (3).

(1) Bassano à Krusemark, Paris, 1er avril. (Arch. des Aff. étrangères, Prusse, 252.) — FAIN, I, 275.
(2) Krusemark ne semble pas être parti immédiatement, bien que Napoléon ait écrit le 4 avril à Bassano : « Écrivez à M. de Saint-Marsan qu'il revienne sur-le-cham... .. Il faut que M. de Krusemark parte avant lundi; c'est un espion qu'il est inutile d'avoir ici... Vous pouvez laisser aller le secrétaire de la légation jusqu'à Strasbourg, mais vous donnerez des ordres pour qu'on le retienne à Strasbo rg... Je tiens à ce que lundi à midi il soit parti. » *(Correspondance,* 19800.) Or, le 4 était un dimanche. Il ne partit que le 7. (Arch. nationales, A. F., IV, 1527.)
(3) Quelques jours plus tard, M. de Teschke recevait l'ordre de la

Le *Moniteur* du 5 avril publia ces divers documents (1) et fit paraître le sénatus-consulte autorisant l'empereur à appeler sous les armes 180,000 hommes. Ce fut la réponse de la France.

La rupture était donc complète. La Prusse se joignait à la Russie : les fondements de la coalition étaient posés, les pierres d'attache en place (2). Napoléon eût peut-être pu, par des concessions faites à la Prusse, empêcher cette rupture (3) : il ne l'a pas fait, il ne l'a pas voulu. Se faisait-il alors illusion sur l'imminence du danger? ou plutôt ne voulait-il pas le voir? Il semble qu'à cette époque il ait refusé de tenir

préfecture de police d'avoir à quitter Paris pour se rendre à Château-Salins, et d'y demeurer sous la surveillance des autorités locales. Au reçu de cette lettre, il protestait et demandait soit à rester à Paris, soit à être autorisé à se retirer à Lunéville ou à Nancy. (Arch. des Aff. étrangères, 11 avril.) Cette autorisation lui fut refusée, Rovigo ne voulut entendre parler ni de Lunéville, ni de Nancy; il proposa Épinal. Soit que l'intéressé n'ait pas accepté cette proposition, soit que Bassano s'y soit opposé, Teschke se rendit à Château-Salins ; il y mourut le 6 décembre 1813. (Arch. des Aff. étrangères, Teschke à Bassano, 11 avril; Rovigo à Bassano, 22 avril; lettre de Château-Salins au ministre des finances, 31 décembre 1813.)

(1) Rapport de Bassano. — Pièces relatives à l'alliance. — Traités et conventions. — Pièces relatives à la défection d'York. — Pièces relatives aux dispositions prises par la Prusse, lors de la défection d'York. — Pièces relatives à la mission du prince de Hatzfeld à Paris. — Édit du 3 février. — Ordonnance acquittant York. — Lettres d'Hardenberg à Saint-Marsan, et de Krusemark à Bassano. — Réponse de Bassano. — Sénatus-consulte mettant 180,000 hommes sous les armes. (*Moniteur* du 5 avril 1813.)

(2) Sorel, VIII, 73.

(3) « Quatre semaines plus tôt, elles eussent assuré la victoire au parti de la médiation. » (Lehmann.)

compte, dans sa manière de gouverner, des deux éléments nouveaux qui sont déjà, et vont devenir de plus en plus, les leviers de l'Europe : d'une part, la volonté du peuple, prenant conscience d'elle-même, refusant de se laisser conduire en aveugle, devenant une force avec laquelle il faut compter, s'immisçant dans les affaires publiques, et par conséquent conquérant l'indépendance vis-à-vis du gouvernement ; d'autre part, le sentiment de la nationalité se séparant de celui du dévouement au souverain, autre forme de l'esprit d'indépendance qui suppose et entraîne l'indépendance des peuples à l'égard les uns des autres. Cet esprit nouveau infiltré dans les masses populaires était un des fruits de la Révolution française, de cette Révolution qu'il avait réprimée à coups de canon le 13 vendémiaire et qui, lui empereur, n'osait relever la tête ; mais, les idées de cette Révolution, ses armées triomphantes les avaient propagées à travers l'Europe, et ce triomphe même avait été la cause de leur expansion.

L'erreur de Napoléon, à ce moment de sa vie, a donc été de ne pas vouloir croire aux transformations que de telles idées, tirées du groupe des idées révolutionnaires, vont faire subir à l'Europe. Dans ses conversations avec Hatzfeld, il affiche le plus profond mépris pour les volontés populaires, et pense qu'avec un peu d'énergie on en vient facilement à bout, qu'il est par conséquent inutile d'en tenir compte. Il ne voit pas qu'en face de la puissance du Souverain se dresse la puissance du Peuple qui tend à s'ériger en inspirateur des actes du gouvernement. Et pourtant n'a-t-il pas l'exemple de l'Espagne pour lui montrer que la volonté d'un peuple est une force avec laquelle il faut compter? Napoléon ne veut pas s'apercevoir que l'opinion des nations va désormais influencer la volonté des souverains, et que son action, vague encore et respectueuse, se précisera de jour en jour, deviendra de plus en plus énergique, et finira par la dominer.

Ainsi la vieille Europe monarchique se trouvera entraînée, par une impulsion irrésistible, dans une des coalitions les plus formidables qu'elle ait encore formées, et qui, de Lutzen à Bautzen, de Bautzen à Dresde, de Dresde à Leipzick, la conduira à Champaubert, à Montmirail, à Craonne, à La Fère-Champenoise, à Paris enfin.

L'année 1813 est dominée par une grande idée, celle de l'indépendance des peuples revendiquée au nom de leur nationalité ; et cette idée trouve son expression dans un grand fait, le soulèvement de l'Europe contre le joug sous lequel l'Empereur veut la tenir courbée. La Prusse donne le signal; l'Europe va la suivre. L'année qui commence nous montrera donc un des plus tragiques spectacles de l'histoire : la lutte d'un peuple et d'un homme contre les nations de l'Europe ; mais, quelle que soit la disproportion des forces en présence, quand ce peuple est le peuple français et cet homme Napoléon, l'issue peut de prime abord en paraître incertaine.

Paris, 1903. — Toulouse, 1907.

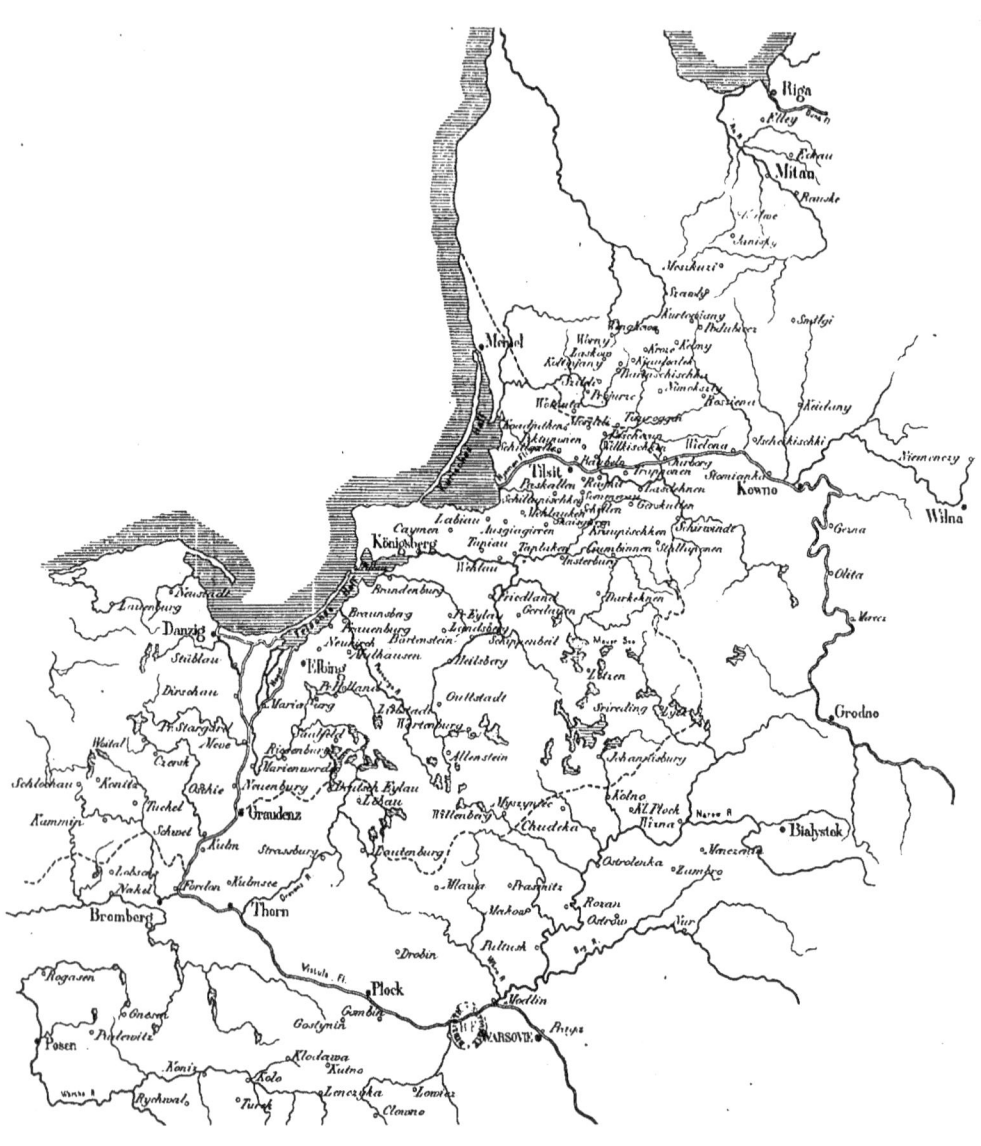

TABLE DES MATIÈRES

Préface ....

CHAPITRE PREMIER
LES HÉSITATIONS DE LA PRUSSE

I. Situation de la Prusse en 1812. — Traités et conventions du 24 février 1812. — Nouvelles de la guerre arrivant à Hardenberg. — Lettre d'Hardenberg à Metternich. — Embarras financiers de la Prusse. — Lettre de Metternich du 5 octobre. — Lettres de Lieven et de Schöler. — Réponse de la Prusse à la Russie. — Réponse de la Prusse à une demande d'augmentation du contingent. — Lettre de Krusemark du 21 novembre. — Instructions de Metternich à Floret. — Napoléon traverse l'Allemagne. — Optimisme de Saint-Marsan. — Démêlés entre York et Macdonald. — Lettre de Napoléon au roi de Prusse. — Avances des Russes au général York.

II. Réponse du roi de Prusse à la lettre de l'empereur. — Plan prussien d'une alliance française. — Mission de Narbonne. — Plan prussien d'une alliance autrichienne. — Modifications apportées par le roi. — Mission de Krusemark. — Mission de Knesebeck. — Nouvel optimisme de Saint-Marsan et de Narbonne. — Arrivée à Berlin du comte Henckel 1

CHAPITRE II
LA RETRAITE DU X⁰ CORPS ET LA CONVENTION DE TAUROGGEN

I. Composition du X⁰ corps. — Le général York. — Dissentiments entre York et Macdonald. — Premières nouvelles du désastre. — Macdonald reçoit des ordres. — Les ordres russes. — Composition des troupes russes. — Ordre de marche de Macdonald. — Dispositions russes. — La retraite de la 7ᵉ division. — Ordre de marche de l'arrière-garde. — Entrevues d'York et du général Dicbitsch. — Incidents de la retraite. — Arrivée de Seydlitz. — Incertitudes d'York. — Convention de Tauroggen.

II. Passage du défilé de Schilluspichken. — Forces françaises. — Abandon de Kœnigsberg. — Plan de Macdonald. — Mouvements des Russes. — Tentatives de résistance. — Incurie de Murat. — Abandon de la ligne de la Vistule. — Retraite des troupes de Bülow. — Circonstances qui ont permis à Macdonald de battre en retraite 63

CHAPITRE III

LES RÉPONSES DE LA FRANCE ET DE L'AUTRICHE

I. Nouvelles de la défection d'York. — Situation de la Prusse. — Excuses présentées à Napoléon. — Mission secrète de l'aide de camp von Natzmer auprès du tsar. — Départ de Narbonne. — Mission de Bubna à Paris. — Entrevue de l'empereur et de Bubna. — Lettres de Napoléon à l'empereur d'Autriche et de Bassano à Metternich. — Mission de Krusemark. — Son audience. — Mission de Hatzfeld. — Son audience. — Krusemark, Hatzfeld, Saint-Marsan jugent mal la situation.

II. Opinions de l'Autriche sur les affaires de France. — Entrevue de Knesebeck et de Metternich. — Metternich désavoue les dépêches de Knesebeck. — Knesebeck juge la situation. — Son audience chez l'empereur. — Refus de l'Autriche de signer un traité. — Latitude laissée à la Prusse............ 151

CHAPITRE IV

LE ROI DE PRUSSE A BRESLAU

I. Saint-Marsan annonce le changement de résidence du roi. — Incurie de Saint-Marsan. — Lettre d'alarme de Lefebvre. — Lettres des maréchaux sur le même sujet. — Opinion de Napoléon. — Discussions au sujet de la neutralité de la Silésie. — Mouvements d'York. — Insurrection dans la Prusse orientale. — Mémoire d'Ancillon. — Mémoire de Knesebeck. — Édits de février. — Résultat de ces édits. — Explications demandées par Lefebvre. — Rappel de M. de Terrach. — Note d'Hardenberg du 15 février, et entretien avec Saint-Marsan du 13. — Armements de la Prusse. — Ordres de l'empereur pour faire cesser le recrutement.

II. Instructions de Knesebeck. — Projet de traité emporté par Knesebeck. — Lebzeltern n'arrive pas à Kalisch. — Réponse du tsar au prince Czartoryski. — La question polonaise..... 211

CHAPITRE V
L'ALLIANCE RUSSE

I. Départ de Knesebeck. — Mission du lieutenant Peterson à Breslau. — Hardenberg cherche à endormir Saint-Marsan. — Opinion des cercles diplomatiques à Berlin. — Hourra des Russes sur Berlin. — Stein à Breslau. — Arrivée de Knesebeck au quartier impérial russe. — Les discussions au sujet des corps de Bülow et d'York. — Opinion du tsar sur l'article 9 et sur la Saxe. — La question polonaise. — Lettre du roi à Knesebeck. — Ordres de Napoléon au sujet des réquisitions. — L'affaire des bœufs de Glogau. — Note d'Hardenberg du 27 février. — La cocarde prussienne. — Les Français sous Berlin. — Lettre pressante d'Hardenberg à Knesebeck. — Arrivée à Breslau de Stein et d'Anstett.

II. Le contre-projet russe. — Changement radical qu'il apporte. — Nouveau contre-projet de Knesebeck. — Knesebeck démasque les plans russes. — Knesebeck apprend la signature du traité. — Composition des forces russes, françaises, prussiennes 292

CHAPITRE VI
LA RUPTURE

I. Avis pessimistes de Saint-Marsan sur la situation. — Note de Bassano du 6 mars. — Comptes prussiens, comptes français. — Entrées de Wittgenstein à Berlin, d'Alexandre à Breslau. — Déclaration de guerre remise à Saint-Marsan. — Réponse de Saint-Marsan. — Nouvelles instructions de Bassano. — Publication de la déclaration de guerre. — A mon peuple. — A mon armée. — Création de la Croix de fer. — Création de la landwehr et de la landsturm. — Réhabilitation du général York : son entrée à Berlin. — Enthousiasme en Prusse.

II. Convention de Breslau. — Proclamation de Breslau : son inutilité, son danger, son excuse. — Plan de campagne. — Organisation de l'armée en Silésie. — Départ de Saint-Marsan. — Déclaration de guerre remise à Bassano. — Protestation de Bassano. — Rapport de Bassano à l'empereur. — Réponse de Bassano. — Départ de la mission prussienne............ 368

A LA MÊME LIBRAIRIE

Mémoires du général baron de Marbot.
Tome I. *Gênes, Austerlitz, Eylau.* 74ᵉ éd. Un vol. in-8º avec portrait. Prix . . . . 7 fr. 50
Tome II : *Madrid, Essling, Torrès-Védras.* 73ᵉ édition. Un vol. in-8º avec portrait. . . . . 7 fr. 50
Tome III. *Polotsk, la Bérésina, Leipzig, Waterloo.* 73ᵉ édition. Un vol. in-8º avec héliogravure et fac-similés . . . . 7 fr. 50

Mémoires du général baron Thiébault, publiés sous les auspices de sa fille, Mlle Claire Thiébault, d'après le manuscrit original, par Fernand CALMETTES.
Tome Iᵉʳ : 1769-1795. 9ᵉ édit. Un vol. in-8º avec deux portraits en héliogravure. . . . . 7 fr. 50
Tome II : 1795-1799. 9ᵉ édition. Un vol. in-8º avec portrait. . 7 fr. 50
Tome III : 1799-1806. 8ᵉ édit. In-8º avec deux héliogravures. 7 fr. 50
Tome IV : 1806-1813. 8ᵉ édit. Un vol. in-8º avec un portrait en héliogravure. . . . . 7 fr. 50
Tome V et dernier : 1813-1820. 7ᵉ édit. Un vol. in-8º avec une héliogravure. . . . . 7 fr. 50

Correspondance du maréchal Davout, prince d'Eckmühl. Ses commandements, son ministère (1801-1815), avec introduction et notes par Ch. DE MAZADE, de l'Académie française. 4 vol. in-8º. . . . 30 fr.

Souvenirs du maréchal Macdonald, duc de Tarente, publiés par M. Camille Rousset, de l'Académie française. 7ᵉ édition. Un vol. in-8º avec portraits. . . . . 7 fr. 50

Récits de guerre et de foyer. **Le Maréchal Oudinot, duc de Reggio,** d'après les souvenirs inédits de la maréchale, par Gaston STIEGLER. Préface de M. le marquis COSTA DE BEAUREGARD. 9ᵉ édition. Un vol. in-8º avec deux portraits . . . . 7 fr. 50

Journal des campagnes du baron Percy, chirurgien en chef de la Grande Armée (1754-1825), publié d'après les manuscrits inédits avec une introduction par Émile LONGIN. 3ᵉ édit. Un vol. in-8º avec un portrait et un fac-similé. . . . . 7 fr. 50

Souvenirs de guerre du général baron Pouget (1767-1851), publiés par Mme DE BOISDEFFRE, née POUGET. Un vol. in-18. 3 fr. 50

Murat, lieutenant de l'Empereur en Espagne (1808), d'après sa correspondance inédite et des documents originaux, par le comte MURAT. 2ᵉ édit. Un vol. in-8º avec un portrait en héliogravure et deux fac-similés d'autographes. . . . . 7 fr. 50
(Couronné par l'Académie française, prix Thiers.)

Le Soldat Impérial (1800-1814), par Jean MORVAN. Tome Iᵉʳ. *Le Recrutement. — Le Matériel. — L'Instruction. — La Solde. — Les Vivres. — L'Administration.* Un vol. in-8º . . . . 7 fr. 50
Tome II. *La Vie en campagne. — La Bataille. — La Mortalité. — Les Récompenses. — Le Moral.* Un vol. in-8º. . . . . 7 fr. 50
(Couronné par l'Académie française, prix Thérouanne.)

Journal du général Fantin des Odoards. *Étapes d'un officier de la Grande Armée* (1800-1830), par le général FANTIN DES ODOARDS. Un vol. in-8º. . . . . 7 fr. 50

Mémoires du général baron Desvernois, publiés sous les auspices de sa nièce, Mme BOUSSU-DESVERNOIS, avec une introduction et des notes, par Albert DUFOURCQ, ancien élève de l'École normale supérieure, ancien membre de l'École française de Rome, agrégé d'histoire. (1789-1815.) *L'Expédition d'Égypte. — Le Royaume de Naples.* Un vol. in-8º avec un portrait en héliogravure et une carte. . . . . 7 fr. 50

PARIS. TYP. PLON-NOURRIT ET Cⁱᵉ, 8, RUE GARANCIÈRE. — 8724.

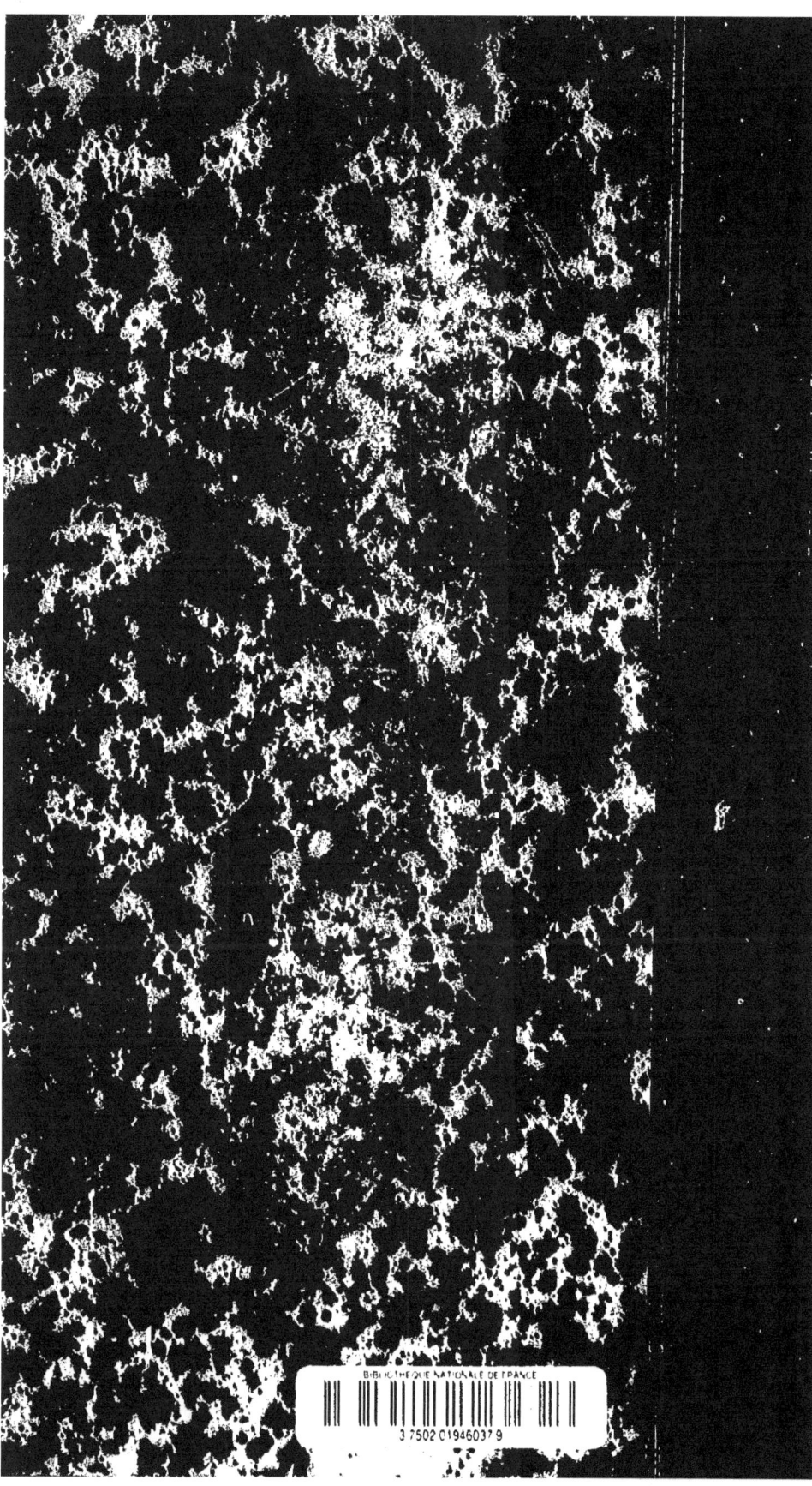

www.ingramcontent.com/pod-product-compliance
Lightning Source LLC
Chambersburg PA
CBHW070535230426
43665CB00014B/1697